웃음으로 생긴 눈가의 주름을 자랑스러워하세요.
- 행복을 찾는 당신에게

행복은 혼자오지 않는다

Glück kommt selten allein

웃기는 의사
히르슈하우젠의
도파민처럼 짜릿한
행복 처방전

행복은 혼자오지 않는다

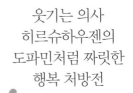

에카르트 폰 히르슈하우젠 지음
박규호 옮김

은행나무

차례

내용물 설명서

0장 행복은 혼자 오지 않는다 –
오해와 함께 온다

1장　행복은 혼자 오지 않는다 –
다른 사람들과 함께 온다

4장　행복은 혼자 오지 않는다 –
행동과 함께 온다

5장 행복은 혼자 오지 않는다 –
여유와 함께 온다

에필로그

행복은 기대를 관리하는 일이다.
세상은 안내책자에 나와 있는 모습과
다를 때가 많다.
우리는 한 치 앞을 내다볼 수 없지만
그렇다고 심각할 건 없다.

서문

낙관론자와 호기심 많은 이들에게

이 책은 당신을 행복하게 만들 수 있습니다. 이 책을 서랍 속에 고이 모셔둬서는 안 됩니다. 서랍 속은 이 책이 있을 곳이 아니니까요. 이 책을 거실 탁자에 놓아두고 이따금 책 속의 사진들을 뒤적여 보거나 내용에서 영감을 얻으십시오. 욕조 옆에 두고 여기 소개된 유머나 '행복의 순간' 코너의 글들을 큰소리로 상대방에게 읽어주셔도 좋습니다. 책상에 놓아두어도 괜찮습니다. 이 책에는 다양한 훈련법과 일상을 위한 팁들이 담겨있어 적극적으로 활용하기에 좋습니다. 이 책은 절반만 채워져 있습니다. 나머지 절반은 당신이 완성해야 합니다. 직접 이것저것 해보고 가위로 오려 손수 이런저런 것들을 만들어 볼 수도 있습니다. 이 책은 문학 서적이 아닙니다. 복잡한 설명 같은 것도 하지 않습니다. 일상의 걱정거리와 고민을 털어버리고 싶은 당신에게 철학적 이야기가 다 무슨 소용이겠습니까? 인생은 심각하게만 받아들이기에는 너무나 중요합니다. 다행히도 당신은 이 사실을 누구보다도 더 잘 알고 있습니다. 그렇지 않다면 당신은 낙관론자도 아니고 실용적 행복연구에 호기심을 보이지도 않았을 테니까요.

　당신은 이 책에서 자신에게 필요한 것보다 더 많은 행복을 발견할 것입니다. 그러니 당신의 행복을 남에게도 나누어 주십시오. 이 책도 함께 말입니다. 무엇보다도 내가 이 책에 써 놓은 내용을 재미있게 읽으시기 바랍니다. 당신이 이 책에서 당신 자신을 위한 단 하나의 긍정적인 메시지라도 건질 수 있다면 그것만으로도 충분히 보람 있지 않을까요?

비관론자와 비판가들에게

이 책은 당신에게 실망을 안겨줄지 모릅니다. 이 책은 서랍 속에 고이 모셔두는 책이 아닙니다. 물론 이 책은 과학적 지식을 바탕으로 만들어졌지만 학문적인 글이라고 말하기에는 너무 가볍고 너무 개인적인 내용입니다. 게다가 각주가 달린 긴 텍스트 대신 다양한 사진, 인용, 유머, '행복의 순간' 따위가 삽입되어 있습니다. 이 책은 문학 서적이 아닙니다. 반쪽짜리 책도 아니지만, 온전히 완성된 책도 아닙니다. 당신은 여기에 철학사와 사회학이 제대로 반영되지 않았고, 개념들도 엄밀하게 사용되지 못했다고 느낄지 모릅니다. 게다가 나는 마치 이 주제가 당신의 삶과 제 삶에 직접적으로 연관되어 있는 것처럼 글을 전개하고, 이 세상이 결코 비탄의 계곡이 아닌 듯한 태도를 취합니다. 하지만 그런 문제라면 당신이 더 잘 알 것입니다. 그렇지 않다면 당신은 비관론자가 되지 않았을 테니까요. 행복이라는 주제는 그냥 그렇게 하찮은 것으로 치부하기에는 너무나 심각합니다. 죄송합니다. 당신은 이 책에서 당신이 찾고자 하는 것을 찾을 수 없으리라고 말할 수밖에 없군요. 하지만 그런 생각을 당신 혼자 간직하지 말고 이 책이 얼마나 형편없는지 다른 이들에게도 말해주시기 바랍니다. 그렇지 않으면 이 책이 충분히 비판적으로 접근하지 않는 누군가의 손에 잘못 들어갈 수도 있으니까요. 더구나 그 사람은 이 책을 읽는 일에 재미를 느낄지도 모릅니다. 혹시 당신이 어두운 터널 끝에서 한 줄기 빛을 발견하는 일이 있더라도 그것은 틀림없이 당신을 향해 달려오는 기차일 것입니다. 나는 당신에게 단 하나의 긍정적 메시지라도 드리고 싶습니다만 당신은 거기서 두 개의 부정적 메시지를 읽어내시겠지요?

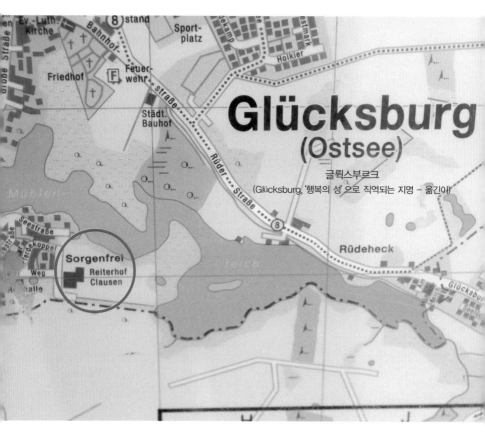

지도에서 배우기. '무사태평(Sorgenfrei)'까지 직통으로 연결되는 도
로는 없다.

사용 안내서

행복은 혼자 오지 않는다

이해한 것은 네 자신에게 적용하고
이해하지 못한 것은 남에게 조언하라.
— 실전의 지혜

만약 당신이 행복이라면 당신은 기꺼이 당신 자신을 찾아가시겠습니까?

이렇게 관점을 바꾸어보면 뜻밖의 일이 벌어집니다. 행복에게 기쁨을 주고 행복이 우리 쪽으로 다가오게 하기 위해서, 우리가 할 수 있는 많은 일들이 머릿속에 줄줄이 떠오를지도 모릅니다. 또 행복이 하룻밤 우리 곁에서 머물 경우를 대비해서 우리 삶의 어떤 구석들을 정돈하고 보수해야 하는지도 알게 됩니다. 사실 우리는 행복에 대해 이미 많은 걸 알고 있습니다. 하지만 행복학자들의 연구결과들은 우리가 직관적으로 생각하는 것과 다를 때도 많습니다. 가령 아름다움이 오히려 즐거움을 방해하고, 상점들이 저녁 늦게까지 열려있으면 불만족도가 높아지는 따위의 일들이 그렇습니다. 또 가족과 자녀보다는 옛 친구들이 더 많은 행복을 주고, 청소년기는 인생에서 가장 아름다운 시절

이 아니라고 합니다. 이 책은 당신에게 인생의 무언가를 반드시
바꾸어야 한다고 말할 생각은 전혀 없습니다. 다만 당신이 이 책
을 통해서 자신의 삶에 좀 더 만족하게 된다면 더 바랄 것이 없
습니다. 하지만 그런 결과를 약속하지는 않겠습니다.

어쩌면 당신에게는 자신의 현재 상태를 바꾸고 싶지 않은 충
분한 이유가 있을지도 모릅니다. 다만 우리는 그것이 정확히 무
엇인지 알지 못할 뿐입니다. 행복에 대한 팁은 다이어트에 대한
조언과 비슷합니다. 만약 어떤 다이어트방법이 정말로 그렇게
효과가 좋다면 지금처럼 다이어트에 대한 온갖 말들이 난무할
리 없습니다.

행복이 혼자 찾아오는 경우는 거의 없습니다. 또 행복한 사람
이 혼자인 경우도 드물지요. 물론 혼자 있는 게 우리를 아주 행
복하게 만들 수는 있습니다. 행복은 역설적입니다. 행복은 우리
가 그 뒤를 열심히 쫓아갈수록 점점 더 멀어져 가는 것 같습니
다. 하지만 한번 곰곰이 생각해보세요. 당신이 끊임없이 그 뒤만
쫓아가는데 어떻게 행복이 당신을 볼 수 있겠습니까?

이 책 역시 역설적입니다. 이 책은 여러 해에 걸친 나의 연구
와 매일 되풀이 되는 나의 실패가 낳은 결과물입니다. 여기에는
많은 학문적 연구결과들과, 또 그만큼의 개인적인 이야기들이
담겨있습니다. 여기에 내가 유용하다고 소개한 팁들은 대부분
나 자신을 대상으로 직접 실험해본 것들입니다. 그 결과 빠른 행
복을 약속하는 모든 처방은 지체 없이 머릿속에서 지워버려야
한다는 나의 오랜 신조를 다시 한 번 확인할 수 있었습니다. 만

약에 어떤 행복의 공식이 실제로 존재한다면 그것은 행복이 결코 공식 따위로 표현될 수 없다는 공식뿐일 겁니다.

행복에 대해 딱 부러지는 답을 제시하는 책들은 지금도 차고 넘칩니다. 그래서 나는 분명한 답을 제시하지 않는 책을 쓰려고 합니다. 오히려 우리는 정확과 완벽에 대한 강박 때문에 인생의 이런저런 모순들을 그냥 웃어넘길 줄 모른 채 살아갈 때가 많기 때문입니다.

방금 길을 가다가 동전을 주운 사람에게 인생이 얼마나 행복하냐고 물으면 훨씬 만족스럽다고 대답합니다. 그리고 행복한 사람은 그렇지 않은 사람보다 더 건강하지요. 그러니 쓸데없이 건강보험료 낭비하지 말고 차라리 그 돈의 일부를 길거리에 아무렇게나 뿌리는 것이 독일인들을 건강하게 만드는 저렴한 방법으로 괜찮아 보입니다. 다만 문제는 매일 동전을 줍는 데 익숙해지는 순간부터 유감스럽게도 동전 줍기가 주는 행복감이 급감한다는 사실입니다. 인간은 어느 것에나 빠르게 익숙해지는 만큼 동전 줍기도 금방 그렇게 될 것이 분명하니까요. 아무튼 독일은 부유한 나라임에도 불구하고 그 안에서 살고 있는 사람들의 행복감은 한 번도 세계 평균을 넘어선 적이 없습니다.

나는 행복에 대한 책들을 많이 섭렵하였습니다. 어쩌면 너무 많이 읽었는지도 모릅니다. 어쨌든 그 중 적지 않은 책들이 나를 힘들게 했습니다. 책을 읽으면서 기쁜 감정을 이야기하는 책들이 왜 이렇게 어려워야하는지 모르겠더군요. 사실 학자들은 최근 몇 년 사이에 많은 흥미진진한 사실들을 밝혀내긴 했습니다.

당신은 이 책에 실린 소소한 이야기들을 통해서 직접적으로 또는 행간에 담긴 의미를 통해서 행복연구의 큰 줄기를 만나거나 새롭게 발견하게 될 것입니다. 여기에 풀어놓은 작은 이야기들 중에는 서로 모순된 것들도 있겠지만 바로 그와 같은 모순이나 이해불가능성이야말로 행복의 가장 흥미진진한 측면이 아닌가 싶습니다. 당신도 아마 그렇게 느낄 겁니다. 우리의 이성은 늘 사물을 분명하고 확실하게 정리해서 인식하고 싶어 합니다. 그러다 우리는 종종 불가피하게 도저히 해결할 수 없는 모순에 직면하게 됩니다. 이 때 절망하지 않는 가장 멋진 방법은 그 모순에 대해 그냥 웃어버리는 겁니다! 이 책은 당신에게 즐거움을 선사함과 동시에 차분한 성찰의 기회도 줄 것입니다. 행복은 우리의 기대를 관리하는 일입니다. 행복을 가로막는 모든 잘못된 길들에 실망하는 것이야말로 행복에 이르는 길입니다.

차라리 행복에 대해 묻지 않는 게 더 나을까요? 무지하거나 어리거나 정신적으로 빈곤한 자만이 행복하다는 게 정말 사실일까요? 그런 건 말도 안 되는 소리입니다. 이제부터 한 가지씩 차례로 살펴보기로 하겠습니다. 다행히도 우리에게는 아직 조금은 여유가 있으니까요. 물론 당신이 원한다면 말입니다.

여러 가지 이야기들과 생각들을 모아놓은 이런 책을 당신이 어떻게 생각하는지 모르겠지만, 아무튼 이 책에서 하는 말이 전부 들어맞는 것은 아닙니다. 적어도 당신에게는 분명히 그럴 겁니다. 만약 당신이 내가 여기에 써놓은 모든 것들에 대해 같은 생각이라면 당신은 이 책이 필요하지도 않았을 테니까요. 이 책을 처음부터 순서대로 읽어나가지 않아도 괜찮습니다. 아예 글은 읽지 않고 사진만 보아도 좋습니다. 이 책은 행복에 대한 작은 실험을 하기 위한 책입니다. 좋은 기분을 만들어 주는 책이지만 그렇다고 책만 읽으면 자동적으로 기분이 좋아지는 것은 아닙니다. 기분이 나빠질 수밖에 없는 그럴싸한 이유들을 없애줄 수는 있습니다. 책을 읽는 도중에 당신에게 맞지 않는 내용이 발견된다면 잠시 책을 덮고 주변을 둘러보세요. 혹시 이 책에 정확히 들어맞는 다른 누군가가 눈에 띌지도 모르니까요. 우리는 행복해지기 위해 남들에게 부족한 것을 내게 부족한 것보다 대체로 쉽게 알아 볼 수 있습니다.

나는 무대예술가입니다. 그래서 조용한 방구석보다는 무대가 더 편하고 좋습니다. 이 말을 하는 것은 내가 당신을 마치 극장을 찾은 관객을 대할 때처럼 곧바로 '당신'이라고 부르는 이유를 설명하고 싶어서입니다. 혹시라도 내가 위에서 내려다보며 말하는 것처럼 들린다면 그것은 오로지 내가 있는 곳이 무대인 탓입니다. 공연이 끝나면 우리는 로비에서 같은 눈높이로 다시 만날 수 있습니다. 또 이 책에서 하는 말들이 너무 직접적으로 들린다 하더라도 그것은 당신의 이야기가 아니라 당신의 이웃이나 아니면 나의 이야기일 뿐이니 이해하시기 바랍니다.

아마 몇몇 사람들은 실제로 이 책에서 자신을 발견할 수 있을 것입니다. 내 공연을 찾은 관객들은 나중에 "이러저러 했을 때 정말 행복했다"는 식의 엽서를 많이 보내오는데, 이 책에 실린 말풍선 속 인용문들은 모두 거기서 뽑아낸 진짜배기들입니다.

내가 아무리 머리를 쥐어짜도 이보다 더 멋진 말들을 찾아내지는 못했을 것입니다. 50만 명의 머리와 가슴에서 나온 다듬어지지 않은 이런 생각들은 모든 이들을 미소 짓고, 생각에 잠기고, 따라하게 만들기에 충분합니다. 말풍선에 참여하여 개인적으로 행복했던 순간들을 우리와 공유한 모든 분들에게 진심으로 감사드립니다.

행복은 분명히 혼자 오지 않습니다. 그러나 우리가 계속 남의 행복만 힐끔거린다면 행복은 아예 찾아오지 않을지도 모릅니다. 그리고 절대적 행복을 좇는 일도 헛된 짓입니다. 그런 건 존재하지 않으니까요. 당신이 만약 자신만의 행복을 발견한다면 그것은 앞서 당신이 예상했던 것보다도 훨씬 더 좋을 것입니다. 어쩌면 당신은 이미 그곳으로 가는 열쇠를 손에 쥐고 있을지도 모릅니다.

하지만 이 책은 스스로를 돕기 위한 목적의 실용서가 아닙니다. 만약 그런 '자조적인' 책이 정말로 있다면 우리가 구태여 책을 읽지 않더라도 스스로 알아서 도움을 주지 않겠어요? 아무튼 굳이 설명하자면 아직 자조적 단계에 이르기 전의 단계에서 도움이 되는 책이라고 할 수 있습니다.

예전에 한 친구가 좋은 뜻으로 《일상의 잡동사니들을 위한 풍수지리》라는 책을 선물해 준 적이 있습니다. 나는 그 책을 구석에 가만히 놓아두고 그것이 스스로 알아서 도움을 주는지 살펴보았습니다. 그러다가 잠깐 그 책을 들쳐보고는 아무래도 그것을 다른 쪽 구석에 놓는 편이 훨씬 낫겠다는 생각이 들었습니다.

하지만 자리를 옮겨도 아무런 도움이 되지 않더군요. 나중에 나는 다른 책 두 권을 더 샀습니다. 《간편하게 정리하기》와 《물건 쉽게 찾기》입니다.

하지만 솔직히 말해서 지금 나는 이 세 권의 책이 모두 어디 있는지 정확히 모릅니다.

무언가 바뀌어야하는 건 분명합니다. 하지만 누가 먼저 시작해야 할까요? 나일까요? 아니면 세상?

내가 즐기는 우스갯소리를 하나 소개하겠습니다.

미해군 소속 군함과 캐나다 뉴펀들랜드 해안 관청 사이의 무선 교신 내용.

미국인: 충돌의 위험이 있으니 당신의 항로를 북쪽으로 15도 변경하기 바란다.

캐나다인: 충돌을 피하려면 당신이 항로를 남쪽으로 15도 변경해야 한다.

미국인: 여기는 미해군 함정의 선장이다. 다시 한 번 말한다. 당신이 항로를 변경하라.

캐나다인: 안 된다. 다시 한 번 말하겠다. 당신이 항로를 변경하라.

미국인: 여기는 미합중국 대서양함대에서 두 번째로 큰 군함인 〈USS 링컨〉 항공모함이다. 그러니 당신이 북쪽으로 15도 항로를 변경하라. 그렇지 않으면 항공모함의 안전을 확보하기 위

한 조치를 취할 것이다.

캐나다인: 여기는 등대다!

이 책과 행복의 정글을 통과하기 위한 행복나침반

독일어의 행복(Glück)은 사실 상당히 불행한 개념입니다. 독일어는 대체로 매우 정교한데 하필 최고의 감정을 가리키는 이 개념만은 유독 우리를 혼란에 빠뜨리기 때문입니다. 영어에는 luck, pleasure, happiness 같은 것들이 모두 행복을 가리키는 말로 쓰입니다. 그래서 나는 그에 상응하는 방식으로 여러 종류의 행복을 구분해보았습니다. 그랬더니 행복이 대략 다섯 가지로 나누어지더군요.

우연히 찾아오는 행복, 향락에 의한 행복, 자기극복의 행복, 공동의 기쁨에 의한 행복, 그리고 내가 '와우(Wow) 행복'이라고 부르는 충만한 행복, 이렇게 다섯 가지입니다. 이번 장에서는 이 다섯 가지 행복의 토대에 대해서 조금 살펴보겠습니다. 조금 번거로운 작업일 수도 있지만 결과적으로는 우리의 일을 훨씬 수월하게 만들어줄 것입니다. 무엇이든 하나씩 차근차근 풀어나가야죠. 아무리 좋은 약도 너무 과하게 처방하면 독이 됩니다. 의사가 하는 말이니 안심하고 믿으세요. 행복도 이와 마찬가지입니다. 지나치면 좋지 않습니다.

'행복나침반'은 전체적으로 방향을 잡아주어 우리가 서두르다 길을 잃는 일이 생기지 않도록 도와줍니다. 나침반에서는 모든 행복의 크기가 똑같지만 실제 삶에서도 반드시 그런 것은 아닙니다. 지도와 실제로 보는 경치가 다르듯이 말입니다. 게다가 나는 당신이 척도를 어디에 두는지도 모릅니다!

행복나침반에서는 당신이 어떤 방향을 제일 먼저 선택하든 상관없습니다. 행복은 방향을 따지지 않으니까요. 안팎이든, 상하좌우든 행복은 어디에나 있습니다. 이 책에서 내가 선택한 순서는 단순한 공동의 기쁨에서 시작해서 홀로 있음의 충만한 기쁨에서 끝납니다.

1. 공동의 행복 사랑, 우정, 가족 등과 관계된 모든 것을 말합니다. 대다수의 사람들에게는 이것이 가장 중요하고 큰 행복이며, 행복과 불행의 가장 중요한 원천이 됩니다.

2. 우연의 행복 행운은 좁은 의미에서 볼 때 지속적인 행복의 원천은 아닙니다. 로또 당첨자들은 대개 2년만 지나면 그 이전보다 행복하지 않게 됩니다. 그리고 당첨되지 못한 모든 이들은 로또 게임 후에 더 가난해지고요. 로또와 같은 외부 환경의 영향은 너무나 과대평가되는 경향이 있습니다.

3. 순간의 행복 향락. 즐길 줄 모르는 사람은 누릴 수 없는 행복입니다. 하지만 무엇이 좋다고 해서 많이 하는 것이 반드시 더 좋은 것만은 아닙니다. 즐거움을 높이는 것은 향락의 강도지 양이 아니니까요. 저녁에 마시는 레드와인 한 잔은 훌륭하지만 낮에 마시는 싸구려 와인 세 병은 전혀 그렇지 않습니다. 또 초콜릿 한 쪽을 먹는 편이 케이크 하나를 통째로 먹어 치우는 것보다 더 좋습니다. 3주 내내 마사지만 받는 것보다는 주말을 택해 스

행 복 나 침 반

행복은 어느 방향에나 있다!

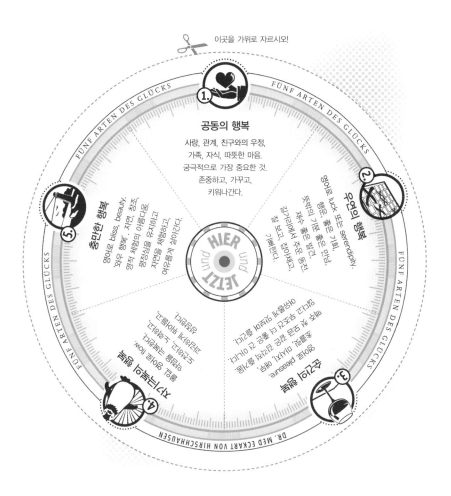

✂ 이곳을 가로로 자르시오!

FÜNF ARTEN DES GLÜCKS

공동의 행복

사랑, 관계, 친구와의 우정,
가족, 자식, 따뜻한 마음.
궁극적으로 가장 중요한 것.
존중하고, 가꾸고,
키워나간다.

우연의 행복

영어로 luck 또는 serendipity.
행운, 좋은 기회,
뜻밖의 기쁜 횡재.
제수 좋은 발견,
감각에서 주운 동전,
잘 보고, 걸어내라고,
기뻐한다.

좋은 감각의 행복

영어로 pleasure, 예민,
아하체험이 있어야 만끽할 수 있다.
따뜻한 봄 공기 더 강조하지 아니라.
한잔의 와인, 예술,
섹스도 이에 속한다.

자기만의 행복

별로 알려 알지 now,
도전하고, 노력한다.
유성을 성취한다.
편안에서 벗어나
성장한다.

좋민한 행복

영어로 bliss, beauty.
'모든 행복, 자연, 창조,
영적 체험이 이룸더움.
평정심을 유지하고
자연을 존중하고,
아름답게 살아간다.

HIER und JETZT und

사용법

① 나침반을 오려낸다.

② 빈 통의 가운데에 구멍을 낸다.

③ 핀으로 고정시킨다.

④ 자신의 행복을 찾는다. 아무 방향이나
　좋다.

남자친구가 사귄 지 4년 만에 처음으로 사랑한다고 말했을 때

응급실 의사가 남편은 죽지 않을 것이며 다만 술을 너무 많이 마셨을 뿐이라고 말했을 때

아침에 눈을 뜨자마자 아내와 멋진 섹스를 나누고 그런 다음에도 여전히 그녀가 너무나 사랑스러울 때

아내가 내 코고는 소리를 참고서 다시 침대로 돌아왔을 때 (그것도 몇 주 만에!) 그리고 그것이 사랑 때문이라고 생각될 때

파나 좋은 휴양지에서 휴식을 취하는 편이 훨씬 낫습니다.

4. **자기극복의 행복** 지속적인 만족은 순간에 그치지 않고 나중까지 계속 행복하게 해줍니다. 그 대표적인 예가 집중적인 몰입(Flow) 후에 오는 만족감입니다. 그러므로 몰입을 위한 노력은 시간낭비가 아니라 채움입니다. 마음속의 나약함을 극복하고 자긍심을 얻을 수 있으니까요. 컵라면도 산 아래서 먹는 것보다 정상의 산장에서 먹는 게 훨씬 더 맛있지 않습니까?

5. **충만한 행복** 설명하기는 어렵지만 삶을 완전한 것으로 만들어주는 가슴 벅찬 순간들을 말합니다. 완벽한 고요, 대자연, 아름다운 음악의 선율, 소름 돋는 절정의 기쁨.

물론 복잡한 경우들에서는 나침반의 여러 카테고리들이 서로 겹치기도 합니다. 예를 들어 사랑의 유희가 그렇습니다(이것은 조금 혼란스럽긴 해도 흥미로운 예가 분명합니다). 사랑은 함께하는 공동의 행복을 증진시켜주지만 여기에 우연한 만남이 끼어들기라도 하면 오히려 행복을 파괴할 수도 있습니다. 또 사랑은 크나큰 향락이 될 수도 있고 자기극복이 될 수도 있습니다. 한창 사랑에 빠져 있을 때도 몹시 행복하지만 그 이후에도 계속 행복할 수 있다면 이것이야말로 가장 행복한 경우입니다. 이해가 되셨죠? 그럼 이제 본론으로 들어갑니다.

우편물수거

월요일-금요일						
토요일						

다음 수거일

조수에 따라 바뀜

다음 수거일은 대체 언제일까?
행복은 많은 요인들에 따라 바뀐다. 그건 우리도 이미 알고 있다.

전문가의 견해

행복을 과학적으로 연구할 수 있을까?

― 울름 대학병원 정신과 과장 만프레트 슈피처(Manfred Spitzer)

모든 통계의 95.8%는 조작이다

행복은 정확히 무엇인가? 왜 어떤 사람들은 다른 사람들보다 더 행복하게 보이는가? 행복은 유전적으로 정해지는가? 아니면 돈으로 살 수 있는가? 요즘에 유행하듯이 행복해지는 처방이 실제로 가능한가?

행복에 대한 학문은 두려움, 분노, 우울증에 대한 학문과 비교하면 작고 연약한 식물과도 같다. 이런 부정적 감정에 대한 학문의 경우 1967년부터 1994년까지 관련 학술지에 실린 논문의 수가 9만 편에 달하는 반면 같은 기간에 발표된 행복, 기쁨, 만족에 대한 논문은 5천 편에 불과하다. 부정적인 감정과 긍정적인 감정에 대한 연구의 비율이 무려 18 : 1인 셈이다. 그러나 최근에는 상황이 좀 달라졌다. 그 사이 '긍정심리학(Positive Psychology)'이라는 독자적인 학문이 생겨났을 뿐만 아니라 2000년에는 《행복연구저널(Journal of Happiness Studies)》이라는 전문잡지도 출

간되었다. 필자의 동료이자 이 책의 저자인 히르슈하우젠은 행복에 대한 학문을 주제로 극장이나 무대, 의학세미나 등에서 왕성한 활동을 펼치고 있다. 우리는 이를 계기로 서로 알게 된 이후 활발히 교류하고 있다.

행복의 측정에는 많은 문제가 있다. 가령 "클라우디아는 얼마나 행복한가?"라는 질문은 아주 단순해 보인다. 클라우디아가 극히 정상적인 욕구와 성향을 가진 극히 정상적인 사람이라면 우리는 학문적으로 증명된 사실에 입각하여 그녀가 친구들과의 교우, 좋은 음식, 섹스, 직업적 성공 등에서 기쁨을 느끼리라고 기대한다. 반대로 고통, 가까운 사람의 죽음, 맛없는 음식, 신변의 위협 등은 클라우디아의 행복을 감소시키리라는 것도 우리는 알고 있다.

하지만 실제로 "클라우디아는 얼마나 행복한가?"라는 질문은 너무나 애매모호하다. 바로 지금 그런가? 오늘? 아니면 이번 주? 아니면 삶 전반이 그렇다고 말할 수 있는가? 직장에서, 아니면 집에서? 남자친구와 있을 때? 아니면 부모와 함께 있을 때? 지금까지 그녀가 성취한 것들 때문에? 아니면 성격이 원래 그래서? 클라우디아가 얼마나 행복한지를 측정하기 위해서는 그녀의 긍정적이거나 부정적인 경험들에 작용한 모든 영향관계들을 조사한 뒤에 일종의 평균치를 구해야 한다. 그러기 위해서는 클라우디아에게 일정한 시간 간격을 두고 계속해서 같은 질문을 던지는 방식으로 데이터를 구축해야 한다. 그런 다음 이 데이터들의 평균값을 구하면 객관적인 행복의 측정이 완성된다.

그러나 행복의 평가에는 늘 왜곡의 법칙이 작용한다. 예를 들어 심리학 설문조사에 참가할 학생들을 대상으로 그 중 절반에게 조사 직전에 공중전화박스에서 우연히 10센트짜리 동전을 줍도록 하는 실험을 실시하였다. 그랬더니 자신의 삶에 대한 만족도를 묻는 물음에서, 직전에 10센트 동전을 주운 학생들은 지금까지 자신이 살아온 삶 전반에 대해 다른 학생들보다 훨씬 더 긍정적인 평가를 내렸다.

우리의 행복 체험도 그다지 믿을만한 것이 못 된다. 습관화와 대비효과에 쉽게 노출되고, 지속성을 자주 간과하고, 정점과 종착점을 과대평가하고, 개별적인 평가와 전체적인 평가의 차이가 심하고, 우리에게 진정으로 좋은 것과 그렇지 않은 것을 자주 착각한다. 그러니 우리가 언제 어떻게 행복하다고 쉽사리 말할 수 있겠는가?

이제 우리는 행복의 심리학뿐만 아니라 신경생물학에도 눈을 돌려야 할 때가 되었다. 이 분야는 1950년대까지 거슬러 올라가는 역사를 지니고 있으며, 특히 최근 5년 동안은 대단히 의미 있는 발전을 이루었다. 50년대 말에 사람들은 쥐가 특정 뇌영역에 대한 전기 자극을 좋아한다는 사실을 우연히 발견하였다. 쥐들로 하여금 직접 스위치를 눌러 자신의 신경세포를 자극하도록 했더니 얼마 뒤 쉴 새 없이 스위치를 눌러대는 모습이 관찰되었다. 짝짓기 의사가 있는 암컷처럼 다른 쾌락의 원천을 수컷 쥐 곁에 데려다주어도 수컷들의 스위치 누르기는 멈추지 않았다. 심지어는 스위치 누르기에 정신이 팔려 먹고 마시는 일조차 잊어버리기도 했다. 쾌락을 담당하는 뇌중추의 자극을 통해 다른 모든 즐거움을 뛰어넘는 최고의 쾌락에만 전적으로 몰두하다가 결국 사망에 이르는 쥐들마저 생겨났다.

이 쾌락중추가 중독을 일으키는 중추와 동일하다는 사실도 다른 자극실험들을 통해서 밝혀졌다. 그러나 우리 뇌에 이런 쾌락 영역이 존재하는 이유는 여전히 불분명했다. 진화과정에서 스스로를 중독에 빠뜨리는 뇌영역이 저절로 발달하였을 리는 만무하다. 이런 종류의 돌연변이가 발생했더라도 즉시 막다른 골목에 부딪혀 종말을 맞았을 것이다. 중독에 빠진 사람은 번식행위에 별로 신경을 쓰지 않을 뿐더러 후세를 낳아 기르는 일에는 더더욱 관심 밖일 테니까 말이다. 그렇다면 이 뇌영역의 진짜 기능은 무엇일까?

이 물음에 대한 답은 원숭이를 대상으로 한 체계적인 연구를 통해서 비로소 얻을 수 있었다. 우리 뇌의 깊숙한 곳에 위치한 중뇌(mesencephalon)에는 신경전달물질인 도파민(dopamine)을 만들어내서 두 갈래의 신경회로를 통해 측중격핵과 전두엽에 전달하는 뉴런(neuron) 그룹이 있다.

우리는 이 뉴런들이 정확히 무슨 일을 하는지 좀 더 자세히 들여다볼 필요가 있다. 현재까지 알려진 바에 따르면 이 뉴런들은 기대보다 더 좋은 일이 발생하면 신호를 발사하는데, 이는 두 가지 결과를 초래한다. 먼저 측중격핵의 뉴런들을 활성화시킨다. 이 뉴런들은 마약과 유사한 단백질을 생산한 뒤에 신경전달물질로서 직접 이것을 전두엽에 전달하는 일을 수행한다. 다시 말해서 우리의 뇌는 스스로 엔도르핀(endorphin)이라는 마약을 만들어내는데, 이것이 전두엽에 뿌려지면 우리는 즐거움(!)을 느끼게 된다.

　마약중독자에게 치료수단으로 소량의 코카인을 주사하는 것에서부터 초콜릿을 먹고 음악을 듣고 자동차 질주를 즐기고 로또에 당첨되고 친절한 눈길이나 위로의 말을 건네는 등의 모든 일들은 중뇌의 도파민 뉴런을 활성화시킨다. 그러면 이것은 전두엽과 뇌의 중앙메모리 기능을 향상시키는 효과를 낸다. 쉽게 말해서 더 잘 생각하고, 주어진 정보를 더 잘 가공하게 만들어 학습능력을 증진시킨다. 이 시스템은 우리 뇌의 매우 본질적이고도 어려운 과제를 해결한다. 우리 뇌에는 매초마다 엄청난 양의 정보들이 쏟아져 들어오기 때문에 이를 다 처리하기란 불가능하다. 따라서 뇌는 선택의 문제에 직면하게 된다. 많은 정보들 중에서 무엇을 주목하고 처리해야 하며, 무엇을 무시해야 하는지를 취사선택해야 한다. 그렇기 때문에 뇌에는 평가와 비교를 전문적으로 담당하는 모듈(module)이 필요하다. 이 모듈은 모든 것들이 예상한 대로 진행되는 동안에는, 즉 우리가 이제껏 몰랐던 어떤 일이 일어나지 않는 동안은 아무 일도 하지 않는다. 기대했던 것보다 더 좋은 어떤 일이 생기면 모듈은 그 즉시 활동을 개시한다. 그러면 우리는 깨어나 정신을 집중하고 그 일에 주목하고 정보를 더욱 잘 처리하게 된다. 여기서 무엇보다 중요한 점은 우리의 학습능력이 높아진다는 사실이다. 이러한 방식으로 우리는 장기적으로 우리에게 유리한 모든 것들을 효과적으로 학습한다.

아주 쉬운 예를 들어보자. 당신은 숲 속을 거닐다가 아직 덜 익어서 파랗고 시큼한 산딸기를 따먹는다. 그러다가 빨갛게 잘 익은 산딸기를 발견하여 이를 먹어 보고는 그 달콤한 맛에 반한 다. 이때부터 당신은 빨간 산딸기만을 찾기 시작한다. 빨간 산딸 기가 맛있다는 것을 배웠기 때문이다. 이 모듈의 활성화는 즐거 움을 주기도 하지만 무엇보다도 우리에게 좋은 것들을 학습하는 일과 관련되어 있다. 이 모듈은 반드시 비교를 통해서, 그리고 기대보다 더 좋을 때에만 작동한다. 이렇게 볼 때 행복감은 인간 의 학습능력에 따른 부산물이라고 말할 수 있다('부산물'이라고 해서 불필요한 폐기물이란 뜻은 절대로 아니다).

이 모듈이 행복한 상태를 지속적으로 유지하기 위해서 고안 된 것이 아니란 사실은 쉽게 짐작할 수 있다. 오히려 이것은 우 리가 자신에게 좋다고 생각되는 것을 지속적으로 추구하도록 하 는 데 맞추어져 있다. 다시 말해서 행복 체험을 담당하는 우리 뇌의 모듈에서 중요한 것은 지속적인 행복이 아니라 지속적인 노력이다. 이건 아주 큰 차이다! 이 모듈이 있음으로써 사람들은 자신의 행복을 위해 상당히 많은 일을 할 수 있다. 다만 문제는 무엇을 해야 하고, 무엇을 하지 말아야 하는지를 우리가 아느냐 하는 것이다. 따라서 행복은 지식과 연결된다. 행복해지기 위해 우리가 할 수 있는 일에 대한 지식 말이다. 결국 행복에 대한 물 음의 답은 사람들이 애초에 답을 얻을 가능성이 가장 낮다고 생 각했던 분야인 지식과 학문에서 찾아야 한다.

인간의 뇌는 딱딱한 사실보다 이야기를 더 좋아한다. 바로 이 점에 있어 내가 특히 높게 평가하는, 동료이자 이 책의 저자이기도 한 에카르트 박사가 재미있게 풀어나가는 이야기에서 독자들은 읽는 즐거움을 한껏 만끽할 수 있으리라 생각한다. 하지만 너무 큰 기대는 하지 말기를. 그래야 기대 이상에서 오는 쾌감도 맛볼 수 있을 테니까 말이다.

이런 의미에서 모든 독자에게 많은 양의 도파민과 행복을 기원한다.

벼랑 끝으로 몰렸을지라도 고개를 떨구지 말라.

부수적 효과

행복은 심근경색과 우울증을 예방한다

> 인생은 온갖 불행과 고독과 고통으로 가득하다.
> 게다가 너무 빨리 지나간다.
> 우디 알렌(Woody Allen)

　행복은 누구에게나 당연한 자연 상태가 아닙니다. 건강도 마찬가지입니다. 또 건강한 사람이 모두 행복한 것은 아니며, 병을 앓는 사람이 전부 불행하지도 않습니다. 다만 행복을 느끼는 빈도가 높은 사람일수록 덜 아프고 더 오래 살 뿐입니다. 내가 이 책을 쓰는 이유도 바로 여기에 있습니다. 사실 이 책값은 건강보험에서 내주어야 마땅합니다. 행복을 증진시키는 것이야말로 최고의 질병예방책이니까요.

　로테르담에 있는 에라스뮈스대학의 루트 벤호벤(Ruut Veen hoven) 교수는 여러해 전부터 행복과 건강의 연관성을 연구해오고 있습니다. 30번도 넘게 실시한 일련의 연구 결과에 따르면 행복한 감정은 구체적으로 심근경색, 감염, 당뇨병을 예방한다고 합니다. 또 행복의 반대증상인 우울증도 당연히 예방됩니다. 내가 책을 쓰는 또 다른 이유도 여기에 있습니다. 그래서 나는 이번 장에서만큼은 코미디언이기보다 의사이고자 합니다.

긍정적인 감정들이 우리 몸에 어떤 영향을 주고, 만성 질병들이 우리를 얼마나 허약하게 만드는가 라는 주제는 최근에 와서야 본격적인 연구대상으로서 새롭게 발견되고 있습니다. 스트레스가 사람을 불행하게 만든다는 것은 이론의 여지가 없는 사실입니다. 그리고 불행은 스트레스를 낳습니다. 스트레스는 우리의 기분 상태와 혈관에 나쁜 영향을 줄 뿐만 아니라 면역체계도 약하게 만듭니다. 콧물감기 병원체를 피실험자들의 얼굴을 향해 분사하는 실험을 했더니 그 순간 기분이 좋은 상태였던 사람들은 대체로 병에 걸리지 않는 반면에 그 직전이나 직후에 나쁜 감정을 가졌던 사람들은 병에 잘 걸리는 것으로 나타났습니다.

행복한 사람은 스트레스에 한결 더 여유롭게 반응합니다. 그런 사람들은 대체로 건강한 라이프스타일을 갖고 있기 마련입니다. 이를 테면 체중조절도 잘 하고 운동도 더 많이 하고 술과 담배도 책임감 있게 잘 절제합니다. 더 나아가서 기쁨과 행복은 신체 전반을 활성화시키고 더 나은 상태로 만듭니다. 반면에 불행한 사람에게서는 신체활동이 저하되고 질병에도 쉽게 노출되는 등 정반대의 현상이 관찰됩니다.

긍정적인 마음 상태가 이미 중병에 걸린 사람의 수명을 더 연장시켜주기는 힘들겠지만 삶의 질을 더 높여줄 거라는 점은 분명해 보입니다. 이런 의미에서 루트 벤호벤 교수는 개인의 행복감을 키워주는 사회복지정책이 절실히 필요하다고 역설합니다. 이런 정책이 시행되면 사람들은 스트레스를 없애고 더 많은 행복을 느끼는 데 필요한 정보들을 쉽게 얻을 수 있을 뿐만 아니라 그와 관련된 지침이나 훈련법에 대한 안내도 효과적으로 받을 수 있습니다. 그러면 질병을 앓는 사람들의 숫자가 점차 줄어들 것이고, 여기서 절약된 치료비용은 예방의 질을 더 높이기 위해 사용할 수 있게 됩니다. 하지만 이런 것들이 과연 최근에 제기된 새로운 요구일까요?

기쁨을 늘리고 고통을 줄인다는 유용한 생활철학은 불교나 히포크라테스 선서에서도 이미 찾아볼 수 있습니다. 나는 이 책도 그런 생활철학의 일부로 이해합니다. 이 책이 당신을 행복하게 만들어줄 수 있다면 물론 더 없이 기쁘겠지만, 당신이 더 이상 자신을 실제보다 더 불행하게 생각하지 않게만 되더라도 나는 그것을 더없이 큰 효과라고 봅니다. 이것은 샐러드를 먹는 것과도 비슷합니다. 샐러드가 건강한 이유는 수북이 쌓인 샐러드를 먹는 동안 건강하지 않은 다른 것들을 뱃속에 집어넣지 못하기 때문입니다. 많이 웃으면 살이 빠지는 것도 같은 이유지요. 웃을 때 칼로리가 많이 소모되어서가 아니라 웃는 동안에는 아무 것도 먹을 수 없어서 그렇습니다. 이것을 철학적으로 말해서 "행복은 불행의 부재"라고 합니다. 쇼펜하우어의 말인데, 걱정할 필요는 없습니다. 이 책은 쇼펜하우어보다는 훨씬 더 낙관적이니까요.

수명을 연장하는 최고의 비법은 사실 전혀 대단한 비밀이 아니고 오히려 놀라울 정도로 평범합니다. 수명을 단축시킨다고 증명된 모든 것들을 버리면 됩니다. 금연하고 과음·과식을 삼

가고 자신과 남을 즐거운 마음으로 대하는 사람은, 각종 위험요
인들을 수집하고 이 수집품들을 철저히 관리하기 위해 온갖 노
력을 다 하는 사람보다 최소한 14년은 더 오래 삽니다. 암에 걸
릴 확률이 가장 높은 집단인 흡연자들에게는 브로콜리가 최대의
항암효과를 갖는 게 분명하지만, 비흡연자에게도 그렇게 큰 항
암효과를 갖는지는 증명하기 어렵습니다. 그렇다고 브로콜리를
즐겨 먹는 비흡연자들에게 당장 담배를 피우라거나 브로콜리를
끊으라는 말은 아닙니다.

나는 이 책이 우리나라와 세계 곳곳의 사람들의 행복에 얼마
나 도움이 될지 그다지 큰 환상을 품지 않지만 그래도 몇 가지
작은 기대를 하고 있습니다. 이 책이 득이 된다면 그것만으로도
의미는 충분하니까요. 그런데 당신은 과연 이 책에 맞는 독자일
까요?

사람들에게 필요가 뒤바뀌어 있다는 사실을 내가 처음으로 알
게 된 것은 샤리테(베를린의 대학병원 - 옮긴이)에서 소아과 의사로
일하던 시절이었습니다. 자기 아이를 꼬박꼬박 예방접종 날짜를
정확히 지켜서 병원에 데려오는 사람들은 어떤 부모일까요? 그
들은 어차피 자녀의 건강을 잘 돌보는 부모들이기 때문에 이런
가정에는 사실 의사가 별로 필요하지 않습니다. 그래서 나는 속
으로 생각했습니다. 환자가 스스로 찾아올 때까지 병원에 앉아
서 기다리기만 하지 말자, 환자가 아예 환자가 되지 못하도록 만
들자, 예방에 주력하고 의학적 지식을 널리 알리고 건강 관련 TV
프로그램에도 출연하자고 말입니다. 그래서 나는 5년 동안 독일

국영방송 ARD에서 방영하는 건강 프로그램에 출연했습니다. 매주 목요일 저녁 7시 30분에 금연, 운동, 야채 섭취 따위를 홍보하는 일을 했지요. 다시 당신에게 묻겠습니다. 어떤 사람들이 이런 프로그램을 시청할까요? 그렇습니다. 이미 건강에 상당한 관심과 지식이 있는 사람들입니다. 하루 종일 TV 앞에서 꼼짝도 하지 않는 애연가나 감자튀김을 야채로 생각하고 먹는 사람들은 국영방송의 건강 프로그램 따위를 시청하지 않습니다. 이들의 채널은 오락 전용 케이블 채널에 고정되어 있으니까요.

결국 늘 잘못된 대상을 붙들고서 사설을 늘어놓고 있는 셈입니다. 교회의 설교자들처럼 말입니다. 이미 알아서 제 발로 교회를 찾아온 사람들에게 자꾸 설교할 필요가 없다는 거지요. 그렇지 않아도 충분히 양심의 가책을 느끼고 있는 사람들입니다. 경제 분야도 똑같습니다. 전화마케팅으로 보청기를 판매한다면, 전화를 받는 사람이 도대체 보청기가 절실히 필요한 사람이겠습니까? 하여 이 책을 이미 손에 든 당신의 상태도 그다지 나쁘지 않을 것 같아 걱정이긴 합니다.

이 책은 병원을 찾아가 의사를 만나는 일을 대신할 수 없습니다. 하지만 그렇게 하도록 마음을 움직일 수 있을지는 모릅니다. 그런 의미에서 이제부터 우울증에 대해 조금 심각한 말을 해보려 합니다. 행복의 반대말이 무엇일까요? 불행? 물론 그럴 수도 있습니다. 그런데 행복은 언젠가는 지나가며, 이것은 불행도 똑같습니다. 그러므로 행복한 감정의 반대는 더 이상 아무 것도 느낄 수 없는 상태라고 말할 수 있습니다. 우울증은 '없음'의 병입니다. 모든 것이 의미 없고, 아무런 희망이 없고, 감정의 동요도 없습니다. 우울증을 앓는 사람은 잠도 없고, 활력도 없으며 더불어 자기 자신도 아예 없기를 절실히 바랍니다. 우울증은 가장 흔한 정신장애이면서 동시에 가장 값비싼 대가를 치르게 만드는 병입니다. 이 병은 자살의 형태로 많은 사람들의 목숨을 앗아갑니다. 또 지금까지 수백 년 동안 꾸준히 삶의 질을 저하시키며 사회적으로 수십억 원의 비용을 발생시키고 있습니다. 우울증 환자는 부모로서, 교사로서, 파트너로서, 납세자로서 아무런 제 역할을 하지 못하기 때문입니다. 독일에는 현재 5백만 명이 넘는 우울증 환자가 있다고 합니다. 그런데 이 병을 앓는 환자의 수가 증가한 것인지, 아니면 이 병에 대한 관심이 증가한 것인지는 분명치 않습니다.

런던대학 교수로 재직하다 은퇴한 생물학자 루이스 월퍼트 (Lewis Wolpert)는 자신이 직접 우울증을 앓았고 아직도 그 증상에서 완전히 자유롭지 못한 사람입니다. 이 사람은 자기 경험을 토대로 자신과 가족의 치부를 솔직하게 드러낸 《우울증에 대한 희망의 보고서》란 책을 썼습니다. 여기서 그는 이 질병이 생물학적 원인에 의한 것이며 따라서 환자 자신에게는 병에 대한 책임이 없다는 생각을 피력하였습니다. 월퍼트는 이 끔찍한 고통을 말로 표현할 수 있는 사람이 있다면 그 사람은 우울증을 직접 겪어보지 않은 사람이라고 단언합니다. 그는 우울증이 자기 인생에서 가장 고통스러운 경험이었다고 말했습니다.

신경학자들과 정신과 전문의들은 증상의 강도와 발병기간에

따라 우울증의 등급을 몇 단계로 나눕니다. 우울증 환자들 중에
는 끊임없이 자신의 심리상태를 관찰하면서 삶을 더욱 힘겹게
만드는 사람들이 있는데, 실제로 이런 자가진단은 별 의미가 없
습니다. 반대로 모든 정신적 요인들을 무시한 채 몇 년이 넘도록
심장이나 허리, 소화기관 따위에만 이상이 있다고 여겨 치료를
받다가 나중에야 제대로 된 진단을 받게 되는 사람들도 있습니
다. 하지만 어떤 것이든 의사를 전혀 찾지 않는 사람들보다는 낫
습니다.

  우울증을 앓는 환자의 뇌에서는 어떤 일이 벌어지고 있을까
요? 우선 다양한 신호물질들로 이루어진 고도로 복잡한 뇌의 균
형 상태에 장애가 일어납니다. 이때 가장 두드러지는 것은 기쁨
의 호르몬인 세로토닌(serotonin)과 의욕의 호르몬인 노르아드레
날린(noradrenalin)의 결핍입니다. 우울증 환자에게는 이 두 호르
몬을 좀처럼 찾아볼 수 없습니다. 그리고 신경조직의 성장도 멈
춥니다. 우울증 환자가 자신을 외부세계와 단절시키는 것처럼
뇌의 신경세포들도 새로운 접촉을 시도하려는 의욕을 보이지 않
습니다. 외부와의 단절이 먼저인지 내면의 소극성이 먼저인지는
닭이 먼저냐 달걀이 먼저냐의 문제처럼 밝히기가 쉽지 않습니
다. 하지만 머릿속 신경 네트워크의 결핍은 약물치료가 즉시 효
력을 나타내지 못하는 이유를 아주 잘 설명해줍니다. 신호물질
을 전달하는 시냅스가 약물의 도움으로 다시 정신을 차리고 남
들에게 호기심을 보이기까지는 대개 2~4주의 시간이 걸립니다.

  이런 무의미의 질병이 갖는 의미는 무엇일까요? 가장 그럴듯

한 설명은 급브레이크 기능입니다. 끊임없는 스트레스와 과부
하가 환자로 하여금 스스로 능동적인 삶에서 뛰쳐나오게 만들어
서 환자 자신의 남은 에너지를 절약하고 남들의 지원을 이끌어
내려는 것입니다. 중증 우울증 환자를 실제로 겪어 본 사람이라
면 "정신 차리고 어서 힘을 내!"라는 따위의 호의적인 조언은 아
무 소용도 없을 뿐더러 오히려 환자와 가족들을 더욱 맥 빠지게
하고 심지어 분노케 만든다는 사실을 잘 알 것입니다. 우울증은
질병이지 결점이 아닙니다. 우울증으로 완전히 탈진한 상태는
집에 불이 난 경우와 비슷합니다. 큰 소리로 도움을 외쳐야 합니
다! 연기가 막 피어오르기 시작하는 순간이 바로 도움을 요청할
적기입니다.

우울증은 어느 날 갑자기 발병하는 것이 아니라 사람을 한없
이 나락에 떨어뜨리는 암울한 생각들이 하나둘씩 쌓여서 생겨납
니다. 우리가 이 과정을 제대로 이해하는 데 결정적인 도움을 줄
만한 인상 깊은 동물실험이 있습니다.

1960년대에 마틴 셀리그먼(Martin Seligman)은 '학습된 무기
력'이라는 아주 획기적인 발견을 합니다. 개들을 우리에 가두어
두고 먹이와 물과 약한 전기충격을 주는 실험을 통해서요. 전기
충격은 위험하지 않고 어느 정도 불편을 주는 수준이었습니다.
몇 차례의 충격에는 모든 개들이 잘 견뎠습니다. 그러나 아무런
납득할 만한 이유도 없이 충격이 가해지고 여기에 전혀 대항할
수 없는 상황이 계속 이어지자 불쌍한 개들은 금방 자신의 운명
에 굴복해버렸습니다. 무감각하게 드러누운 채 불편한 상황에

서 벗어나려는 아무런 노력도 하지 않게 된 것입니다. 하루아침
에 직장을 잃고 허무하게 운명에게 난타당했다고 느끼는 수많은
실직자들도 이와 비슷한 감정을 가질 겁니다. 스스로 사표를 낸
사람은 회사가 파산하여 졸지에 일자리를 잃은 사람과 전혀 다
른 감정을 갖습니다. 실직의 경우는 당사자를 쉽게 우울증에 빠
지게 만들죠.

　그런데 진짜 중요한 장면은 셀리그먼이 개들의 우리 문을 열
었을 때 펼쳐집니다. 과연 무슨 일이 벌어졌을까요? 아무 일도
벌어지지 않았습니다! 개들은 고통을 피해 도망갈 수 있는데도
그렇게 하지 않았습니다. 이미 무기력을 학습한 개들은 자유를
얻기 위해 단 한 발짝도 움직이려 들지 않았습니다.

　우울증에 걸린 사람은 스스로 머릿속에 이런 우리를 만들어
냅니다. 그리고 충격과 자극이 주어지더라도 사고의 우리 속에
자신을 가두어 둔 채 끝내 악순환에서 벗어나지 못합니다. "나
는 아무 짝에도 쓸모없는 사람이야. 세상은 암울해. 나는 희망이
없어." 아론 벡(Aaron Beck)이라는 심리치료사는 우울증 환자들
의 이런 사고패턴을 찾아내어 깨뜨려버리면 그들에게도 낙관주
의를 학습시킬 수 있다는 사실을 발견하였습니다. '인지행동치
료'라고 불리는 이 치료법은 아직까지는 우울증을 치료하는 가
장 효과적인 방법으로 각광받고 있습니다.

　그 밖에 또 어떤 방법이 있을까요? 자기 자신과 남을 대할 때
좀 더 세심하게 신경 쓰고 주의를 기울이는 것도 좋은 방법입니
다. 대인관계요법(IPT)은 사회생활 능력을 훈련 시켜주고, 명상

요법은 우리 자신을 좀 더 여유롭게 바라보도록 도와줍니다. 이런 주제에 대해서는 제 5장의 〈평온 유지하기〉에서 더 자세히 다루겠습니다.

우울증 치료에서 약물은 어떤 역할을 할까요? 가벼운 우울증에는 약이 필요 없습니다. 우울증이 심해지면 아예 대화가 불가능할 수도 있는데, 이럴 때는 먼저 약물의 도움을 받아서 환자를 심리치료가 가능한 상태로 만들어야 합니다. 미국에서는 항우울제 '프로작(Prozac)'을 복용하는 것이 일종의 라이프스타일로 굳어졌다면, 독일에서는 정신과 관련 약물을 완전히 무시하는 태도가 라이프스타일에 속합니다. 내 생각에는 두 가지 모두 바람직하지 않습니다. 우울증을 앓지 않는 사람에게 항우울제는 당연히 좋을 게 없습니다. 마찬가지로 심각한 우울증을 앓는 사람이 무조건 약을 거부하는 것은 위험한 짓입니다. 항우울제는 중독성이 없는 대신, 단번에 기분을 끌어올리지 못하고 약효가 나타나기까지 몇 주일 정도 걸리는 단점이 있습니다. 하지만 약을 중단해도 금단현상은 나타나지 않고 소량을 복용하면 재발 방지 효과도 볼 수 있습니다.

독일에서는 우울증 환자 다섯 명 중 한 사람만이 제대로 병을 진단하여 치료를 받고 있습니다. 타고난 근시 성향 때문에 안경을 처방 받아 쓰고 다니는 사람에게는 아무도 특별한 관심을 보이지 않습니다. 그러나 타고난 비관주의 성향 때문에 뇌의 화학 작용을 교정하는 약물을 처방받은 사람은 무슨 죄인처럼 취급합니다. 아무리 생각해도 이것은 너무 근시안적인 태도입니다.

우울증을 이기는 최고의 약은 행복입니다. 조금씩 행복을 향해 나아가는 것입니다. 그곳으로 발걸음을 돌리는 일은 의외로 쉬울 때가 많습니다. 무언가를 제대로 이해하려면 대개 반복이 필요합니다. TV의 재방송을 볼 때와 비슷합니다. 분명히 예전에 본 것 같은데 결말이 생각나지 않으면 우리는 그 재방송을 그냥 끝까지 또 보게 됩니다. 그런데 인생에서는 결말을 뻔히 알면서도 그냥 끝까지 지켜볼 때도 많습니다. 그냥 가던 길이어서 그러기도 하고 맨홀에 빠질까봐 그러기도 합니다.

아래에 있는 글을 처음 보았을 때 나는 이것이야말로 오직 나를 위한 글이라고 생각했습니다. 만약 당신 마음에도 든다면 벌써 둘이군요.

우회로는 지리에 대한 이해를 높인다

길을 걷고 있다
그런데 보도에 깊은 맨홀이 있다
나는 그 속으로 빠진다
끝장이다… 희망이 없다
다시 빠져나오기까지 한없는 시간이 걸린다

똑같은 길을 걷는다
그런데 보도에 깊은 맨홀이 있다

나는 그것을 못 본 척 한다
다시 그 속으로 빠진다
다시 똑같은 장소에 있다는 사실이 믿기지 않는다
하지만 이건 내 잘못이 아니다
다시 빠져나오기까지 여전히 아주 오랜 시간이 걸린다

똑같은 길을 걷는다
그런데 보도에 깊은 맨홀이 있다
나는 그것을 본다
또 다시 그 속으로 빠진다… 습관적으로
나는 두 눈을 뜨고 있다
나는 내가 어디 있는지 안다
이건 내 잘못이다
나는 즉시 빠져나온다

똑같은 길을 걷는다
그런데 보도에 깊은 맨홀이 있다
나는 그것을 피해서 돌아간다

나는 다른 길을 걷는다

행복이 위험에 처했음을 알리는
10가지 위험신호

1. 즉흥적으로 생각하고 겁 없이 행동하는 경향

2. 매 순간을 즐기는 능력의 상실

3. 타인을 판단하려는 관심의 상실

4. 갈등에 대한 관심의 상실

5. 자신을 판단하려는 관심의 상실

6. 걱정하는 습관의 상실

7. 모든 형태의 삶을 다 높이 평가하고 인정하는 상태로 복귀

8. 타인과 본성에 대해 만족스러운 결속의 감정

9. 삶의 과잉을 인지하고 받아들이려는 경향의 증가

10. 박장대소 같은 잦은 발작

11. 10가지 전부가 위험신호라는 사실에 전혀 개의치 않는 태도

확실한 성공 지침

먼저 성공부터 노리고 그 다음에 과녁을 정하라.

✂ 이곳을 가위로 자르시오!

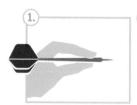 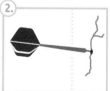 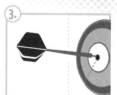

방법 화살을 던진다. 표적을 오린다. 화살이 어디에 꽂혔든 상관없다. 화살이 꽂힌 곳에 표적을 알아서 붙인다. 다른 사람들에게 보여주고 박수갈채를 받는다.

행복은 혼자 오지 않는다 -

오해와 함께 온다

늘 그렇다. '아하!'의 깨달음은 여기에 없고 저쪽에 있다.

당신이 결코 알고 싶어하지 않지만 이미 알고 있는 행복의 일곱 가지 진실

1. 사람들은 불행을 원한다

의사라면 누구나 알고 있는 사실입니다. 우울증 환자는 증상이 호전되면 오히려 상태가 더 나빠진다는 걸 말입니다. 그리고 피학증(정신적·육체적 학대를 받는 데서 쾌감을 느끼는 것 – 옮긴이) 환자는 고통을 당하지 않으면 더 고통스럽습니다. 싱글들에게 파트너가 없는 이유가 뭔지 아십니까? 행복하기를 원해서 그렇습니다! 우리는 뜨뜻미지근한 감정보다는 차라리 고통을 더 좋아하는 것 같습니다. 밀려왔다가 사라지는 고통. 이것은 여자들이 늘 자신의 발 치수보다 조금 작은 구두를 사는 이유도 설명해줍니다. 저녁에 구두를 벗을 때 썰물처럼 고통이 사라지는 – 스스로 통제가 가능한 – 행복의 순간을 위해서죠.

2. 우리는 행복하기 위해 이 땅에 태어나지 않았다

진화의 목표는 언제나 살아남는 것이었습니다. 당신이 여기 이 글을 읽고 있다면 당신의 뇌는 자신의 임무를 잘 수행하는 것입니다! 행복의 순간들은 우리로 하여금 생존기회를 더 높이기 위해 노력하도록 만듭니다. 그렇기 때문에 우리는 먹는 게 즐겁고, 또 섹스가 즐겁습니다. (잘 생각해보세요!) 그런데 계속해서 마냥 행복하다면 어떨까요? 안 됩니다. 그러면 죽을 수도 있습니다! 매머드를 사냥해서 배 터지게 먹고 마신 뒤에 행복에 겨워 천방지축 초원을 뛰어다닌 원시인은 무서운 검치호랑이의 먹이가 되고 말았습니다. 우리는 그의 후손이 아닙니다. 우리는 행복이 금방 사라지는 탓에 계속해서 새로운 경험을 쌓아 살아남을 수 있었습니다. 계속해서 마냥 행복하도록 '저주받은' 사람은 없습니다. 이것이야말로 정말 환희의 복음이 아닐 수 없습니다.

3. 다른 사람은 우리를 행복하게 해주려고 있는 게 아니다

누구에게나 천생연분의 짝이 있어서 그 짝만 찾으면 평생토록 행복하게 살 수 있다는 낭만적인 생각은 오랜 세월 인간을 불행하게 만들어왔습니다. 솔직히 말해서 60억 인구 중에 자신에게 꼭 맞는 단 한 사람을 찾을 확률이 얼마나 되겠습니까? 그것도 늦어도 80년 안에 말이죠. 세상에 완벽한 사람은 없습니다. 그런데도 우리는 혹시나 하는 기대를 버리지 못해서 현재의 파트너 몰래 한눈을 팝니다.

4. 불행은 일어난다

당신은 때에 따라 비둘기가 되기도 하고 비둘기 똥이 머리에 묻은 동상이 되기도 합니다. 행복 안에 있을 때 우리는 자동적으로 그 행복이 영원할 거라고 생각합니다. 그러나 행복은 언제나 왔다가 다시 갑니다. 불행도 똑같습니다. 정신적 외상에 대한 연구가 내놓은 가장 멋진 소식은 엄청난 불행을 겪은 사람의 80% 이상이 그것을 잘 극복한다는 것입니다. 물론 시간이 필요하지만 적극적인 치료행위 없이도 2년 정도만 지나면 더 이상 지속적인 고통을 겪지 않으며, 심지어는 심신이 전보다 더 강해지기도 합니다. 사고, 질병, 이별, 죽음은 모두 삶의 일부입니다. 세상에는 분명히 '악'이 존재합니다. 악의 존재 이유는 하느님만이 알겠지요. 아무튼 나는 정당한 이유가 분명히 있기를 간절히 바라고 있습니다.

5. 동메달을 노려라!

올림픽 메달 시상의 순간, 은메달리스트와 동메달리스트 중 누가 더 행복한지 혹시 아십니까? 그렇습니다, 동메달리스트입니다! 적어도 행복의 기술적 관점에서 보면 분명히 그렇습니다. 우리를 행복하거나 불행하게 만드는 것은 결과가 아니라 평가입니다. 중요한 것은 자신의 비교 대상이 누구인가 하는 겁니다.

은메달리스트는 자신을 누구와 비교하겠습니까? 그 사람은 분명히 금메달리스트를 쳐다보며 속상해 할 것입니다. '0.03초만 빨랐어도 금메달을 목에 걸었을 텐데!'라고 하면서 말이죠.

반면에 동메달리스트는 '0.03초만 늦었더라면 메달을 따지 못했겠지'라고 생각합니다. 동메달리스트는 행복합니다. 정말 한심한 경우는 4위라는 사실을 잘 알기 때문입니다.

6. 네 자신을 위해 진정으로 무언가를 하고 싶다면 남을 위해 무언가를 하라

우리는 자기 자신을 간지를 수 없습니다. 내 손가락이 발에 닿기 전에 이미 나의 뇌가 간지러움에 대비하기 때문입니다. 뇌가 방심한 사이, 뜻밖에 당하는 효과가 없는 거죠. 행복도 마찬가지입니다. 행복은 심지어 자신에게 없을 때도 남에게 전해 줄 수 있습니다! 행복은 전염됩니다. 다른 누군가를 행복하게 해주고 그의 행복한 모습을 보는 것은 자신의 배부른 배를 쓰다듬는 것보다 더 많은 걸 우리에게 줍니다.

이를 위해서 우리의 머릿속에는 거울뉴런이라는 신경세포도 마련되어 있습니다. 웃음은 전염됩니다. 그러므로 웃으면 주변이 온통 즐거운 사람들로 가득할 것입니다.

"웃어라. 그러면 온 세상이 너와 함께 웃으리라. 코를 골아라. 그러면 홀로 잠들게 되리라!"

7. 네 자신을 사랑하라, 그러면 다른 이들도 너를 좋아하리라

여성들이 패션잡지를 보고나면 기분이 나빠진다는 것은 이미 증명된 사실입니다. 왜 그럴까요? 그놈의 비교 때문입니다. "세상에! 나는 이 사람들과는 영 딴 판이야!" 몹시 충격적입니다.

삶은 불공평합니다. 하지만 분배는 정상적으로 이루어졌습니다. 당신은 슈퍼모델이 아닌 것이 정상입니다. 우리끼리 얘기지만 나는 그런 최고의 미인들과 함께 토크쇼에 초대된 적이 있습니다. 그때 그들이 '마스크'를 쓰기 전 모습과 쓰고 난 모습을 모두 보았습니다. 분장실에서 그들에게 일어나는 일들이란! 만약 중고차 매매상이 그런 일을 했다면 틀림없이 감옥행입니다. 남자들은 헬스잡지의 모델과 자신을 비교하지 않습니다. 그들은 자기 몸매가 미심쩍으면 사우나에 가서 한 번 쓱 훑어보고는 '뭐, 그렇게 나쁘지는 않은데'라고 생각합니다. 사우나에 들어온 사람들은 전혀 꾸미지 않은 상태입니다. 하느님이 창조하고 맥도널드사가 살을 붙인 모습 그대로죠. 나이가 들면서 체중이 느는 것은 정상입니다. 예전에 내 몸무게는 3킬로밖에 되지 않았습니다!

거울 앞에 선 여자는 어떤가요? 계속 이리저리 몸을 움직입니다. 완벽하지 않은 곳을 찾아낼 때까지 잠시도 긴장을 늦추지 않습니다. 친애하는 여성들이여, 적어도 한 가지만큼은 남성들에게 배우시라. 남자들은 자아비판으로 스스로를 괴롭히지 않습니다. 거울 앞에 선 남자는 어떤가요? 아무런 움직임 없이 정면으로 잠시 거울을 보고는 약 2초쯤 뒤에 간단히 "괜찮군!"이라고 말합니다. 더 이상은 알고 싶어지도 않습니다. 물론 남자는 어느 순간부터 배가 나오기 시작합니다. 하지만 거울 앞에서 몸을 옆으로 돌려 튀어나온 뱃살을 볼만큼 멍청한 남자는 별로 없습니다!

Eifel-Express

6:39
E12 12084

Zug kann jederzeit nach
Köln Messe/Deutz abfahren

아이펠 급행열차. 트리어 발 쾰른 메세/도이츠 행 열차가 곧 출발합니다.

von Trier

살다보면 정말 운이 좋을 때도 있다.

미신의 효험

나는 미신을 믿지 않는다.
미신을 믿으면 불행해지므로.

영국의 심리학자이자 마술사인 리처드 와이즈먼(Richard Wiseman)은 오래 전부터 미신과 행복의 상관관계를 연구해왔습니다. 그는 아주 놀라운 결론을 얻었습니다. 집에 행운을 가져온다는 물건을 많이 두고 있는 사람들일수록 오히려 행복하지 못하다는 것입니다. 행운의 상징이 갖는 힘을 지나치게 믿는 사람은 오히려 자신의 행복을 위해 진짜로 필요한 것들을 놓치기 쉬운지도 모릅니다.

구체적인 예를 들어보겠습니다. 어떤 사람이 시험에 세 번이나 떨어졌습니다. 이것은 그 사람이 시험 준비를 충분히 하지 않아서 그런 게 틀림없어 보입니다. 하지만 미신을 믿는 그에게 낙방의 이유는 분명합니다. 첫 번째 떨어졌을 때는 토성의 위치가 좋지 않았기 때문입니다. 당연히 그에게 문제가 있었던 것은 아닙니다. 두 번째는 책상이 수맥 위에 놓여있었는데 그 사실을 제

때에 발견하지 못했기 때문입니다. 세 번째는 정말 잘 될 수도 있었습니다. 준비도 아주 잘 끝냈습니다. 물론 시험공부를 열심히 했다는 게 아니라 '좋은 기운들'을 몸에 잘 채워 넣었다는 뜻입니다. 모든 에너지가 충만한 상태였습니다. 다만 기차역으로 너무 늦게 출발한 것이 문제였습니다. 마지막 순간에 급하게 열차에 뛰어 오르는 바람에 그의 유체(幽體, Astral Body)가 그만 이탈해버린 것입니다. 그러니 잘 될 턱이 없지요. 그가 또 시험에 미끄러진 건 당연한 결과입니다.

　마법적 사고의 어두운 면을 플라시보 효과(Placebo Effect)와 반대로 '노시보 효과(Nocebo Effect)'라고 부릅니다. 나는 플라시보에 대해 아무런 반감이 없습니다. 또 시험에 붙으려면 약간의 '마력'이 필요하다는 생각도 충분히 받아들일 수 있습니다. 나역시 시험을 볼 때면 좋아하는 자리를 차지하려고 애썼고 찰떡이나 사탕 같은 작은 부적들을 가지고 '도핑'도 했습니다. 그렇게 하면 다른 사람들이 나를 응원한다는 믿음을 얻을 수 있었습니다. 자신의 운명을 약간은 통제할 수 있다는 믿음은 건강한 생활에 도움이 됩니다. 그러나 손길이 닿지 않는 곳에 있는 어떤 힘들이 우리에게 별로 호의적이지 않을 경우, 이런 믿음이 지닌 심리적 장점은 거꾸로 단점이 됩니다. 예를 들어 안테나의 전자파가 건강을 해친다고 굳게 믿는 사람은 안테나가 작동하기도 전에 벌써 두통이 생깁니다.

　행복에 대한 우리의 생각은 웬일인지 정신적으로 여전히 중세에 머물러 있습니다. 업데이트가 절실한 형편이죠. 당신이 마지막으로 길거리에서 행운의 상징인 말발굽(독일에는 말발굽을 거꾸로 문에 걸어두면 행운이 온다고 믿는 미신이 있다–옮긴이)을 주운 것은 언제였나요? 말발굽을 한 번도 주워본 적이 없다면 그것은 당신이 불운아이기 때문일까요, 아니면 오늘날의 이동수단들이 말발굽을 떨어뜨리는 대신 미세먼지만 남기기 때문일까요? 만약 후자라면 미신을 믿는 현대인은 미세먼지가 담긴 주머니를 문에 걸어두어야 할 겁니다. 말발굽의 열린 부분을 아래로 향하게 걸어두듯이 먼지주머니 입구가 아래로 향하게 말이죠. 이산화탄소 배출문제로 지구온난화를 고민하는 시대인 오늘날에도 사람들은 여전히 굴뚝청소부를 행운의 상징으로 생각합니다(독일에는 굴뚝청소부를 거리에서 만나면 행운이 온다고 믿는 미신이 있다–옮긴이). 하지만 검댕에 새카맣게 그을린 굴뚝청소부는 사실 재생 불가능한 화석연료의 불완전 연소를 보여줄 뿐입니다. 당신이 굴뚝청소부를 만나거나 만져보지 못했다면 그것은 당신의 집이 중앙난방시스템을 채택했기 때문일 가능성이 큽니다. 만약 그렇다면 당신은 지구상에 사는 수많은 사람들로부터 부러움을 사기에 충분한 행운아입니다.

그런데도 옛 추억을 자극하는 굴뚝청소부 대신 노트북과 측량기를 든 현대적 설비기사가 당신의 집을 찾아왔을 때 당신은 기대에 찬 눈빛으로 그의 작업복을 슬쩍 만져보려 하지 않습니다. 그러면서 행복을 언제까지나 기다려야만 하는 대상으로 여깁니다. 행복이 나타나더라도 반가이 맞이하기는커녕 너무 늦게 왔다고 화를 냅니다.

네잎클로버는 어떤가요? 책 날개에는 '세잎' 클로버를 물고 있는 나의 사진이 있습니다. 대체 누가 세 잎보다 네 잎이 더 좋다고 했는지 모르겠습니다. 네잎클로버의 특징은 단 한 가지, 세잎클로버보다 드물다는 것뿐입니다. 우리는 도대체 무슨 짓을 하고 있는 거죠? 우리는 스스로 행복을 보기 드문 대상에 연결시켜 놓고는 자주 행복을 느끼지 못한다고 억울해합니다. 제 발등을 제가 찍은 셈이죠. 정말 바보 같은 짓입니다. 세 잎보다 네 잎이 더 나은 경우가 있다면 그것은 클로버가 자라는 장소에 달린 문제입니다. 가령 원자력발전소 근처의 클로버 잎이 갑자기 네 개나 그보다 더 많아진다면 결코 좋은 징조가 아닐 테니까요.

미신에 대한 우리의 믿음은 동물도 그냥 놔두지 않습니다. 예를 들어 토끼 다리가 행운을 가져온다고 하여 장만하는 사람들이 많습니다. 토끼는 다리가 네 개나 있지만 그 덕에 어떤 행운이 찾아왔을까요? 나는 이런 것들이 정말 의미가 있는지 모르겠습니다. 멀쩡한 성인들도 길에서 검은 고양이를 보면 그 녀석이 오른쪽에서 왼쪽으로 길을 건너는지 아니면 반대로 가는지 가던 발걸음을 멈추고 심각한 표정으로 지켜봅니다. 그런데 어느 쪽이 길한 방향인지는 나라마다 다르다고 합니다. 그렇다면 고양이 때문에 매번 나라를 옮겨 다녀야 할까요? 내 생각은 이렇습니다. 고양이가 당신의 삶에 어떤 의미를 갖는지는 그 녀석들이 달리는 방향에 있지 않습니다. 문제는 당신이 쥐냐, 아니면 사람이냐에 있습니다.

하지만 한 해를 보내는 세밑에는 이른바 배운 사람들도 마음

놓고 노벨상 수상자인 닐스 보어(Niels Bohr) 흉내를 내볼 수 있습니다. 보어는 이맘때가 되면 늘 문에 말발굽을 걸어 두곤 했는데, 사람들이 그에게 물리학자가 왜 그런 엉터리 미신을 믿느냐고 묻자 보어는 이렇게 대답했습니다. "믿지 않아도 효험이 있다고 들었거든요!"

내 행운의 별자리는 어떤 것일까?

행운의 별자리
새 별자리를 얻는 세 단계

1. 왼편의 별들이 가득한 밤하늘에서 아무 별이나 마음대로 서로 연결시키세요. 양심의 가책을 느낄 필요는 없습니다. '진짜' 별자리들도 모두 이렇게 탄생했으니까요.
2. 오래 전부터 당신 자신에게 바라던 어떤 특성이 있나요? 평소에 지니고 싶던 특성을 조금 전에 당신이 새로 만든 별자리에 부여하세요. 단, 새 별자리들에 나쁜 특성이 담겨져서는 안 됩니다. 애교스러운 단점 정도는 물론 가능합니다.
3. 이제부터 당신은 온전히 당신만을 위한 전용 별자리의 영향 아래에서 특별한 보호를 받게 될 겁니다. 벌써 느껴지지 않나요? 별자리는 거짓말을 하지 않으니까요!

★ 깨알 같은 점들을 아무리 오래 들여다봐도 어지럽지 않은 사람은 필요할 때마다 이 '별자리 놀이'를 마음껏 할 수 있습니다. 단, 나중에 지우기 쉽게 수성펜을 사용해야 합니다.

예를 들어 봅시다

다람쥐자리
호기심 많고, 날렵하고, 밖으로 나돌아 다니기를 좋아한다. 열심히 긁어 모으고 줍느라고 가끔씩 자신이 뭘 갖고 있는지 잊어버리기도 한다(이 점에서 인간과 비슷하다).

세쌍둥이자리
다중인격자에게 이상적인 별자리. 언제나 좋은 기분을 유지한다. 둘이 싸우면 나머지 하나는 어부지리로 즐거워지니까!

파티걸자리
처녀자리가 너무 재미없다고 생각하는 모든 이들을 위한 별자리.

산타클로스하우스자리
주택마련적금을 붓는 사람들이나 건축가들을 위한 별자리.

세상은 원래 흑백이 아니지만 가끔은 흑백일 때도 있다.

모든게 조상 탓

인생에서 중요한 건 유전자와 행운이다.
그런데 생각해보면 유전자도 행운이다.
조지 칼린(George Calin)

　행운은 몸무게와 아주 비슷합니다. 유전적으로 물려받은 것
에 많은 양의 핑계들이 덧붙여집니다. 조금은 변경도 가능합니
다. 그게 얼마 만큼인지는 물론 각자가 찾아내야 할 몫입니다.
유전자는 원칙적으로 무엇을 가능케 하는 틀을 제공합니다. 부
모가 모두 키가 큰 사람은 부모가 모두 작은 사람에 비해 키가
클 확률이 훨씬 높습니다. 하지만 불과 수십 년 만에 사람들의
평균 신장이 2cm나 늘어났다면, 새로운 성장유전자 돌연변이가
발생한 게 아니라 키가 크는 데 필요한 여건들이 개선되었다고
보아야 합니다. 행운도 마찬가지입니다. 능력의 어떤 부분을 우
리는 유전적으로 물려받습니다. 하지만 우리가 그 능력을 잘 사
용하는 것은 유전자가 아니라 우리 자신에게 달린 문제입니다.
인간은 누구나 유전자와 환경의 조합입니다. 아이가 아버지를
닮은 것은 유전의 영향이고, 이웃집 아저씨를 닮은 것은 환경의

영향입니다.

행운이 상당 부분 유전자에 달려있다는 사실을 아주 확실하게 보여주는 예가 있습니다. 출생 직후 서로 헤어져 다른 부모 밑에서 자란 쌍둥이에 대한 연구가 그것입니다. 어머니와의 관계, 유년시절의 경험, 영양상태 등이 우리의 행복에 결정적인 영향을 미치는 게 사실이라면 다른 부모 밑에서 자란 쌍둥이는 어른이 되었을 때 서로 큰 차이를 보여야합니다. 하지만 실제로는 그렇지 않습니다. 쌍둥이 중 한쪽이 낙천적 성격의 소유자로 자라났다면 다른 한쪽도 똑같이 낙천적인 성격의 소유자가 되리라는 데 아낌없이 돈을 걸겠습니다.

이런 사실은 좋게 보일 수도 있고 나쁘게 보일 수도 있습니다. 그와 무관하게 어쨌든 우리 어른들은, 특히 부모와 교사들은 부담감을 조금이나마 덜 수 있습니다. 만약 자기 자신이나 다른 사람이 대대적으로 바뀔 필요가 있다고 생각하는 사람이 있다면 나는, 여기서 가장 먼저 바뀌어야 할 것은 바로 그런 생각이라고 말하겠습니다. 왜냐하면 우리의 성격 역시 최소한 절반은 유전적으로 결정되어 있어서 평생 동안 별로 변하지 않기 때문입니다. 이런 사실에 대해 당신은 화가 날 수도 있습니다. 화가 나든 안 나든 그것 역시 당신이 지닌 성격입니다. 세상에는 이런 사람도 있고 저런 사람도 있는 법이니까요. 느긋하고 차분한 사람이 있는가 하면 한시도 가만히 있지 못하고 부산을 떠는 사람도 있습니다.

가족들이 모이는 자리는 실험실의 어떤 유전자 테스트보다 더 효과적인 실험을 할 수 있는 좋은 기회입니다. 가족구성원들을 동시에 관찰해보면 자신에게 '대물림되는 짐'이 무엇인지, 그리고 가능한 변동폭이 어느 정도인지 금방 감이 옵니다. 유전자는 카드를 칠 때 우리에게 주어지는 패와도 같습니다. 주어진 패를 이용하여 어떤 게임을 펼쳐나갈지는 전적으로 우리 자신에게 달렸습니다. 손에 에이스 네 장을 쥐고서 엉뚱하게 숫자놀이를 하겠다고 나서면 에이스 카드는 무용지물이 될 테니까요.

대부분의 유전자는 흑백이 아니라 다양한 색채를 띱니다. 우리의 기분을 좋게 만드는 유전자는 한 가지 염색체에 들어있는 게 아니라 여러 상이한 염색체에 분산되어 있습니다. 그러므로 단하나의 '행복 유전자' 같은 것은 존재하지 않습니다. 이는 '사진빨 유전자' 하나가 그 사람이 지닌 모든 아름다움을 대표할 수 없는 것과 마찬가지입니다. 또 비만이 단지 '냉장고문 자주 열기 유전자' 한 가지에 의해서 결정되는 것도 아닙니다. 이럴 때 학자들이 즐겨 사용하는 단어가 바로 '다요인성(multifactoral)'인데, 어쨌든 "50년 뒤에나 물어보슈. 아직은 생각만큼 그렇게 학문이 발달하지 못했으니까"라는 말보다는 듣기에 더 낫긴 하군요.

유전자가 우리에게 적잖은 영향을 미친다는 사실은 내게 부담이 되기보다는 오히려 마음을 가볍게 해줍니다. 일부라도 스스로 책임을 떠맡는 것은 충분히 가치가 있는 일입니다. 절반이 이미 결정되어 있다면 나머지 절반에 공을 들여 전체를 더 좋은 쪽으로 가도록 노력하는 것도 좋은 일일 테니까요.

구체적으로 가족력을 한번 살펴보세요. 가족 중에 유방암, 대장암, 심근경색 등으로 돌아가신 분이 있는지. 또 쉽지 않을 수도 있지만 집안의 나이 많은 아주머니나 아저씨에게 물어보면 가족들의 정신건강에 대한 이야기를 들을 수 있을지도 모릅니다. 누가 낙천적인 성격의 소유자였는지, 정신착란을 일으켰는지, 우울증으로 자살을 했는지 따위의 이야기 말입니다.

가족력을 통해 자신에게 상당한 우울증 성향이 있다는 사실을 발견한 사람은 그것을 극복하기 위해 자신의 라이프스타일을 아주 구체적으로 통제할 필요가 있습니다. 가족 중에 정신병자가 있다면 의식에 변화를 초래할 수 있는 물질에 극히 조심해야 합니다. 대마초는 대마초 흡연자들이 주장하는 것처럼 그렇게 무해하지 않습니다. 그런 주장을 하는 것, 다시 말해서 대수롭지 않게 여기는 태도 자체가 이미 대마초의 유해 작용에 속합니다. 정말 진지하게 말하지만 나는 대마초 때문에 정신에 문제가 생겨 영영 회복되지 못하는 젊은이들을 정신병동에서 아주 많이 보았습니다.

당신은 얼마나 자주 행복을 느끼시나요? 혹시 성격테스트를 받아 본 적이 있습니까? 성격테스트는 사주풀이와 손금해석을 합친 것보다도 더 많은 걸 우리에게 말해줍니다. 사람들의 성향과 결점을 해석하기 위한 다양한 모델들이 있는데, 그 중에서도 'BIG FIVE(5가지 성격특성)'라고 하여 우리의 성향을 신경증성향, 외향성, 경험에 대한 개방성, 친화성, 성실성 이렇게 다섯 개의 범주로 나누는 방식은 그 대표적인 형태에 속합니다. 이런 구분이 조금은 낯설게 들릴 수도 있겠지만 우리의 주제와 관련하여 몇몇 특성들은 – 비록 우리의 생각과 조금 다르긴 해도 – 어쨌든 우리의 감정능력과 매우 흥미로운 연관성을 보입니다.

외향성은 행복과 분명한 상관관계가 있습니다. 외향적인 사람은 내성적인 사람에 비해 행동하기가 더 쉽습니다. 그래서 외향적인 사람은 사람을 더 빨리 사귑니다. 사회적 접촉은 행복을 가져다주는 중요한 요인이므로 외향적인 사람들은 쉽게 행복해질 수 있지요. 하지만 너무 정신없이 굴어서 다른 사람들을 짜증나게 만들기도 합니다. 외향성은 취미나 여가생활에서도 드러납니다. 내성적인 사람은 휴가를 갈 때 예전에 좋았던 곳을 다시 찾는 걸 좋아합니다. 반면에 외향적인 사람은 호주로 번지점프를 하러 가서는 남반구의 세상이 거꾸로 뒤집혀있지 않은 것을 신기해하다가 다시 즉흥적으로 다른 곳을 찾아 떠납니다. 그렇다면 사람들은 도대체 이런 성향을 어떻게 타고나는 걸까요?

모든 신경세포에는 다른 신경세포들이 보내는 신호를 받아 다시 전달하는 안테나가 있습니다. 이 안테나의 감도는 유전에 의해 결정됩니다. 1천억 개의 신경세포들이 동시에 노래를 불러대면 우리도 그 자극을 감지하게 되는데, 이때 우리가 무언가를 느끼기 위해 현악협주곡이 필요할 수도 있고 록음악이 필요할 수도 있습니다. 이렇게 해서 사람마다 체스에서 서핑까지, 또 일부일처에서 폴리모프(polymorph)까지 각양각색의 관심이 생겨나게 됩니다. (만약 당신이 지금 폴리모프의 의미를 알기 위해 인터넷 검색을 한다면 당신은 남들보다 호기심이 더 많은 성향임에 틀림없습니다!)

외향적인 사람은 색다른 장소, 색다른 파트너를 좋아합니다. 남들보다 결혼도 일찍 하고 빨리 어딘가 다른 곳으로 떠나갑니다. 새로운 경험을 즐기는 탓에 술, 담배, 단 것 따위도 남들보다 더 좋아하는 경향이 있죠. 외향적인 사람은 더 많은 사람들을 만나고, 친구도 많고, 도무지 가만히 있지 못하는 성격 때문에 사고도 많이 당합니다. 그래서 툭하면 병원신세를 지게 되죠. 세상에 공짜란 없는 법이니까요.

어느 게 더 좋은지는 이번에도 역시 각각의 상황에 달려있습니다. 많은 자극이 필요한 아이들은 학교처럼 자극은 적은 반면 많은 집중을 요구하는 분위기에 잘 적응하지 못합니다. 오늘날 과잉행동성향(hyperactive)으로 분류되는 사람들은 원시민 시절에 모닥불에 둘러앉아 살아갈 때는 숲속에서의 움직임을 제일 먼저 알아차리는 이들이었습니다. '주의력 결핍'을 지닌 산만한 사람은 사방을 바라보고 있는 덕택에 위험이 닥치면 제때에 도망칠 수 있었습니다. 그래서 검치호랑이에게 잡아먹히지 않고 살아남았죠. 하지만 검치호랑이가 사라지고 의무교육이 생겨난 이후로 이 장점은 단점으로 바뀌고 말았습니다.

성실성은 어떤 일을 계획하고 실제로 행동에 잘 옮기는 태도로서 신뢰할 만한 행복의 원천이 됩니다. 특히 외향성을 타고나지 못한 사람들에게는 더욱 그렇습니다.

그런데 놀랍게도 경험에 대한 개방성은 행복과 별로 상관관계가 없습니다! 아마 긍정적 경험과 부정적 경험이 늘 서로 상쇄되기 때문인 것 같습니다. 모든 것에 대해 열려 있는 완전히 개

인생로또 46에서 46

인생은 행운의 게임이다.

이 게임의 제 1 규칙 : 게임이 아니라 진짜 심각한 문제로 여길 것.

당신은 당첨되었습니다!

태어날 확률은 로또복권 당첨확률보다 훨씬 더 낮습니다. 당신은 3억 개의 후보자들 중에서 난자가 선택한 단 한 사람입니다. 그런 당신이 의기소침해서 다닌다면 선택받지 못한 나머지 '하찮은 것들'의 억장은 무너집니다! 당신은 그날 밤 최고의 정자가 만들어낸 결과물이니까요. 당신에게는 추가염색체까지 제공되었습니다. 당신에게 주어진 엄청난 수의 유전자들 중 필요한 것들은 극히 일부에 불과합니다. 그 중 어떤 유전자들을 활성화시키게 될지는 당신이 살아가는 방식에 달려있습니다.

**아무튼 당신은 운 좋은 당첨자입니다.
그러니 항상 최선을 다해 행운을 만끽하세요.**

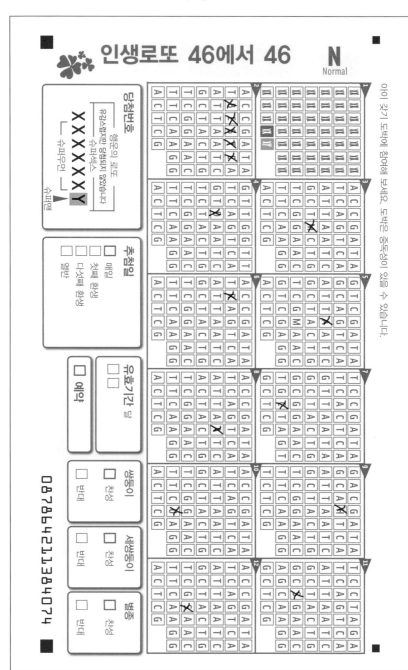

방적인 사람은 약간 온전한 정신이 아닐 수도 있습니다.

반면에 친화성은 행복으로 가는 중요한 열쇠가 틀림없습니다. 이게 발달한 사람은 늘 다른 사람들과 함께 하고 서로 돕는 데서 기쁨을 느끼는 사람이기 때문입니다.

마지막 요소인 신경증성향은 쉽게 말해서 이런 의미입니다. 나는 얼마나 빨리 초조하고 불안해지는가? 나는 근심걱정이 많은가? 정확한 이유도 없이 기분이 나빠질 때가 많은가? 항상 너무 심각하게 생각하고 기분이 쉽게 상하는가? 모든 일에 대해 누군가의 책임 여부를 많이 생각하는가? 신경증성향의 반대편에는 '두꺼운 낯짝'이 있습니다. 그러므로 신경증성향도 좋거나 나쁘다고 단정적으로 말하기 힘듭니다. 불안정한 심리를 지닌 사람은 타인에 대한 감정이입능력이 더 큰 반면에 쉽게 상처를 받기도 합니다. 물론 전혀 상처를 받지 않는 사람이 훨씬 더 잘 산다고 말할 수는 없습니다.

신경증성향의 사람은 자기 자신은 물론이고 주변사람들도 힘들게 합니다. 그러나 다른 한편으로 불만족은 우리를 발전시키며, 세상을 다채롭고 지루하지 않은 곳으로 만듭니다. 예술과 공공분야에서 창의적이고 영향력이 있는 인물들은 대부분 무언가 변화시키고 싶은 욕구에 사로잡혀 있는 사람들입니다. 이것은 예나 지금이나 마찬가지입니다. 에이미 와인하우스(Amy Whinehouse, 영국의 싱어송라이터-옮긴이)에서부터 로비 윌리엄스(Robbie Williams, 영국의 팝가수-옮긴이)와 실비오 베를루스코니(Silvio Berlusconi, 이탈리아의 총리-옮긴이)에 이르기까지 현존하는 유명인사 목록만 봐도 한눈에 신경증성향이 아주 높은 사람들 같지 않습니까? 그렇지 않았다면 그들은 아마 현재의 위치까지 올라가지 못했을 겁니다.

이제 이 글의 요지를 말해야겠습니다. 그것은 우리의 행복을 좌우한다고 여겨지는 많은 문제들이 자세히 들여다보면 실은 말도 안 되는 것들이란 사실입니다. 나는 여자였더라면 더 행복했을까? 지금보다 스무 살 때가 더 행복했을까? 지금보다 더 부자라면? 더 멍청하다면? 결혼을 더 많이 했다면? 우리가 자주 생각하는 이런 식의 물음들에 대한 학문적 대답은 간단합니다. 그런 걸로 골치 아파하지 말라는 겁니다! 이런 요소들이 행복에 미치는 영향은 전체의 1~6%에 불과합니다.

중요한 것은 태어날 때부터 내게 주어진 성격과 유전자로부터 어떻게 최상의 결과를 이끌어내느냐 하는 겁니다. 나의 장점을 찾아내어 그것들을 더욱 강화시켜야 합니다. 10년 후에 얼마나 행복할지 가장 확실히 말해 주는 심리테스트는 당신이 지금 얼마나 행복한지 묻는 것입니다.

대체 언제 테스트를 시작하시렵니까?

시간이 흐를수록
영혼은 생각의 빛깔로 물든다

'편협함'도 일종의 색깔인가?
아니면 이미 하나의 구조인가?

네 자신이 되어라! 이것은 행복에 대한 책에 가장 많이 등장하는 조언입니다. 하지만 이런 말은 아무한테나 쉽게 권할 수 있는 게 아닙니다. 심지어는 자신에게조차도 말이죠. 생각해보세요. 누가 진정한 나 자신일까요? 아침의 나? 오후의 나? 아니면 밤의 나? 내 경우를 보면 나는 때에 따라 완전히 다른 사람이 됩니다. 각각의 나 자신들 사이에는 그다지 밀접한 연관성도 보이지 않습니다. 서로 교차되는 때도 별로 없고요. 당신의 진정한 모습은 언제 드러납니까? 술을 한 방울도 마시지 않았을 때? 아니면 혈중알코올농도 0.05%일 때? 아니면 0.3% 이상일 때? 당신은 언제 당신 자신과 가장 가까운가요?

행복지침서에 쓰여 있는 대부분의 조언들은 무시해도 좋습니다. 그런 종류의 책에 나오는 말 중에 내가 즐겨 인용하는 문장이 있습니다. "자기 자신에게 친절히 대하라. 아침에 일어나기

전에 침대에서 따뜻한 코코아 한 잔을 즐겨라." 정말 좋은 말입
니다. 나 혼자서는 절대로 이런 생각을 해내지 못했을 겁니다.
나는 이 조언을 진지하게 받아들였고, 그렇게 책에 인쇄까지 되
어 있으니 분명히 도움이 될 거라고 믿었습니다. 나는 침대에 누
운 채 스스로에게 이렇게 말했습니다. "에카르트, 일어나지마.
책에서 그랬으니까. 일어나기 전에 여기서 코코아를 기다려야
해." 그런데 오후가 되자 화가 치밀어 올랐습니다. 여전히 코코
아가 나타날 기미를 보이지 않는 겁니다. 그때 이후로 나는 이
책의 제목이 《선물이 되는 책》인 이유를 알게 되었습니다. 남에

남자들은 취하고 싶어 한다. 아주 극소수는 직업에서도 그렇다.
(사진 속 포스터는 행위예술공연팀 '블루맨그룹' 으로 독일에서 'Blue man'
은 '술 취한 사람' 이라는 뜻이다 - 옮긴이)

게 줘도 전혀 아깝지 않은 책이니까요.

"시간이 흐를수록 영혼은 생각의 빛깔로 물든다." 로마의 황제이자 철학자였던 마르쿠스 아우렐리우스(Marcus Aurelius)가 한 말입니다. 청중 앞에서 이 말을 할 때마다 사람들이 순간적으로 멈칫하는 것이 느껴집니다. 그럴 때면 이 말이 사람들로 하여금 잠시 할 말을 잃게 만들고 무언가 깨달음을 주는구나 라고 생각합니다.

생각의 '빛깔' 은 뇌세포 사이에서 정보를 교환해주는 신경전달 물질들에 의해 정해집니다. 이 생화학 물질들은 생각의 맛을 결정짓는 소스와도 같아서 달콤하거나 쌉쌀할 수도 있습니다. 감자튀김을 마요네즈에 찍어 먹을 수도 있고 케첩에 찍어 먹을 수도 있듯이 뇌의 소스가 세로토닌인지 도파민인지에 따라 매번 생각의 맛은 달라집니다. 빛깔에 빗대어 말하면 적색 계통일 수도 있고 흑색 계통일 수도 있는 것입니다. 세로토닌이 부족해지면 생각의 색깔은 어두워지고 우리는 우울해집니다. 또 도파민이 지나치게 많아지면 생각의 색깔이 너무 알록달록해져서 환각 상태가 됩니다.

이런 생각의 빛깔은 단조로운 일상에서도 중요한 역할을 합니다. 세상을 느끼는 방식은 그 순간 나의 상태에 따라 크게 달라집니다. 생각의 색깔은 우리의 현재만이 아니라 과거와 미래까지도 결정합니다. 우리의 뇌에는 모든 것을 잘 정리하여 저장해두는 단단한 금고 같은 것이 존재하지 않습니다. 우리 뇌는 끊임없이 바뀌고 적응하는 살아있는 네트워크입니다. 지금 암울하면 뇌는 미래도 똑같이 암울하게 그리며 미래가 암울할 거라는 내 생각을 뒷받침해주는 많은 기억들을 과거로부터 찾아냅니다. 지금 느끼는 기분과 똑같은 마음상태에서 저장된 기억들은 다시 떠올리기 아주 쉽습니다. 방에 햇살이 아름답게 비치면 휴가를 온 기분이 들면서 순식간에 지난 휴가 때의 아름다운 장면들이 마구 떠오릅니다. 그래서 나는 훨씬 더 기분이 좋아지고 다음 휴가는 지난번보다 더 좋을 거라고 여기게 됩니다.

바로 이때 신용카드 청구서가 날아오면 내 기분은 다시 어두워지고 지난 휴가 때 식당에서 2유로를 바가지 쓴 기억이 떠오르고 다음 휴가는 그냥 집에서 쉬기로 마음먹습니다. 툭하면 바가지나 씌우려고 드는 휴양지의 상인들에게 본때를 보여주자고 말입니다.

어떤 그림이 특정한 색깔로 그려지는 것에 대해서 이제 이해가 되었을 겁니다. 그런 그림이 그려질 때 당신의 뇌에서는 무슨 일이 일어날까요? 특정한 단어들을 한 맥락 안에서 자주 반복하여 듣다 보면 당신은 그 단어들을 새롭게 결합시키기 시작합니다. 예전의 당신이었다면 아마도 색깔을 생각과 관련지어 떠올리지는 않았을 겁니다. 하지만 지금은 그렇게 합니다. 벌써 뭔가 새로운 것에 또 익숙해진 겁니다. 뭔가를 배운 거죠. 이런 식으로 우리 뇌는 지속적으로 색깔을 바꿉니다. 색깔뿐만 아니라 그것에 얽힌 구조도 계속해서 변합니다. 그러므로 "네 자신이 되어라"는 말은 옳지 않습니다. 당신은 이미 처음 이 책을 읽을 때의 당신이 아닙니다. 당신은 벌써 조금 변했습니다!

뇌세포 간의 연결지점인 시냅스(synapse)는 서로 관계하는 빈도가 높아질수록 연결성도 더욱 좋아집니다. 함께 활동하는 뇌세포들은 이렇게 서로 연결되다가 어느 순간 여기서 '전용회선'을 만들어냅니다. 뇌세포의 이런 원칙을 영어로는 "fire together, wire together"라고 합니다. 뜻을 풀이하자면 "함께 즐거운 불을 밝혔던 사람은 나중에 또 연락해서 만난다" 정도가 될 겁니다. 다시 말해서 우리는 이미 만들어진 자아에 서서히 접근해가는 것이 아니라, 우리의 행동과 생각에 의해 비로소 우리의 자아가 만들어진다는 것입니다. 이런 원칙을 '신경가소성(neuroplasticity)'이라고 부르는데, 우리의 생각과 행동이 우리가 생각하고 행동하는 구조를 변화시키고 실용적으로 가공한다는 뜻입니다. 가소성이라는 단어는 여러분에게 생소할지 모르겠지만 그 원칙만큼은 우리가 잘 아는 것입니다. 무언가에 익숙해진다는 것은, 평소 어떤 곳에 가는 것을 반복하다가 저절로 그곳으로 가는 길이 생겨나고 그 길로 다니는 것이 편하기 때문에 더 나은 길이 있어도 계속 그 길만 고집하게 되는 걸 말합니다. 이 말은 이 책을 통틀어서도 그렇고 인생에서도 아주 중요한 말이기 때문에 딱 한 번만 더 강조하고 넘어가겠습니다. 우리 자신의 모습은 우리의 생각과 행동에 따라 만들어집니다! 이 말을 다시 하는 이유는 우리가 자기 자신을 전혀 다른 식으로 상상하기 때문입니다. 왜 많은 사람들이 몇 시간이고 소파에 엉덩이를 붙인 채 앉아있을 수 있을까요? 그 이유는 그것이 잘 훈련된 자세이기 때문입니다. 매일 저녁때마다 연습한 아주 익숙한 자세죠. 이제는 더 이상 소파에서 뒹굴기보다 다른 일들을 잘할 수 없게 되었습니다. 대신에 소파에서 뒹구는 일은 아주 쉬워졌습니다.

사람들은 대체로 자신의 성향에 맞는 직업을 구합니다. 그리고 사람들은 직업을 통해서 가장 크게 변합니다. 또 직업을 통해서 일정한 성격특성과 결함이 겉으로 드러나고 심해집니다. 의사로서 일한 시간들은 당연히 나를 바꾸어놓았습니다. 나는 세상을 다르게 보고 인간의 신체를 다르게 보게 되었습니다. 가슴이 깊이 파인 옷을 입은 아름다운 여인이 지나가면 내가 어디를 제일 먼저 볼 것 같나요? 바로 갑상선입니다! 나로서도 어쩔 도리가 없습니다. 그리고 그 여자가 침을 한 번 삼킬 때까지 계속해서 쳐다봅니다. 갑상선의 크기를 확인하기 위해서죠. 유감스럽게도 나의 이런 시선은 자주 오해를 받았습니다. 하지만 배운 게 도둑질이라 어쩔 수가 없습니다. 15년 전부터 나는 병원이 아니라 무대에서 활동해왔습니다. 그래서 여행을 많이 다니고 호텔에서 지내는 경우도 빈번합니다. 이런 생활방식도 무의식적으로 익숙해졌습니다. 얼마 전에 나는 베를린에 있는 내 집의 침대 앞에 서서 왜 베개 옆에 호텔에서 준비한 환영의 초콜릿이 놓여있지 않은지 의아해한 적도 있습니다. 만약 당신도 이와 비슷한 경험을 했다면 즉시 휴가를 떠나라고 경고하겠습니다. 어디로 휴가를 떠나느냐고요? 물론 집이 최고죠!

내 여동생은 수학선생님입니다. 그녀의 뇌는 조금 다르게 훈련되어 있습니다. 동생과 함께 장을 보러 간 적이 있는데, 그녀는 별 생각 없이 계산원에게 이렇게 말했습니다. "계산을 아주 잘 했어요. 이번에는 계산기 없이 직접 해 보세요."

이 땅에서 가장 돈을 잘 벌지만 또한 가장 딱한 직업이 뭐라고 생각하시나요? 바로 법조인입니다! 법조인들은 매일같이 비관 주의와 부정적 사고를 훈련하게 됩니다. 조금 단순히 말하자면 법조인들의 뇌는 아무런 문제가 없는 문장 하나하나에 대해서 '문제가 어디에 있을까?'를 무의식적으로 생각하도록 훈련받습니다. 그리하여 계약서에 있는 단 한 군데의 사소한 빈틈을 억지로 이용하여 매우 영리한 수작을 부립니다. 이런 방식으로 하루에 12~14시간씩 일하게 되면 사람은 당연히 변합니다. 퇴근해서도 그 사람의 뇌는 계속 그런 상태입니다. 다행히 집에서 그가 돌아오기를 기다리는 누군가가 있어서 별 뜻 없이 "당신이 오니 좋아요"라고 말하더라도 법조인은 기뻐하기는커녕 밤새 뒤척이면서 한 가지 생각에만 골똘합니다. "왜 그런 말을 한 거지? 뭐가 문제일까?"

황새는 믿지만 개구리 왕자는 안 믿는다.

개구리가 되지 마라

모든 여성의 85%는 자신의 엉덩이가 너무 크다고 생각한다.
모든 여성의 10%는 자신의 엉덩이가 너무 작다고 생각한다.
모든 여성의 5%는 자신의 엉덩이를 있는 그대로 괜찮다고 생각하며,
이 엉덩이와 결혼한 것을 기뻐한다.

혹시 혀를 이용하여 날아가는 파리를 잡아본 적이 있나요? 그
건 정말 어려운 일입니다. 나는 아주 가끔씩 자전거를 타고 달리
면서 그런 식으로 파리를 잡기도 합니다. 물론 그것은 내게 행복
을 주지는 않습니다. 나는 개구리가 아니니까요.

개구리는 순식간에 혀를 길게 내밀어 파리를 낚아챕니다. 사
실 별로 놀라운 일도 아닙니다. 이 능력이 없는 개구리들은 모두
살아남지 못했으니까요. 이런 것이 바로 진화입니다. 진화는 행
복을 최우선으로 생각하는 게 아니라 오직 생존에만 관심을 가
집니다. 이런 이유로 개구리의 신경계는 파리잡기에 특화되어
있습니다.

하지만 모든 일에는 대가가 따르기 마련입니다. 개구리가 파
리의 위치를 탐지하기 위해서는 눈에 들어오는 다른 모든 시각
적 자극은 차단되어야 합니다. 그래서 움직임이 없는 물체의 신

호는 개구리에게 전달되지 않습니다. 개구리 입장에서 그런 것들은 아예 존재하지도 않습니다. 개구리는 아름다운 꽃과 나무들이 있는 멋진 연못에서 삽니다. 하지만 개구리가 볼 수 있는 유일한 물체는 파리뿐입니다. 환상적으로 멋진 경치에 둘러싸여 살면서도 주변의 아름다움을 볼 수 없는 장님인 거죠. 이것이 우리에게 시사하는 바가 무엇일까요? 그렇습니다. 행복하기를 원한다면 개구리처럼 되지 마라는 것입니다. 개구리 얘기를 하니까 떠오르는 우스갯소리가 있습니다.

머리에 개구리를 얹은 한 남자가 의사를 찾아왔다.
의사가 남자에게 물었다.
"그 개구리는 대체 어디서 난 겁니까?"
남자 대신 개구리가 개골거리며 말했다.
"내가 이 사람을 밟고 있는 건데요."

우리의 의식도 이렇게 작동합니다. 우리의 이성은 이 개구리와도 같습니다. 이 녀석은 자신이 남자의 머리꼭대기에 올라앉게 된 연유를 전혀 알지 못할 뿐만 아니라 의사가 자기한테 물어보지도 않는데 연방 개골거리며 대답을 합니다. 그리고 남자를 자기 마음대로 하고 있다고 착각하고 있군요. 우리 이성에게 너무 심한 말인가요? 그럼 좀 더 나은 비유를 들어보겠습니다. 의식은 코끼리를 타고 가는 기수와도 같습니다. 여기서 코끼리는 무의식을 의미합니다. 우리가 거의 알지 못하지만 아주 막강한 힘을 행사하는 자동적인 행위와 연상들 바로 무의식이죠. 이때 기수가 코끼리의 의도와 전혀 다른 방향으로 가려고 한다면, 둘 중 누가 더 힘이 센지 금방 알 수 있습니다. 폭력을 사용해서는 코끼리를 고분고분하게 만들 수 없습니다. 작은 보상들과 함께 반복적인 훈련을 하여 훈련내용이 이 커다란 짐승의 살과 피에 온전히 스며들도록 만들어야 합니다. 단지 기수가 연말연시에 굳은 결심을 했다고 해서 코끼리가 일 년 내내 꾸준히 운동을 하거나 덜 먹게 되는 것은 아닙니다.

　심리의 숨겨진 힘을 잘 파악하지 못한다면 우리는 계속해서 그 힘에 의해 기만당할 수밖에 없습니다. 한 가지 좋은 방법은 자신의 행동을 세심하게 관찰하는 것입니다. 어느 정도의 시간을 계획한 일을 하는 데 쓰고 그 밖에 다른 일들에 쓰는지를 주의 깊게 관찰해보면, 기수가 아니라 코끼리가 방향을 결정하는 경우가 얼마나 많은지 잘 알 수 있습니다. 이걸 알고 나면 코끼리와 기수가 원만한 합의에 이르는 일도 많아질 것입니다.

　신경해부학적으로 기수와 코끼리의 비유는 상당히 잘 들어맞습니다. 진화 과정에서 우리의 머릿속에는 계속해서 새로운 뇌영역들이 생겨났는데, 이때 새 것은 옛 것을 그대로 둔 채 그 위에 덧씌워지는 형태로 형성되었습니다. 그리하여 가장 나중에 형성된 아주 얇은 뇌영역인 뇌피질은 기수처럼 제일 윗자리에 올라앉았지만, 그 밑에 있는 중뇌와 뇌간은 여전히 예전부터 주어진 일을 수행하며 신참 상관의 말에 고분고분하지 않습니다. 옛 프로그램들도 모두 한때는 의미가 있었으며 우리를 보호하고

자 했던 것들이니까요. 그렇다고 코끼리를 마음대로 돌아다니
도록 내버려두었다가는 전체가 완전히 궤도에서 벗어나 엉망이
될 수도 있습니다.

나는 이미 형성된 두려움과 도피체계가 얼마나 쉽게 다시 고
개를 드는지 몸소 체험한 적이 있습니다. 언젠가 포르투갈에서
키가 높다란 풀숲을 거닐다가 뱀을 만난 적이 있습니다. 내 안의
코끼리는 0.01초도 안 되는 찰나에 몸을 180도 돌려 옆으로 피
했습니다. 미처 생각할 겨를도 없이 말입니다. 심장은 터질 듯이
두근거렸고 걸음아 날 살려라 도망쳤습니다. 다시 정신을 차릴
때까지는 시간이 어느 정도 걸렸습니다. 도망칠 때 코끼리 등에
서 떨어지고 말았던 기수는 어렵사리 다시 코끼리 위에 올라탔
습니다. 이성이 서서히 다시 작동하기 시작하자 나는 그 뱀이 미
동도 하지 않는다는 사실을 알아차렸습니다. 나의 옛 공포체계
가 뱀을 보고 소스라치게 놀란 것에 비해 뱀은 나를 보고도 아무
런 감흥이 생기지 않는 것 같았습니다. 호기심이 가까스로 두려
움을 이기자, 나는 그 자리로 돌아가 보았습니다. 뱀은 여전히
미동도 하지 않았습니다. 자세히 들여다보니 그것은 어두운 색
의 정원용 호스였습니다. 너무 빨리 반응하는 바람에 정원에 널
브러진 평범한 호스를 미처 알아보지 못했던 겁니다. 물론 나의
반사작용은 생존을 위한 방식으로 행동을 결정하였습니다. 위
험을 피할 때는 모자란 것보다 지나친 편이 낫다는 원칙에 따른
결정이었죠. 만약 우리가 어떤 보호행위의 발동에 대해 왈가왈
부 고민부터 했다면 인간은 진즉에 멸종했을 겁니다.

원시시대에는 움직이는 모든 물체에 대한 순간적인 반사반응이 생존에 절대적으로 중요했습니다. 이 능력은 현대를 살아가는 우리가 위험에 직면하거나 어떤 대상에 관심을 가질 때도 순간적으로 작동합니다. 그래서 우리는 순식간에 줄행랑을 치기도 하고 앞뒤 안 가리고 달려들기도 합니다. 예를 들어 TV를 볼 때가 그렇습니다. 이때의 반응은 대개 뇌간 차원에서 일어납니다. "TV화면에 뭐가 움직이지?" "파리다!" 그러면 우리는 자동적으로 재빨리 채널을 돌립니다. 우리는 개구리가 아니니까요. 그리고는 화면이 갑자기 바뀌었다는 사실 하나만으로 몇 초 동안 새 채널이 흥미롭다고 느낍니다. 그러다가 또 채널을 돌리고, 또 몇 초 정도 재미있다고 느끼다가 다시 채널을 돌립니다. 뇌간은 무언가 움직이는 것은 흥미롭다고 기록합니다. 그러면 채널 돌리기는 이제 더 이상 잠을 잘 수 없다는 것을 의미하게 됩니다. 뭔가가 앞에서 계속 움직이고 있다는 건 사냥감이 아직 죽지 않은 것이니까요. 그러다 대뇌가 "이게 나한테 정말 필요한 거야?"라고 묻기까지 족히 3시간이 걸리게 됩니다. 그러곤 다음날 아침에 또 늦잠을 자겠군요.

TV채널 돌리기는 주로 남자들의 일과입니다만 여자들도 비슷한 운동감지반응을 합니다. 바로 쇼핑을 할 때입니다. "가격이 움직인다." "어디서?" "저기야!" 혀가 재빨리 튀어나왔다 들어가고 손에는 어느새 물건이 쥐어져 있습니다. 그리고 대뇌가 "이게 나한테 정말 필요한 거야?"라고 물었을 때는 이미 오래전에 환불기간이 지났겠지요.

또 다른 좋은 예는 바닷가의 남성입니다. 남자는 모래사장에 커다란 타월을 깔고 아내와 함께 누워 있습니다. 아내는 아름답고 우아하며 남자가 원하는 모든 것을 갖추고 있습니다. 다만 문제가 하나 있습니다. 지금 이 순간 아내가 전혀 움직이지 않는다는 겁니다. 이때 남자의 개구리눈은 어디를 향할까요? 그렇습니다. 움직이는 다른 여성들을 향합니다. 이럴 때 혀를 입안에 얌전히 감아두고 있기란 경험상 정말 힘든 일이더군요. 이런 남성들을 보면 참 딱합니다. 좋은 먹잇감이 바로 코앞에 있는데도 알아차리지 못하는 개구리를 보는 심정이라고나 할까요?

여자들은 바로 이런 걸 증오합니다! 아내는 개구리 습성을 지닌 남편을 잡아서 벽에 내동댕이칩니다. 그렇게 하면 개구리가 왕자로 변한다고 동화에서 읽었기 때문입니다. 하지만 좀 더 현명한 아내는 곧바로 내동댕이치지 않습니다. 차분하게 기다립니다. 남편이 혼자서도 벽을 향해 질주할 거란 사실을 알기 때문입니다. 하지만 아주 영리한 여자들조차도 순진한 소녀처럼 이렇게 생각하기도 합니다. '자주 내동댕이치다 보면 언젠가는 왕자가 되지 않겠어?'

사랑하는 공주님들, 명심하세요. 이제는 알 때가 되었습니다. 그것은 동화일 뿐입니다. 당신들은 앞으로도 계속 개구리와 살아야 합니다. 그것도 심한 정신적 외상을 입은 개구리와 함께 말입니다.

나는 아주 행복하게 살아가는 부부 한 쌍을 알고 있습니다. 그 아내는 예쁜 여자가 지나가는 걸 보면 남편에게 지금 그 여자를 보았느냐, 아주 예쁘지 않느냐 하고 묻습니다. 그리고는 남편과 마주보며 함께 웃습니다. 영리한 여자입니다. 남편의 코끼리에 게 의도적으로 땅콩을 던져줄 줄 아는 아내니까요. 개구리 따위 는 무시하고, 코끼리와 그 기수를 자신의 왕자로 만들려고 말입 니다.

붉은부리갈매기에게는 사자의 위엄과 같은 독특한 유머가 있다

불행은 찾아오기 마련

근심걱정 없이 살아가는 사람도
불평할 게 있기 마련이다.

하필 당신이 은행을 찾았을 때 은행강도가 드는 바람에 목에 총상을 입었다고 생각해보세요. 다행히 생명에는 지장이 없었고 상처도 잘 나았습니다. 3달 뒤에 당신은 이 일에 대해 뭐라고 말할까요?

"왜, 도대체 왜? 나는 늘 재수가 없어. 왜 하필이면 바로 그 순간에 은행에 가야 했냐고?"

아니면 이렇게 말할 수도 있습니다.

"난 정말 억세게 운이 좋아. 조금만 비껴 맞았으면 죽었거나 최소한 반신불수가 되었을 텐데 말이야. 이렇게 살아서 웃고 떠들 수 있는 게 너무 즐거워. 그러니 쓸데없는 물음 따위는 던지지 않겠어!"

컵이 반이나 차있는 것인지 반쯤 비어있는 것인지를 결정하기 전에 컵 속에 들어있는 게 무엇인지 한번 살펴보시기 바랍니다.

누구나 자기 소포꾸러미를 손에 들고 있기 마련입니다. 아니면 적어도 우체국에는 보관되어 있습니다. 우체부가 벨을 누를 때 우리는 자주 집에 없습니다. 행복이 문 앞에 있는데도 우리는 제때에 문을 열지 않을 때가 많습니다. 아무튼 이것 한 가지만은 분명합니다. 우산 없이 집을 나서면 꼭 비가 옵니다.

인생은 아름답기만 하지 않습니다. 선택할 수 없는 것들도 많은 탓이죠. 날씨, 유전자, 이웃, 이런저런 재난 따위가 그렇습니다. 개인적 과실과 무관하게 발생하는 불의의 사고나 질병도 있습니다. 간단히 말해서 불행은 찾아오기 마련입니다. 당신은 때에 따라 비둘기가 될 수도 있고 머리에 비둘기 똥이 묻은 동상이 될 수도 있습니다. 운명의 타격은 자세히 들여다보면 예외가 아니라 오히려 규칙에 속합니다. 요즘은 자연재해의 희생자가 되는 사람들이 크게 줄었습니다. 하지만 개인적인 재난은 여전히 피해가기 힘듭니다. 아무도 그것이 오직 다른 사람들의 일일 뿐이라고 확신할 수 없습니다.

조너선 헤이트(Jonathan Haidt)는 《행복 가설》이란 자신의 책에다 옛 지혜와 현대의 행복학에서 뽑아낸 행복의 정수들을 모아놓았습니다. 그리고는 이렇게 결론지었습니다. "사람들에게는 상처와 불행이 필요하다. 그래야 자신의 진정한 강점을 발견하고, 충만한 삶을 살고, 완전한 발전을 이룰 수 있다"고 말입니다. 어떤 사람의 삶에서 모든 고통이 제거된다면 그에게는 행복도 전달되지 않습니다. 다시 말해서 그것은 고난을 통해 그가 인생에서 얻게 될 최고의 선물을 빼앗는 일입니다. 물론 고통이 반드시 최고의 선물인 것은 아닙니다. 예를 들어 심각한 죽음의 위험에 처한 적이 있다든지 다른 사람의 끔찍한 죽음을 목격하거나 오랜 시간 고문을 당해야 했던 사람에게서는 외상 후 스트레스 장애가 나타나기도 합니다. 또 많은 연구 결과들을 통해 밝혀진 바에 따르면 인간 때문에 발생한 고통은 자연재해보다 더 심한 정신적 외상을 준다고 합니다. 실제로 그런 경우를 주변에서 쉽게 볼 수 있습니다. 어떤 사람의 가혹하고 '비인간적'인 행동은 정말로 비인간적인 지진보다 우리의 마음을 더 심하게 뒤흔들어 놓습니다. 우리는 저절로 떨어진 돌에 발등이 찍혔을 때보다 누군가가 던진 돌에 발을 맞았을 때 더 심한 고통을 느낍니다.

50년에 걸친 스트레스 연구 성과를 종합해보면, 우리는 예상치 못한 어려움이 갑자기 들이닥쳐서 장기간 지속되며 무력감을 줄 때, 그 상황과 고통을 견디기 힘들어합니다. 외상 후 스트레스 반응은 비정상적인 사건에 대한 '정상적'인 반응입니다. 그런 일을 겪은 사람은 평소 생활하는 중이나 밤중에 불쑥불쑥 끔찍한 장면들을 떠올리고, 종종 사건 당시의 공포를 고스란히 느끼고, 소음에 아주 예민하게 반응합니다. 가령 창문이 큰 소리로 닫히는 소리만 들어도 깊이 각인된 부정적인 경험을 떠올리며 몸을 움츠리게 됩니다.

하지만 외상 후 스트레스 연구는 우리에게 대단히 기쁜 소식을 세 가지 전해줍니다.

1. 외상은 치료가 가능합니다. 특수한 심리치료법들이 심각한 운명의 타격을 극복하는 데 도움이 된다는 것은 이미 증명된 사실입니다.

2. 대부분의 사람들은 아예 후유증을 겪지 않기 때문에 심리치료 자체가 필요치 않습니다. 이런 경우 사고 직후의 심리치료 시도는 오히려 회복에 방해가 될 뿐입니다!

3. 사고 당사자들 중에는 어느 정도 시간이 흐른 뒤부터 자신이 겪어야 했던 어려움을 유용하고 긍정적인 것으로 보는 사람들이 많습니다. 그들은 나중에 이렇게 말합니다. "그 사고는 내 인생에서 벌어진 최고의 사건이다. 그때 이후로 나는 더 많이 생각하고 더 많이 집중하며 더욱 행복하게 살아가고 있다"고 말입니다.

그렇다면 이 문제를 혼란스럽게 만든 주범은 누구일까요? 일차적으로 지난 세기의 심리학자들을 꼽을 수 있습니다. 그들은 우리 인간의 영혼이 온실 속의 화초와도 같아서 꺾이지 않도록 항상 보호해주어야 하며 심리치료의 도움을 받을 필요가 있다고 생각합니다. 그러나 최근 십여 년 간의 연구 결과들은 정확히 그 반대를 보여줍니다. 인간은 고통을 견디고 그것을 통해 자신을 성장시키는, 정말 믿기 힘든 능력을 지니고 있습니다. 전문적 도움 없이 스스로, 혹은 친구나 가족의 지원을 통해서 말입니다.

2001년 9월 11일의 뉴욕 테러는 전 세계를 충격에 빠뜨렸습니다. 그런데 이 도시가 다른 어느 곳보다 심리치료 네트워크가

밀집된 지역인 덕분에 그 후 몇 년 간 사람들이 외상에서 어떻게 벗어나는지를 장기적으로 관찰할 수 있었습니다. 심리치료 연구자 조지 보나노(George Bonanno)의 조사 결과에 따르면, 3달 뒤부터 대부분의 피해자들의 스트레스 반응이 가라앉기 시작했습니다. 어떤 이들은 처음에는 그 사건에 대해 입도 벙긋하려 들지 않다가 나중에 가서야 가까운 친구에게 자기 경험을 털어놓았는데, 이런 사람이 처음부터 심리치료를 받으며 자기 경험과 적극적으로 맞섰던 사람보다 더 효과적으로 마음의 안정을 되찾은 것으로 확인되었습니다.

지난 백 년 간 사람들은 질병이나 불우한 유년기, 사랑하는 사람의 죽음 등이 지닌 단점들에만 주목하였습니다. 나쁜 경험에서 사람들이 실제로 얻을 수 있는 효용이나 장점들이 연구되기 시작한 것은 10여 년밖에 되지 않았습니다. 그렇다면 우리는 이런 저항력이나 '복원력' 즉 '다시 서는 힘'에 대해서 얼마나 알고 있을까요? 이런 경이로운 '외상후 성장'은 정확히 어떻게 작용할까요?

막상 다급한 상황에 맞닥뜨리기 전까지는 자신에게 얼마나 그런 견디는 힘이 있는지 아무도 알지 못합니다. "너를 죽이지만 않는다면 고통은 너를 단련시킨다." 내 운동코치가 늘 하던 이 말을 나는 얼마나 싫어했는지 모릅니다. 하지만 실제로 산악 마라톤에 참가했을 때 나 스스로 믿기 힘들 정도로 오랫동안 고통을 참아내는 것이 몹시 놀라웠습니다. 이 평범한 사례를 우리는 심리적 외상이나 스트레스에도 적용해볼 수 있습니다. 이런 고통은 우리를 더욱 강하게 단련시켜줄 수 있습니다. 재난을 극복해본 사람은 다음번에는 좀 더 여유롭게 대처할 수 있으며 회복도 더 빠릅니다.

위기가 오면 관계도 성장합니다. 슬픔을 당한 사람은 다른 사람들과 한층 더 깊은 관계를 맺고 그들을 존중하게 되며, 남들의 고통에 대해서도 관용적이게 됩니다. 반면에 언제나 양지에만 있던 사람은 쉽게 남들을 외면합니다. 자신이 불행을 겪고 나서야 비로소 남들에게도 더 개방적이게 됩니다. 그때가 되면 우리는 그 사람의 딱딱한 껍질 안에 무엇이 들어있으며 우리가 그에게 무엇을 줄 수 있을지 알 수 있습니다. 레너드 코헨(Leonard Cohen)은 이를 시적으로 이렇게 표현했습니다. "There is a crack in everything, that's how the light gets in(모든 것에는 갈라진 틈이 있어 빛이 스며들 수 있다네)."

외상은 우선순위를 바꾸어놓습니다. 찰스 디킨스의 《크리스마스 캐럴》에 등장하는 구두쇠 스크루지 영감은 죽음에 직면한 순간에서야 남들에게 기쁨을 선사하는 데서 오는 만족감을 알게 됩니다. 이렇게 이기심으로 똘똘 뭉친 사람이 운명의 타격을 받고 선량한 사람으로 바뀌는 일은 동화에서만 벌어지는 것이 아닙니다.

나는 자동차 사고를 당한 적이 있습니다. 직접 운전한 것이 아니라 옆자리에 타고 있었는데 시속 100킬로미터가 넘는 속도로 달리던 차가 고속도로 노면의 얼음에 미끄러졌습니다. 자동차가 전혀 통제가 안 되고 빙글빙글 돌 때 느껴지는 절망감은 뭐라 말할 수 없는 것이었습니다. 천우신조로 우리는 다른 차나 장애물에 부딪히지 않고 도로변 울타리를 스치고 멈춰 설 수 있었습니다. 그 후 며칠 동안 나는 쇼크 때문에 모든 일정을 취소해야 했습니다. 아주 끔찍한 기분이었습니다. 처음의 충격이 가시고 나자 이번에는 고조된 감정이 찾아오더군요. 하루하루를 거저 얻은 선물처럼 여기며 감사하는 마음으로 보냈습니다. 당시의 경험은 나를 완전히 바꿔놓았습니다. 나는 이제 자동차 타는 것을 싫어하게 되어 멀리 갈 일이 있을 때면 항상 기차를 타고 다닙니다.

당시에 나는 20대 말이었는데, 사실 이때는 외상 후 성장이 일어나기에 가장 좋은 나이입니다. 연구자들은 외상 후 성장에 중요한 단서를 한 가지 달았습니다. 우리가 불행에서 무언가를 배울 수 있으려면 그럴 기회와 능력을 먼저 갖추고 있어야 한다는 겁니다. 어린 아이들이 환경의 갑작스러운 변화에 특히 심한 고통을 겪습니다. 아이들은 사건과 어느 정도 거리를 두고 그것의 의미를 생각해볼 수 있는 지적 능력이 아직 부족하기 때문입니다. 노인들도 마찬가지입니다. 늘그막에 생각을 바꾸고 자신의 삶을 새롭게 가늠해보는 것은 결코 쉬운 일이 아니니까요.

그렇다고 고통을 영광스러운 일로 치장하거나 운명을 불필요하게 자극해서는 안 됩니다. 또 어떤 위험들은 지나치게 과소평가되고 있습니다. 예를 들어 담배는 정말 위험하니 피우지 말아야 합니다. 미친 사람처럼 자동차 질주를 해서도 안 됩니다. 드물긴 하지만 은행 강도 짓을 해서도 안 됩니다.

결론은 이렇습니다. 모든 불행이 비켜가기를 바라서는 안 됩니다. 또 모든 걸 제 입맛에 맞게 골라잡을 수는 없겠지만 만약 그럴 수만 있다면 운명의 시련이 15세에서 35세 사이에 찾아오기를 기원하십시오. 고통이 약이 될 수 있는 제일 유리한 때이니까요.

할머니가 부엌가위로 내 머리를 자른 뒤에 내가 얼마나 특별한 사람
인지를 설명해주었을 때

로또에서 다행히 다섯 자리까지만 맞아서 앞으로도 너무 부자가 될
필요가 없었을 때

옆에 누운 여자가 '자기 이름이 뭐야?' 라고
묻는 말에 그냥 '그건 왜?' 라고 대답했을 때

변기 속에서 꺼낸 휴대폰이 여전히 작동할 때

쾌락측정기

(입술)각도기

사람의 현재 기분이 어떤지를 간단히 측정할 수 있다.

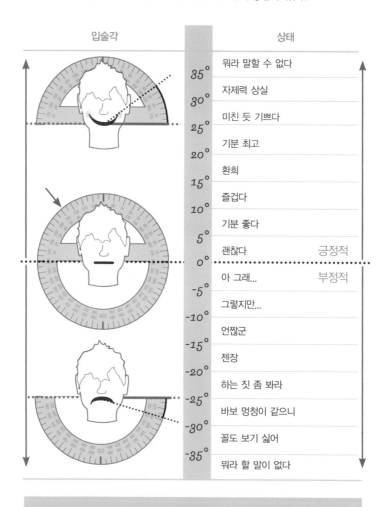

입술각	상태	
35°	뭐라 말할 수 없다	
30°	자제력 상실	
25°	미친 듯 기쁘다	
20°	기분 최고	
15°	환희	
10°	즐겁다	
5°	기분 좋다	
0°	괜찮다	긍정적
-5°	아 그래...	부정적
-10°	그렇지만...	
-15°	언짢군	
-20°	젠장	
-25°	하는 짓 좀 봐라	
-30°	바보 멍청이 같으니	
-35°	꼴도 보기 싫어	
	뭐라 할 말이 없다	

기분이 좋으면 그걸 당신의 얼굴에도 알리세요!

쾌락측정기 / 막대 끝에 달린 미소

가식적 웃음보다는 가린 미소가 낫다.

방법

1. 막대아이스크림을 사서 아이스크림을 먹어서 제거합니다.
2. 아래 그림을 점선 따라 자르고 반으로 접습니다. 아이스크림 막대를 중간에 풀로 붙입니다.
3. 거울을 보며 당신의 쾌락 정도를 측정합니다. 0도 이상이면 당신에게 인류를 맡겨도 괜찮습니다!
4. 0도 이하이면 당신의 미소는 얼어붙은 것입니다. 주변에 전염되는 것을 막기 위해 '막대 끝에 달린 미소'로 당신의 입을 가리세요.
5. 다른 사람들의 입술각 변화를 관찰하세요. 그들은 당신의 칭찬과 비난에 어떻게 반응하나요?

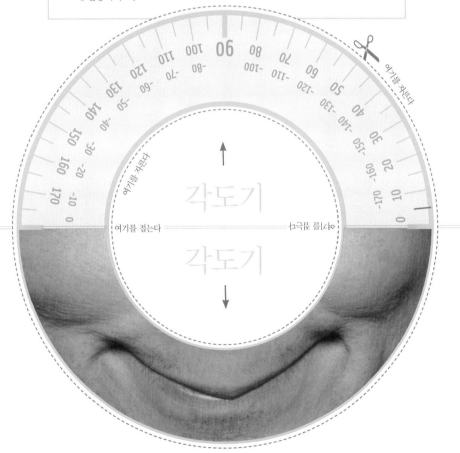

불평하는 사람은 늘 혼자가 아니다

불평엽 해부

> 우리 같은 사람들이 제일 좋아하는 일은 두 가지다.
> 불평하기와 남들의 불평 비난하기
> 크리스토프 콰치(Christopf Quarch)

독일인들이 그토록 유별난 이유는 뇌 안에 특이한 부위가 있기 때문이라는 주장이 있습니다. 계획하는 전두엽과 결합하는 측두엽 외에 우리 독일인들에게는 훼방놓는 '불평엽'이라는 게 있다는 겁니다.

독일인들의 불평엽은 아직 신경해부학에 정식으로 기술되지는 않았는데, 그 이유는 그것이 잘 숨겨져 있어 좀처럼 눈에 띄지 않을 뿐만 아니라 다른 뇌영역들과의 교류도 원활하지 않기 때문이라고 합니다. 예를 들어 이 불평엽은 시신경과 연결되어 있지 않음에도 불구하고 모든 신호들이 오고가는 걸 항상 지켜보고, 기억에 관여하지 않는데도 예전이 모든 게 더 나았다는 확신을 합니다. 또한 불평엽은 파티에서 항상 댄스플로어 가장자리에 보란 듯이 버티고 서서 분위기를 망치는 사람들의 특이한 성격을 담당하는 뇌영역이기도 합니다. 이런 사람이 내지르는 소리 없는 불만의 목소리는 때로 음악소리보다도 더 큽니다. 사실 파티에서는 이런 게 제일 골칫거리입니다. 혼자 힘으로 전체의 분위기를 띄우기는 힘들지만 가라앉히기는 아주 쉽다는 거죠. 사실 안 좋은 것은 언제나 점점 심해지기 마련인데, 어리석은 경향은 불평엽에서도 예외 없이 작용합니다. 불평엽은 아무것도 보려 하지 않고 알려 하지 않고 함께 즐기려 하지도 않지만 어느새 내부의 분위기를 온통 지배합니다.

우리는 왜 쉽게 불평불만에 빠지게 될까요? 불평하는 사람은 결코 혼자가 아닙니다. 일단 누군가가 시작하면 반드시 더 심한 불평이 등장합니다. 그러면 애당초 별 것 아니었던 불평의 목소리는 공명작용을 통해 비참한 울부짖음으로 바뀝니다. 이런 현상은 아기들에게서도 자주 발견됩니다. 아기들은 아직 말도 못하면서도 탁아소나 놀이방에서 작은 자조집단을 결성할 줄 압니다. 한 녀석이 울면 모두가 따라 우는 방식으로 말이죠. 울음의 합창을 듣고 있자면 갓난아기들이 너무 일찍 비탄의 계곡에 던져진 게 아닌가 걱정스러울 정도입니다. 세 살 버릇 여든까지 간다고 이런 아이들은 어른이 되어서도 여럿의 슬픔이 모이면 양파도 눈물짓게 만들 수 있다고 여기게 됩니다.

'독일인의 불평'은 문화상품으로서도 큰 인기를 끌며 수출되고 있습니다. 예를 들면 노동은 언제나 착취와 결합되기 마련이며 정당한 임금은 처음부터 꿈도 꾸지 말아야 한다는 생각이 그렇습니다. 중국에서 유독성 장난감들이 수입되기 한참 전부터 우리 독일은 유해한 이데올로기 수출의 세계챔피언이었습니다. 중국이 칼 마르크스의 이념을 받아들이지 않았다면 지금쯤 미국이나 유럽보다 훨씬 더 부자인 나라가 되었을 게 분명합니다. 그러므로 우리는 중국의 위협이 50년 이상 유예된 것을 공산주의에 감사해야 합니다. 쿠바와 북한은 아직도 완전히 회복되지 못한 상태이죠.

하지만 삶의 기쁨은 다릅니다. 상그리아에는 와인의 엄격한 순도규정이 적용되지 않습니다. 안에 뭐가 들었던 상관없이 그냥 맛있게 마시면 됩니다. 프랑스인들은 입에 발린 소리를 잘 하기로 유명하지만 독일인들은 퉁명스럽기로 유명합니다. 또 미국에서는 금지되지 않은 모든 것이 허락되지만 독일인들은 사전에 조정된 제한 안에서 살아가고 있습니다. 의무와 규제에 따른 행동과 "Yes, we can!" 사이에는 창의력을 마비시키는 차이가 존재합니다. 독일에서는 불평거리를 찾아내는 사람이 머리가 좋다고 여겨집니다. 그런데 문제는 이런 사고방식만이 아닙니다. 어리석게도 독일인들은 권위를 각별히 신봉할 뿐만 아니라, '불평엽'에서 나오는 말을 대단한 지혜나 되는 것처럼 여기는 경향도 있습니다.

우리의 뇌에는 많은 송신국이 있습니다. 불평엽은 여기에 지속적인 교란신호를 발사합니다. 하지만 아무도 우리에게 특정 주파수를 강요하지는 않습니다. 머릿속에 불합리하고 불만스러운 생각이 떠오르는 것은 지극히 정상입니다. 문제는 우리가 그것을 진지하게 받아들이고 믿을 때입니다. 이런 불평의 목소리는 예전에 내 귀에 들리던 이상한 소음처럼 사람을 힘들게 만듭

니다. 그냥 듣지 마라는 말은 아무런 도움도 되지 않습니다. 그
때 나는 이명 자조모임에 도움을 구하려고 전화를 했는데 자동
응답기가 받더니 "삐 소리가 난 후에 말씀하세요!"라고 말하더
군요.

실제로 효과가 있는 방법은 그냥 듣지 않으려고 애쓰기보다
정확히 목소리를 알아 두었다가 그 소리가 들릴 때 의도적으로
무시하는 것입니다.

불평엽 억제 훈련

1. **점검하기** 자신의 말에 귀를 기울여서 당신이 불평할 때 쓰는
   전형적인 말들을 기록하십시오.
2. **분류하기** 불평하는 말들을 사용 빈도에 따라 분류하여 당신의
   개인적 빌보드 차트를 만드십시오.
3. **무시하기** 불만스러운 생각이 떠오르면 당신이 별로 좋아하지
   않는 친구를 거리에서 우연히 만났을 때처럼 간단히 '안녕' 하
   고 말하고는 더 이상 돌아보지 마십시오.
4. **순위매기기** 〈가요 톱10〉 같은 방송에서 하는 것처럼 당신의 머
   릿속에 떠오르는 불평불만의 순위를 매겨보십시오. 가령 이주
   의 1위는 '오늘은 더럽게 재수 없는 날' 2위는 '왜 만날 나
   지?' 3위는 '왜 만날 다른 사람이지?' 4위는 '세상은 정말 불
   공평해' 5위는 '모든 게 조상 탓!' 이런 식으로 말입니다.
5. **습관 없애기** 이제 무슨 일이 벌어질까요? 어느 순간 자신의 반

복되는 불평불만들이 지겨워져서 저도 모르게 이렇게 말할 겁
니다. "오늘은 재수 더럽게 없는 날이라는 말만 벌써 세 번째,
이제는 그만 좀 해!"

비관론자에게 던지는 물음
1. 현재의 불평거리는 단지 빙산의 일각에 불과한 걸까요? 오
   직 양심의 가책을 느끼는 사람만이 선량한 사람일까요?
2. 아무리 큰 불만도 당신의 불만에 비하면 정말 아무 것도 아
   닐까요?
3. 지금 내게 아무런 불평거리가 없다면 내가 그것을 심리적
   으로 억압했기 때문인가요?

　작가로서 나도 늘 불평거리가 많습니다. 이런저런 골칫거리
로 이 책의 마감기한을 여러 번 연장하는 바람에 편집자와 다투
기도 했습니다. 하지만 인간지사 새옹지마란 말은 언제나 잘 들
어맞습니다. 행운의 순간은 내가 책의 마감을 두 번째로 연장한
이후에 찾아왔습니다. 심리학자 롤프 데겐(Rolf Degen)이 잡지에
다음과 같은 글을 쓴 것입니다. "정말 믿어지지 않는 일이지만
뇌에서 정말로 '불평엽'을 발견하였다. '외측 수강(habenula
lateralis)'이라 불리는 이 뇌 부위는 도파민 분비를 억제한다. 다
시 말해서 이것은 우리가 무언가에 불만을 품을 때 작용하며 지
나치게 활성화되면 우울증에 빠진다."

나는 이 역사적인 순간의 의미를 아주 분명히 의식하고는 환희에 차서 "유레카!"를 외쳤습니다. 불평엽 만세! 하지만 곧 이 발견의 부정적인 의미도 분명해졌습니다. 나의 단골 개그가 더 이상 통하지 않게 된 겁니다. 문제의 불평엽이 우리 독일인들뿐만 아니라 생쥐들의 뇌에도 있다는 사실이 증명되었기 때문입니다. 차라리 발견되지 않았더라면 좋았을 텐데······.

간단히 체크하는 나의 나쁜 기분 상태

한 손 - 다섯 손가락 - 다섯 질문

 1. 나는 언제 마지막으로 뭔가를 잊어먹었나?

 2. 나는 언제 마지막으로 야외로 나가 심호흡을 했는가?

 3. 나는 언제 마지막으로 잠을 잤는가?

 4. 누구와?

 5. 왜?

이제 당신은 당신의 기분을 망치는 다섯 가지 주요 요인을 모두 체크했습니다. 게다가 그게 다른 사람의 탓인지 어떤지도 알 수 있습니다. 이것은 기분을 좋게 만드는 기초 생리학입니다.

썩은 사과는 그래도 벌레에게는 훌륭한 식사다.

썩은 사과 상자 속에도
행복한 삶은 있는가?

암퇘지 두 마리가 여물통 곁에서 만났다. 한 암퇘지가 물었다.
"오늘 점심은 뭐지?" 다른 암퇘지가 말했다. "나원 참, 또 진주야."

"내일 세상이 멸망하더라도 나는 오늘 사과나무 한 그루를 심을 테다." 하지만 사과파이를 먹는 편이 더 낫지 않을까요? 마르틴 루터(Martin Luthers)는 선의 힘을 믿었습니다. 그는 사과나무가 싹을 틔우고 마지막까지 살아남으리라는 희망을 버리지 않았습니다. 그러나 현실의 경험들은 반대로 악이 큰 힘을 지녔다고 말합니다. 크고 실한 사과들이 들어 있는 상자에 썩은 사과를 넣으면 어떤 일이 벌어질까요? 멀쩡한 사과들도 모두 썩어버립니다. 반대로 썩은 사과들이 들어 있는 상자에 좋은 사과를 넣으면요? 그렇다고 썩은 사과들이 다시 좋아지지는 않습니다. 단 한 개의 좋은 사과도 함께 썩어버리죠.

평화로운 시절은 순식간에 사라질 수 있습니다. 가령 원자폭탄은 누군가의 하루를 완전히 망쳐버릴 것입니다. 꼭 이렇게 극단적인 사건이 아니어도 괜찮습니다. 몇 마리의 작은 감기바이러스도 나의 하루를 망쳐버리기에 충분합니다. 예전에 나는 값어치가 0.03센트에 불과한 물이 0.3초 만에 3천 유로를 날려버리는 일도 겪은 적이 있습니다. 어떻게 그럴 수 있냐고요? 컵에 든 물을 노트북 위에 엎지르면 가능합니다!

TV 시리즈들 중에는 병원 응급실을 무대로 한 것들이 많습니다. 〈이머전시 룸(Emergency Room)〉은 아주 큰 인기를 끌었죠. 하지만 '회복실 – 수술은 잘 끝났다!' 같은 제목의 드라마가 만들어진다면 시청률은 바닥을 길 게 분명합니다. 기껏해야 소수의 마니아들이나 보면 그나마 다행이지요. 우리는 악을 두려워하면서도 구경하기는 좋아합니다. 나의 운전연수 교사는 대단한 심리학자는 아니었지만 내게 아주 중요한 인생의 가르침을 주었습니다. 고속도로에서 앞에 갑자기 장애물이 출현하더라도 절대로 그 쪽을 바라보지 마라는 것이었습니다. 대부분의 사람들은 장애물에 시선을 고정시킨 채 마치 마법에 걸린 듯 정확히 그 방향으로 차를 몰아간다고 합니다. 자기실현적 예언이 아니라 자기실현적 재난인 셈이죠.

막 사고가 일어나려는 순간에 시선을 돌려 제 갈 길만 쳐다보는 것은 너무 한가로운 짓일지도 모릅니다. 하지만 불행 속으로 뛰어들 생각이 없다면 억지로라도 그렇게 해야만 합니다. 계속 좋게 지내려면 말입니다. 아무리 좋은 것도 한없이 계속된다면 이 또한 견디기 어렵겠지만 말입니다.

악은 매혹적이지만 선은 지루합니다. 하이드 씨가 없는 지킬 박사의 삶은 어떻겠습니까? 우리는 교훈적인 이야기보다 범죄

물을 더 좋아합니다. 우리는 오랜 세월을 한결같이 함께 산 부부에 대해서 이야기하기보다는 혈투 끝에 갈라선 커플의 사연을 듣는 것이 더 재미있습니다. 우리는 오랜만에 만난 사람에게 "어떻게 지내세요?"하고 묻습니다. 이때 상대가 "잘 지냅니다" 하고 대답하면 대화는 바로 끝나고 맙니다. '잘 지내는' 사람들은 계속해서 가던 길을 가면 됩니다. 대화가 흥미로워지는 건 잘 지내지 못할 때입니다.

처음 무대에 섰을 때 나는 주로 버라이어티쇼의 진행을 맡았습니다. 이런 쇼들은 대부분 아주 흥미진진하게 펼쳐지는데 TV로 보면 긴장감이 훨씬 떨어집니다. 왜 그럴까요? 라이브 쇼를 직접 관람하는 관객들은 눈앞에서 아리따운 여성이 공중그네에 매달려 목숨을 건 곡예를 펼칠 때 함께 몸을 떱니다. 하지만 곡예가 시작되기 전까지는 지루합니다. 관객들은 곡예사들이 떨어지지 않을 거라는 사실을 직관적으로 이미 알고 있기 때문입니다. 그렇지 않다면 그들이 여러 사람들 앞에서 그런 곡예를 펼치지는 않을 테니까요.

똑같은 이유에서 우리는 포뮬러 원(F1, 세계 최고의 자동차경주대회-옮긴이)의 라이브 경기실황을 흥미롭게 지켜봅니다. 단순히 자동차가 트랙을 미친 듯이 도는 모습을 구경하기 위해서가 아닙니다. 우리의 관심을 끄는 것은 정상적으로 진행되는 자동차 경주가 아니라 돌발사고입니다. 참가자들 중 누군가에게 사고가 발생하는 드문 경우를 목격하기 위해 몇 시간이고 경기를 지켜봅니다. 마치 죽음을 기다리는 독수리 같죠. 아주 고약하게 들리지만 사실이 그렇습니다. 교통사고현장을 지켜보느라 반대차선에 정체가 발생하는 일은 비일비재합니다. 도와주려는 게 아닙니다. 자신이 사고를 당하지 않은 사실을 기뻐하고 전율을 느끼는 겁니다.

나는 기분이 언짢은 날 오후에는 항상 토크쇼를 봅니다. 그러면 다행히도 내게는 없는 골칫거리나 문제 몇 가지를 금방 발견할 수 있으니까요. 이렇게 비교를 하는 순간 나는 내 가정이 얼마나 온전하고 건강한지를 깨닫게 됩니다.

우리는 기회가 있을 때마다 성공을 빌고 건강을 기원합니다. 하지만 진짜 그렇게 된다면 무슨 이야기를 하며 살아가야 할까요? 세상은 결코 착하지 않습니다. 다행히도 말이죠.

두 행성이 우주공간에서 마주쳤다. 금성이 지구에게 말했다.
"어머, 정말 꼴이 말이 아니군요."
지구가 대답했다.
"호모사피엔스들 때문에……."
"너무 걱정 말아요, 금방 없어질 테니!"

9월에 홀로 베를린의 낯선 거리에서 한 빵집에 들러 길을 물었는데 그 덕에 이틀 동안 멋진 나날을 보낼 수 있었을 때

나를 너무 괴롭히는 빌어먹을 상급자가 지난번 내 근무시간에 손이 부러져서 왔을 때 - 그는 외과의사다.

한사코 거절했는데도 아내가 기어이 내게 트램펄린을 선물해주었을 때. 참고로 나는 41세다.

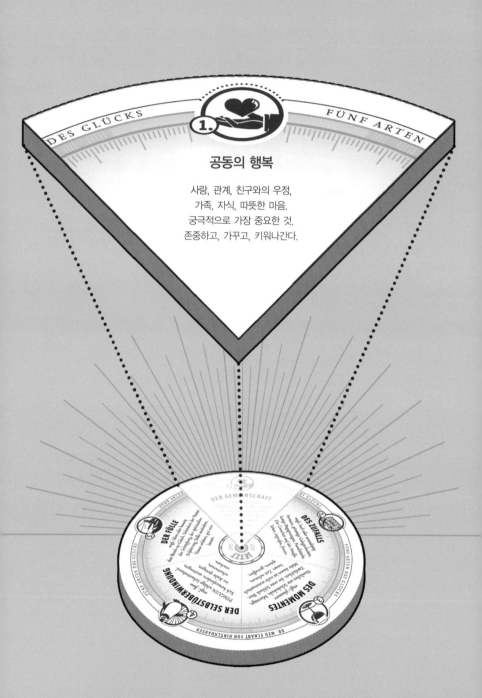

공동의 행복

사랑, 관계, 친구와의 우정,
가족, 자식, 따뜻한 마음.
궁극적으로 가장 중요한 것.
존중하고, 가꾸고, 키워나간다.

1장

행복은 혼자 오지 않는다 –
다른 사람들과
함께 온다

"초점이 잘 안 맞으니까 뒤로 두 발짝만 더 가요."
디지털 카메라의 포지티브한 점은 네거티브 필름을 쓰지 않는다는 것이다

포토리얼리즘 비판

인생의 스케치에는 지우개가 없다.

갓 이혼했다고요? 그렇다면 절대로 함께 찍은 사진을 들춰보지 마세요! 몹시 불행해질 테니까요. 경험에서 하는 말입니다. 사진이 현실을 있는 그대로 보여준다고 생각하기 쉽지만 실제로 그것은 우리를 아주 비열한 방식으로 기만합니다. 이른바 선택적 지각이라는 것을 통해서 말입니다. 사진을 보면서 즐거웠던 휴가나 생일파티를 다시 떠올리는 것은 우리를 우울하게 만들 뿐입니다. "아, 그땐 모든 게 다 좋았는데……."라는 식이죠.

사실은 모든 게 좋았던 건 아닙니다. 다만 좋지 않았던 장면은 사진 속에 담기지 않았을 뿐입니다. 파트너와 한창 열을 올리며 싸우는 와중에, "잠깐! 그 얼굴 표정 바꾸지 말고 그대로 있어, 얼른 가서 카메라 가져올 테니까. 난 지금 당신의 그런 모습을 사진에 담아서 오래도록 기억하고 싶어!"라고 말할 사람이 누가 있겠습니까? 그러니 사진은 사실과 다를 수밖에 없습니다. 사진

속에는 햇볕에 탄 화상자국이 아닌 아름다운 저녁노을이, 시시한 일상 대신 화려한 축제가, 잃어버린 물건이 아닌 멋진 선물이 담겨 있습니다. 분노로 일그러진 얼굴은 없고 왜곡된 기억들만이 있을 뿐이죠.

나는 심지어 사진의 왜곡을 친구의 아이들에게서도 확인할 수 있었습니다. 아이들은 꾸물거리며 말을 안 듣다가도 카메라만 갖다 대면 금세 천사 같은 미소를 짓더군요. 완전히 조건반사입니다. 단추만 누르면 자동으로 미소가 만들어지니까요. 미디어시대에는 아직 학교 갈 나이도 안 된 아이들까지 벌써 본능적으로 이미지 관리를 학습하는 모양입니다. 그 아이들은 아무리 순간적인 표정일지라도 그것이 영원히 남겨질 수 있다는 사실을 이미 잘 알고 있었습니다.

디지털카메라는 현재와 기억에, 그리고 행복을 대하는 우리의 태도에 일대 혁명을 가져왔습니다. 100년 전에는 사진 찍기가 일종의 국민의례 시간이었습니다. 표정과 태도가 은판에 인화될 때까지 아무도 꼼짝하면 안 되었습니다. 그래서 당시에 찍은 사진들에서는 웃고 있는 얼굴을 통 찾아볼 수가 없습니다. 기술적인 장애 탓에.

내가 어릴 때만 해도 사진은 사치에 속했습니다. 필름을 끝까지 다 찍고서야 현상을 맡길 수 있었습니다. 그래서 24장짜리 필름 한 통에는 여러 번의 크리스마스 파티가 담기기도 했죠. 나중에는 증명사진 자동촬영기들이 많이 생겼는데, 더 이상 은판이 사용되지는 않았지만 사람들의 얼굴에서는 여전히 미소를 찾아볼 수가 없었습니다. 신분증에 실없이 웃는 사진을 붙이는 건 생각할 수 없는 일이었으니까요. 관공서의 이런 '유머의 실종' 은 기술이 이렇게 발달한 오늘날까지 여전히 해결되지 않고 있습니다. 하지만 신분증이 이미 있고 여윳돈도 조금 있다면 친구 나 연인과 함께 자동촬영기 앞에 앉아 참된 우정과 사랑을 증명 할 수도 있었습니다. 함께 즉석사진을 찍는 즐거움은 이미 디지 털카메라에 근접하고 있었죠. 찡그린 얼굴이 현상되어 나오기 까지 채 5분이 걸리지 않았으니까요. 사진 말리는 바람소리가 요란했던 그 짧은 시간은 꽤나 우리의 애간장을 태웠습니다.

디지털카메라의 시대인 지금, 그 모든 과정은 0.5초를 넘지 않 습니다. 게다가 비용도 한 푼 안 듭니다. 누구나 카메라를 하나 씩 들고서 정신없이 셔터를 눌러 댑니다. 삶은 스냅사진의 연속 이 되었습니다. 모든 것이 사진 안에 고정됩니다. 한 순간도 놓 쳐서는 안 됩니다. 그러면서 제대로 알아차릴 사이도 없이 아주 많은 것들을 놓쳐버립니다. 카메라는 우리와 현재 사이를 밀치 고 들어옵니다. 뷰파인더 뒤의 탐구자는 매번 엉뚱한 곳에서 자 신이 방금 놓쳐버린 순간을 포착하려 애쓸 뿐 정작 그 순간 안에 있지는 못합니다. 스스로 순간의 일부가 되려고 카메라를 든 이 는 팔을 앞으로 뻗쳐보기도 하지만 제대로 된 머리와 신체부위 가 포착되지 못한 사진은 순간의 좋은 분위기를 망칠 뿐입니다.

종이 사진은 이제 과거의 유물입니다. 이런 사진에서는 조금 못생기게 나와도 용서가 됩니다. 하지만 디지털카메라가 등장 하면서 그런 변명은 이제 쓸데없는 것이 되었습니다. 그냥 "빨리 지워줘!"라고 부탁만 하면 되니까요. 아니면 사진을 예쁘게 수정하는 이른바 '뽀샵질'도 있습니다. 이 뽀샵질에 비하면 아무리 유능한 성형외과 의사의 기술도 진부해 보입니다. 비상시에는 '흑백'이나 '세피아'를 선택하여 빨갛게 충혈된 눈이나 피부의 얼룩도 말끔히 없앨 수 있습니다. 또 '수채화'는 여드름투성이의 얼굴을 멋진 점묘화법의 초상화로 바꾸어놓습니다. 일종의 디지털 윤색인 셈입니다.

그런데 오래된 사진일수록 사람들이 젊어 보인다는 사실을 혹시 아시나요? 어느 정도 시간이 흐르고 나면 사진을 보며 다시 웃을 수도 있습니다. 오래 전에 맡긴 사진을 현상소에서 찾아올 때처럼 말입니다. 이때 가장 중요한 사진수정 소프트웨어는 우리의 기억입니다. 여기에는 현상에 필요한 시간만 있으면 됩니다. 기억의 어두운 암실에서 오랜 시간 뽀샵질이 이루어지고 나면 우리는 마침내 다시 확신하게 됩니다. 옛날엔 모든 게 다 아름다웠노라고!

레스토랑에서의 파트너 선택

내가 원한 건 오카피* 포스터였어. 그런데 넌 내게 무엇을 주었지?
그건 오카피가 아니야. 말레이맥*이라구!
퍼니 반 단넨(Funny van Dannen)

　세계에서 제일 멋진 남자인 조지 클루니는 싱글입니다. 왜 그
런지 아시나요? 조지 클루니는 한 인터뷰에서 이렇게 말했습니
다. "이상적인 여성은 여럿이 한 몸에 섞인 여자입니다. 니콜 키
드만의 웃음, 줄리아 로버츠의 성격, 미셸 파이퍼의 미모, 제니퍼
로페즈의 열정을 지닌 그런 여자 말이죠." 물론 클루니는 아직껏
그런 여자를 발견하지 못했습니다. 더 웃긴 건 그래도 아주 많은
여자들이 클루니와 함께 살면 행복할 거라고 믿는다는 거죠.
　당신은 지금 파트너 혹은 지난 파트너와 어떻게 사귀게 되었
습니까? 순전히 우연이었나요? 아니면 의도적인 선택과 결정?

오카피　기린과의 포유류로 아프리카 콩고에 서식한다. 몸 전체가 광택이
나는 아름다운 동물이다.
말레이맥　맥과의 포유류로 말레이 반도 등지에 서식한다. 맥과의 동물 중
에 가장 크다.

대리석, 화강암, 무쇠 모두 부서진다. 그래도 스카치테이프는 견뎌 낸다!

아무튼 이것은 인생에서 가장 어렵고 중요한 과제 중 하나입니다. 적어도 누군가에게는 말입니다.

실전에서 첫 번째 선택기준은 유머입니다. 그래서 나는 관심이 가는 여자가 생기면 함께 카바레공연이나 코미디영화를 보러 갑니다. 두 사람의 웃음 코드가 잘 맞지 않으면 함께 지내기가 쉽지 않다는 것을 경험을 통해 알고 있기 때문입니다.

반면에 여자들은 그럴 때 레스토랑에 가는 걸 더 좋아합니다. 그러면 상대 남자가 뭔가를 결정할 때 어떻게 행동하는 타입인지 쉽게 알 수 있기 때문이죠. 그중에는 좀처럼 결정을 내리지 못하는 사람들이 있습니다. 이들은 항상 메뉴판을 처음부터 끝까지 다 읽고 나서도 쉽게 주문을 하지 못합니다. 심지어는 휴가지에서도 그런 식입니다. 다른 언어로 된 메뉴까지 읽으면서 혹시 독일어 메뉴에는 없는 내용이 적혀 있지는 않은지 살펴봅니다. 그리고 종업원과 흥정을 시작합니다. 1번 메뉴를 3번 메뉴와 조합할 수 있느냐, 어제 데일리메뉴는 가격이 얼마냐, 양파를 빼면 얼마가 더 싸냐는 따위의 질문을 늘어놓으면서 말입니다. 종업원이 짜증을 참으며 주방을 오가는 사이에도 주문은 세 번이나 더 바뀝니다. 그들은 항상 레스토랑을 찾아간 값어치를 최대한 빼내려고 혈안입니다. 무엇이 나오든 그들을 만족시킬 수는 없습니다. 이 세상에 완벽은 존재하지 않으니까요. 선택에 많은 시간이 소요되면 허비한 시간을 변명하기 위해서라도 요리에 대한 요구와 기대가 더욱 높아집니다.

내가 결정을 내리지 못하는 시간이 길어질수록 기대는 상승합니다. 시간투자와 결과가 밀접하게 연관된 순간을 놓쳐버려도 기대는 더욱 상승합니다. 나중에 무엇이 나오든 상관없습니다. 애당초 어떤 요리도 그렇게까지 훌륭할 수는 없습니다.

절제할 줄 아는 사람은 메뉴판을 받아들면 한번 쓱 훑어봅니다. 대략 3분의 1 정도를 읽고 나면 어떤 요리들이 있는지 알게 되고 가장 먼저 마음에 드는 요리를 주문합니다. 그것으로 끝이죠. 당신도 이제 메뉴판을 덮으세요. 당신이 혹시 뭔가를 놓치지 않았는지 더 이상 묻지 마세요. 그리고 당신이 선택한 요리가 나오면 내게 꼭 말해주세요. 그 요리가 과연 어떤지 말입니다……

파트너선택을 위한 행복의 팁

당신의 삶에 등장했던 파트너들을 모두 떠올려보십시오. 아니, 제니퍼 로페즈와 브래드 피트는 여기에 속하지 않습니다. 당신이 한 번 이상 사귄 적이 있거나, 당신이 거의 사귈 뻔 했던 사람들이어야 합니다. 당신의 현재 파트너가 그들과 비교해서 평균 이상이면 당신은 이미 상당히 운이 좋은 것입니다! 만약 상위 3분의 1 안에 든다면 더 나은 상대를 찾으려는 노력을 당장 중지하십시오. 그런 노력은 당신이 가진 것을 현재보다 더 나쁘게 만들 뿐입니다. 더 중요한 것은 자신에게 완벽하게 맞는 상대를 찾는 일보다 사랑과 애착에 대한 당신의 방식을 존중하고 거기서 무언가를 만들어낼 능력과 의지를 지닌 사람을 찾는 일입니다. 행복을 얻기 위해서는 사랑받는 것보다 스스로 사랑할 줄 아는 능력이 훨씬 더 중요합니다. 그리고 이런 능력은 많은 사람들에게 나누어줄 수도 있습니다. 현재 당신에게 파트너가 없어도 상관없습니다. 만약 그렇다면 결론적으로 말해서 파트너보다 좋은 친구가 행복감을 얻는 데 훨씬 더 중요합니다. 그러니 싱글 여러분, 마음을 편히 가지세요. 좋은 우정은 평균적으로 결혼보다 훨씬 더 오래 갑니다!

녹색당(독일 정치에 상당한 영향력을 행사하고 있는, 환경보호와 반핵을 주
장하는 정당 - 옮긴이)이 레드와인을 마시면 검은색이 된다(보수적이게
된다).

행복과 알코올의 정치학

사회주의자는 진보를 믿고
보수주의자는 수제(手製) 구두를 믿는다.
하랄트 마르텐슈타인(Harald Martenstein)

세상은 불공평합니다! 그 단적인 예로서 좌파들은 세계 어디서나 항상 우파들보다 우울한 기분으로 살아갑니다. 그들은 세상의 불평등과 불공평한 관계에 대해서 몹시 괴로워하기 때문입니다.

이런 사실은 2006년에 미국 시민들을 대상으로 실시된 설문 조사에서 처음으로 분명하게 드러났습니다. 조사결과에 따르면 보수층에서는 전체의 47%가 자신의 처지를 '아주 행복하다'고 밝힌 반면에 좌파 성향의 시민들 중에서는 28%만이 이런 장밋빛 자기평가를 내렸습니다. 2008년에 덴마크의 경제학자 크리스티안 비외른스코우(Christian Bjørnskov)는 이런 좌우의 행복성향이 지역적 경계를 넘어서 어디서나 유효하다는 사실을 보여주었습니다. '세계 가치 조사(World Value Surbey)'에서 미국, 독일, 스위스, 오스트리아 등 70개국 출신의 실험대상자 9만 명을 상대로 조사를 실시한 결과 – 단 한 건의 예외도 없이 – 정치적으로 좌파 성향을 지닌 사람일수록 자신을 불행하게 여기는 것으로 나타났습니다. 그 반대도 마찬가지였습니다. 그밖에도 불평등에 대한 인식은 미국인들보다 유럽인들을 좀 더 불행하게 만드는 것으로 나타났는데, 이것은 접시닦이도 노력하면 빈곤을 딛고 백만장자가 될 수 있다는 미국인들의 전통적인 사고방식과 관련이 있어 보입니다.

그렇다면 이런 좌우의 차이는 왜 나타나는 걸까요? 보수층은 현재 상태를 좋게 보기 때문에 기존의 관계가 흔들리는 것을 원치 않습니다. 좌파는 현재의 세계가 불공평하며 정의롭지 못하다고 여기기 때문에 불만이 아주 많습니다. 그래서 그 안에서 살고 있는 자신들도 몹시 불행하다고 느낍니다. 물론 사민당(SPD)의 이른바 '캐비아 좌파'들이 소유한 자동차, 주택, 의복 따위에서 그들의 '내면적 고통'을 발견하기란 쉬운 일이 아니지만 말입니다. 가령 오스카어 라퐁텐(Oskar Lafontaine, 전 독일 사민당 당수이자 전 좌파당 당수.《심장은 왼쪽에서 뛴다》라는 저서를 썼다-옮긴이)의 빌라를 한 번 보고 나면 부가 사람의 마음과 취향에 어떤 흔적을 남기는지 금방 알 수 있습니다.

하지만 당신의 세계관을 뒤흔들 수 있는 또 다른 연구 결과도 있습니다. 그에 따르면 혈중 알코올농도(BAC)는 정치적 신념의 결정적인 변수로 작용합니다.

말짱한 정신일 때는 세계를 개혁하자고 주장하던 사람이 혈중 알코올농도가 높아지면서 어느새 보수적으로 바뀐다는 것은 술자리에서 떠드는 취담이 아니라 과학적으로 증명된 사실입니다. 아칸소대학의 심리학자 스콧 에이델만(Scott Eidelman)과 동료연구자들은 술집에서 술을 마시는 사람들 70명을 대상으로 정치적 견해와 입장을 묻는 설문조사를 실시하였습니다. 사람들은 혈중 알코올농도가 각기 다른 상태에서 설문에 응해야 했습니다. 설문조사는 구체적인 정당에 대한 선호도를 묻는 대신, "무언가를 변화시키려는 노력은 대부분 사태를 더 나쁘게 만든다"거나 "이 세상은 좋은 사람과 나쁜 사람으로 나뉜다"와 같은 특정한 견해에 동의하는지를 묻는 방식으로 이루어졌습니다. 질문에 답한 사람은 곧바로 알코올 측정기를 불도록 하였습니다. 그러자 재미난 결과가 나타났습니다. 알코올농도가 높아지면서 생각하는 것이 힘들고 느려지자 사람들은 세상을 점점 더 좋게 보기 시작했습니다. 정치적 신념은 거의 자동적으로 보수적인 방향으로 나아갔습니다.

심리학자 롤프 데겐은 이런 결과를 다음과 같이 해석하였습니다. "보수주의자들이 현재 상태를 받아들이는 이유는 그것이 많은 생각이나 변화를 요구하지 않고 기분을 편하게 해주기 때문이다. 이것은 정확히 알코올이 우리에게 일으키는 상태와 일치한다." 말하자면 술집에 둘러앉은 사람들만이 아니라 사회의 상황도 술에 취하기 쉽다는 겁니다. 뉴욕대학의 존 조스트(John T. Jost)는 또 "좌파를 보수적으로 행동하게 만드는 것이 그 반대보다 쉽다"고 말합니다. 결국 알코올의 보존효과가 다시 한 번 과학적으로 증명된 셈입니다.

이 실험은 정치와 알코올농도뿐만 아니라 선거와 알코올농도의 관계도 새롭게 조명해주었습니다. 투표자가 투표소와 술집 중 어디를 먼저 들르느냐에 따라 선거결과가 요동칠 수 있기 때문입니다. 그렇다면 알렌스바흐 여론조사연구소도 앞으로는 일요설문조사 때 먼저 응답자들에게 알코올측정기를 불게 해야 하지 않을까요? 그래서 0.05% 이상인 사람들만 응답하게 하는 겁니다.

누가 생각이나 했겠습니까? 녹색당이 레드와인을 마시고 우경화되리라고 말입니다. '슈피겔(독일의 권력 비판적인 대표 주간지-옮긴이)' 성향의 사람들이 술 몇 잔에 그토록 빨리 '포쿠스(독일의 2위 시사잡지-옮긴이)' 독자로 변할 줄 말입니다!

심장은 왼쪽에서 뛰지만 간은 오른쪽에서 붓는다는 말은 사실이었습니다.

자, 건배!

못생긴 여자가 다가와 저 이번에 내려요라고 말하는데 나도 내려야 할 때

밥맛 없는 이웃이 여행을 떠난 다음 날 그 집 정원 잔디밭에다 잡초 뽑은 것 한 무더기를 뿌려놓았을 때

느닷없이 장미꽃 한 다발이 배달되었는데 그것이 내게 온 것이 아님을 확인했을 때

욕조 안에서 그냥 잠이 들었을 때

인생의 동반자를 발견하는 것은 멋진 일이다. 그런 동반자가 몇 명 더 있으면 더욱 좋고.

닭과 달걀 중 뭐가 먼저?

사랑은 뱃속을 거쳐야 한다.
하지만 뱃속을 통과해서 나오면
사랑은 뭐가 되는 거지?

　언젠가 나는 영국여자 앞에서 멋지게 이렇게 말한 적이 있습니다. "프랑스인들은 섹스를 품고 영국인들은 보온병을 품는다고 하더군요." 그러자 그 여자는 무표정한 얼굴로 이렇게 대꾸했습니다. "독일인들은 혈압에 좋기 때문에 섹스를 한다더군요." 성행위에는 정말 아무런 핑계도 필요치 않습니다. 그 자체로 좋아할 이유는 충분하니까요. 하지만 늘 그렇듯이 우리는 더 많으면 더 좋을 거라고 생각합니다. 최고의 행복 킬러는 그렇게 해서 탄생합니다. 익숙함과 지루함을 통해서 말이죠. 우리의 진화과정에 설치된 이 덫은 다름 아닌 우리의 열정을 제물로 삼습니다. 그러면 우리는 무엇이 문제인지를 정확히 살피지도 않은 채 성급히 절망으로 빠져듭니다. 쾌락이 어떻게 절망으로 바뀌는지를 알고 싶다면 계속해서 읽어나가시기 바랍니다. 하지만 쾌락의 상실을 견디기 힘들다면 빨리 다음 장으로 넘어가세요.

자, 여기까지 읽으셨군요. 이젠 늦었습니다. '쿨리지 효과
(Coolidge Effect)'라는 것이 있습니다. 미국대통령 캘빈 쿨리지
(Calvin Coolidge)의 이름을 딴, 별로 '쿨'하지 않은 현상을 지칭
하는 말입니다. 쿨리지 대통령이 아내와 함께 농가를 방문했을
때의 일이라고 합니다. 그곳의 수탉이 하루에 열두 번이나 교미
를 한다는 말을 듣고 놀란 영부인이 "그 말을 내 남편에게도 해
주세요."라고 농부에게 말했답니다. 잠시 후 그 말을 전해 들은
대통령이 "매번 똑같은 암컷과 하나요?"라고 묻자, 농부는 "아
니오, 매번 다른 암컷들과 합니다."라고 대답했습니다. 그러자
쿨리지 대통령은 "그 말을 내 아내에게 해주세요."라고 말했다
고 합니다.

물론 이런 쿨리지 효과가 미국 대통령에게만 유효한 것은 아
닙니다. 이것은 수탉을 꿈꾸는 남성들의 판타지에 불과한 현상
이 아니라 다른 동물들에게서도 증명된 사실입니다. 심지어 여
기에는 진화생물학적 의미도 담겨 있습니다. 자신의 유전자를
어떻게든 다음 세대에 전달하는 것이 최고의 목표라면, 상대 암
컷이 임신을 하는 순간 곧바로 수컷은 이 파트너와의 성행위에
흥미를 잃어야 합니다. 여러 번 성행위를 한다고 임신도 여러 번
되는 것은 아니니까요.

원숭이, 닭, 소는 모두 그렇습니다. 농부도 마찬가지입니다.
그의 성욕은 잠시 후 더 생산적인 대안을 모색하기 시작합니다.
울타리 저편의 풀들만 더 푸른 게 아닙니다. 울타리 너머로 보면
다른 아낙네도 더 매력적으로 보입니다. "내가 저년만 못한 게

뭐야?"는 올바른 질문이 아닙니다. 그냥 다르다는 것만으로 충분하니까요.

하지만 여러 여성을 소유하려는 남성들의 꿈이 실제로 실현된다면 어떨까요? 일부다처사회가 더 행복할까요? 절대 그렇지 않습니다. 비단 여자들만이 아니라 남자들도 마찬가지입니다. '사회정신의학 국제저널'의 연구 결과에 따르면 자유로운 현대사회의 여성은 가부장적 일부다처사회의 여성보다 확실히 더 만족스럽고 건강한 삶을 영위한다고 합니다. 일부다처제 하의 남편에게도 불만에 찬 여러 명의 아내와 생활하는 것이 좋지만은 않다고 하고요. 게다가 한 사회에서 남녀의 수는 항상 비슷하므로 여러 명의 아내를 '소유'하는 남자는 소수에 불과할 테고 다수의 남자들은 아내를 한 명도 갖지 못할 것입니다. 그러므로 자세히 들여다보면 일부다처제는 여성에게보다 남성에게 더 적대적인 제도입니다!

하지만 인간은 생물학적 특성에 수동적으로만 종속된 존재가 아닙니다. 인간은 능동적인 습관의 노예이기도 합니다. '뜨거운' 구애 단계에서야 무슨 짓인들 못하겠습니까? 첫 데이트에 추리닝차림으로 나오는 사람을 본 적이 있습니까? 하지만 조금만 친해지고 나면 금방 느슨한 복장으로 돌아갑니다. 편안한 분위기는 따뜻하기는 해도 뜨거워지지는 않습니다. 열정은 충분히 달아오르지도 않았는데 식어버립니다. 처음에는 곧잘 침대로 커피를 가져다주던 사람이 몇 달만 지나면 이렇게 말합니다. "잠자리에서 꼭 아침을 먹어야겠으면 그냥 부엌에서 자!"

어떤 영화에 결혼식을 막 끝낸 신부가 교회 앞에서 꽃다발을 던지며 이렇게 외치는 장면이 나옵니다. "이제 다시는 다이어트 안 해!" 바꾸어 말하면 이것은 "이젠 절대로 솔로가 안 될 거야!"라는 외침이기도 하죠. 통계적으로 기혼자들은 싱글들보다 자신을 더 '매력적'으로 여긴다고 합니다. 하지만 일단 낚시에 걸리고 나면 싱싱한 물고기는 빠르게 생기를 잃습니다.

이 문제에 대해서 성상담사들은 뭐라고 말할까요? 대부분 서로 충분히 대화를 나눠 보라고 조언합니다. 하지만 행복한 결혼생활의 비밀을 풀기 위해 20년이 넘게 이 문제를 탐구해온 워싱턴대학의 심리학자 존 가트맨(John Gottman) 교수는 이런 무조건적이고 요구적인 대화에 대해 상당히 회의적입니다. "평생을 행복하게 함께 지내는 커플들을 보면 오히려 모든 걸 털어놓지 않고 비밀을 간직하는 타입들이 많다. 커뮤니케이션의 확장은 빈번히 고통스럽고 파괴적인 대화로 발전하기 때문이다." 그런데도 여자들은 대부분 '더 많이 말하기'를 원합니다. 물론 남자들은 그런 것에 질겁하지만 말입니다. 마지막 말은 언제나 여자들의 몫이라는 말도 맞지 않습니다. 많은 경우 말도 필요 없이 철썩, 몸짓 하나로 끝이니까요. 아무튼 남녀관계에서도 말은 은이고 침묵이 금인 것만은 확실합니다.

한번은 어떤 회의에서 '화성'과 '금성'의 은유를 즐겨 사용하는 아주 재미있는 미국인 커플치료사를 만난 적이 있습니다. 그의 이름은 존 그레이(John Grey)였습니다. 그는 욕구가 생겼을 때 파트너에게 거절당하는 것이 얼마나 굴욕적인 일인지를 자세히 설명해주었습니다. 사실 그것은 정말로 참기 힘든 굴욕이어서 누구라도 세 번 정도 그런 일을 당하고 나면 복수를 다짐하며 상대가 잠자리를 요구해올 때 단호히 이를 거절하게 됩니다. 둘 다 망하는 전형적인 공멸전략으로 가는 겁니다. 이에 대해 그레이는 양초를 구입하라고 조언했습니다. 상처를 주는 언어적 커뮤니케이션 대신 조용하고 우아한 비언어적 커뮤니케이션을 이용하라는 것입니다. 집에 돌아와서 스킨십을 원하는 사람은 말없이 자기 양초를 켭니다. 집에 와서 이를 본 상대방은 자기 양초를 그냥 켜지 않고 두거나 아니면 자기 양초도 켜고 파트너를 포옹할 수 있습니다. 그레이가 직접 경험한 바에 따르면 이 방법은 커플간의 의사소통을 아주 손쉽게 만들어준다고 합니다. 이 때부터 나는 언제나 내 파트너의 촛불을 세심히 살피고 있습니다. 그것이 그냥 조용히 타들어가고 있는지 어떤지를 말입니다.

냉정하고 깨끗하게 헤어지면 정말 더 행복할까요? 하지만 이 문제를 알렉산더 왕이 고르디아스 매듭을 풀듯이 칼로 베어버리려 했다가는 오히려 제 살을 잘라내는 수가 있습니다. 새 애인과 저 푸른 초원에서 꿀맛 같은 새 삶을 시작하더라도 언젠가는 똑같은 비극이 다시 시작됩니다. 어쩌면 그냥 옛 자리에 다시 서는 데서 그치지 않고, 자신이 그때 최고의 행복을 놓쳐버렸음을 깨닫고 땅을 치며 후회하게 될지도 모릅니다. 최악의 경우 더 이상 맞는 상대를 찾지 못할 수도 있으니까요. 좋은 관계란 그리 흔하지 않은 법입니다.

파트너의 부정은 관계의 스트레스 때문에 생겨난다는 사람들의 말은 심리학적으로나 생물학적으로 헛소리에 불과합니다. 인간적으로 서로를 잘 이해하는 파트너들도 그렇지 않은 사람들과 똑같이 바람을 피운다는 것은 이미 여러 차례 증명된 사실입니다. 또 쉴 새 없이 광란의 파티를 즐기는 사람에게는 행복이 지속되는 게 아니라 기력만 쇠해질 뿐입니다. 우습게도 대부분의 종교들은 자신들이 열심히 감시하지 않으면 성적 무절제와 방탕으로 인해 이 세상이 나락으로 떨어지지나 않을까 겁내는 것 같습니다. 하지만 현실감각을 완전히 잃은 사람이 아니라면 실생활에서 그런 성적 도취가 예외적인 경우에 속한다는 사실을 다 알고 있습니다. 다만 연애파트너의 수가 적을수록 내적 충만함이 증가한다는 교회의 말은 틀리지 않습니다. 정서적 만족 면에서도 이성 파트너를 단 한 명만 갖는 것이 여러 명을 갖는 것보다 더 낫습니다. 그 파트너가 배우자라면 더욱 그렇고요.

엉뚱한 데로 눈이 돌아가는 나쁜 습관을 없애는 확실한 방법은 파트너를 매번 '새로운' 눈으로 보는 것이라는 말도 있습니다. 파트너와 만날 때 마치 한 번도 스킨십을 나눠본 적이 없는 사람처럼 대하라는 겁니다. 주말부부나 멀리 떨어져 사는 커플이라면 잘 될 수도 있습니다. 떨어져 있는 동안에 함께 했던 일들을 잊어버리고, 또 만나면 헤어져 있을 때의 일을 함께 잊어버리고 하면서 말이죠. 하지만 늘 같이 사는 커플이 함께 했던 기억의 흔적을 모두 지워버리려면 초인적인 능력이 필요할 것이며, 성공을 거두더라도 여러 해 동안 쌓은 친밀한 감정들까지도 몽땅 날아가는 사태를 감수해야 합니다. 모든 게 다 좋을 수는 없으니까요.

사실 우리가 원하는 것은 다른 상대가 아니라 뭔가 다른 어떤 것입니다. 이를 단적으로 보여주는 것이 바로 축제입니다. 이때 두 파트너는 따로 떨어져서 술을 마시며 즐기다가 마치 우연인 듯 만나 서로 사랑을 나눕니다. 어쩌면 여자들이 일 년 열두 달을 내내 '변장' 하고 다니는 것도 이런 이유일지 모릅니다. 여자들은 확실히 남자들보다 옷이나 액세서리, 구두 등 변장 도구들이 많습니다. 한 사람의 남자를 위해 늘 '다른 여자' 가 되고 싶어 하기 때문입니다.

가장 간편한 해법은 정신적 외도입니다. 파트너 곁에서 다른 사람을 생각하는 거죠. 익명의 설문조사에 따르면 실제로 대부분의 여자들이 이런 경험을 한다고 합니다. 하지만 현대 남성들의 진짜 심각한 문제는 본인 스스로 끊임없이 다른 사람이 되는 상상을 한다는 겁니다.

어쩌면 오늘날 여자들은 창끝을 거꾸로 돌려, 번식충동을 주체하지 못하는 이중인격적인 수컷들을 멸종으로 몰아가는 중인지도 모릅니다. 자의식이 충만하고 경제적 자립도 이룬 여자들은 남자를 고를 때 돈보다는 그 사람의 스타일을 보게 됩니다. 그러므로 여자들이 부유해질수록 남자들은 더 매력적이 되어야 합니다. 요즘 남자들이 점점 더 몸매와 외모에 신경을 쓰는 것은 흔히 생각하는 것처럼 허영심 때문이 아닐지 모릅니다. 살아남기 위한 몸부림이라고나 할까요…….

행복은 누구나, 어디서나 즐겨 말한다

다른 언어로 말하는 행복

언어	행복을 얻다	행복의 순간을 경험하다	지속적으로 행복하게 살아가다
독일어	Glück	Glück	Glück
아프리카어	geluk	gelukig	geluk
고대그리스어	cutychia	hèdonè	endaimonia
덴마크어	at vaere heldig	lykkelige ojeblikke	altid lykkelig
영어	luck	pleasure	happiness
에스페란토어	bonshanco	plezuro	felicho
에스토니아어	ônn	rôômustama	ônnelikult elama
페르시아어	shanc	khosheqbali	khoshbachti
핀란드어	onni	tyytyväisyys/ ilo	hyväntuulisuus/ tyytyväisyys
프랑스어	fortune/chance	plaisir	bonheur
히브리어	mazal	-	osher
아이슬란드어	gæfa	sæla	hamingja
이탈리아어	fortuna	piacere	felicita
일본어	tsuki/ko-un	yorokobi/ureshisa/ tanashimi	shiawase/ko-fuku
카탈로니아어	sort	plaer/pler	felicitat
크로아티아어	sreća	radost	sreća
라틴어	fortuna	felicitas	beatitudo
라트비아어	laime	laime	laime

언어	행복을 얻다	행복의 순간을 경험하다	지속적으로 행복하게 살아가다
룩셈부르크어	chance	plëséier	gléck
네팔어	bhāgya	khusī/sukha	ārāma
네덜란드어	geluk	plezier	geluk
노르웨이어	veldig	lykke	hell
폴란드어	szczęście/fart	szczęście	szczęście
포르투갈어	sorte	prazer	felicidade
레토로만어	fortüna	felicited	beadentscha
로마어	bast	bastlipe	bastalipe
루마니아어	noroc	placere	fericire
러시아어	удача	счастье	счастье
스웨덴어	tur	glädje/lyck	belatenhet
슬로바키아어	šťastie	maťradosť	byťšťastný
슬로베니아어	sreča/imeti srečo	sreča/srečo doživeti	sreča/biti srečen
스페인어	fortuna/suerte	placer	felicidad
체코어	mít štěstí	radovat se	být šťástný
터키어	sans	mutluluk	mutluluk
우크라이나어	успіх	щастя	блаополуччя
헝가리어	szerence	szerencse/boldog	pillanatok

어느 순간, 자식은 우리의
머리를 온통 차지한다.

무자식이 상팔자?

아이들이 내게 오는 걸 막지 말라고 예수 그리스도는 말했다.
하지만 그에게는 닌텐도 같은 게임기가 있는 집이 없었다.
디터 누르(Dieter Nuhr)

"내 아이가 태어났을 때!" 나의 관객들 중 가장 많은 사람이 꼽은 행복의 순간입니다. 나는 아버지로서 이런 순간을 아직 경험해보지 못했습니다. 어머니로서는 물론 더욱 아니고요. 하지만 의사로서 자주 탄생의 순간을 지켜보기는 했습니다. 나는 영국 교환학생 시절에 처음 보조의사 자격으로 분만실에 들어갔던 때를 아직도 생생히 기억합니다. 그것은 사람이 경험할 수 있는 가장 감동적인 사건임에 틀림없습니다. 하지만 흔히들 말하는 것처럼 아름답기만 한 순간은 결코 아니더군요. 그 순간 세상으로 나오는 게 아이만도 아니고요. 무엇보다도 이 아이들은 영화에서 보는 것처럼 분홍빛을 띤 귀엽고 깨끗한 아기가 아닙니다. 처음 아이의 머리가 나오는 것을 보았을 때, 나는 완전히 잘못된 줄 알고 까무러치게 놀랐습니다. 시퍼런 색을 띤 몸에는 허옇고 끈적끈적한 것들이 잔뜩 묻어 있고, 사지의 뼈들은 온통 짓눌린 채 포개져 있었습니다. 바로 그때 마법의 순간이 찾아왔습니다. 아기가 비명 같은 울음과 함께 첫 숨을 토해내면서 시퍼렇던 아이의 얼굴이 발그레한 분홍빛으로 바뀌는 것이었습니다. 나는 입술을 깨물며 울음이 터져 나오려는 것을 간신히 참으며, 내가 아이 아빠가 아니라 의과대학생이란 사실을 계속 중얼거려야 했습니다.

한 세대 전만 해도 아이 아빠가 분만에 참여하는 것은 예외적인 경우에 속했습니다. 하지만 이제는 그렇지 않은 것이 예외에 속합니다. 그만큼 시대가 바뀌었습니다.

그런데 분만 이후에 펼쳐지는 행복의 순간들에 대한 이야기는 좀처럼 찾아보기가 힘듭니다. 그런 순간이 결코 없어서가 아닙니다. 첫 수유, 첫 웃음, 첫 똥 따위는 모두 부모에게 크나큰 감동의 순간들입니다. 하지만 분만 때와 달리 그런 일들은 곧 익숙해집니다. 아이가 300번째로 똥을 눈 순간이 처음과 같은 감동을 주기는 힘들 테니까요. 적어도 매일 지켜본 부모에게는 말입니다.

자식이 행복을 준다는 생각은 아주 강한 위력을 지닙니다. 만약 인류가 이런 식으로 생각하지 않았다면 우리는 오래 전에 멸종했을 겁니다. 돈이 행복을 준다는 믿음을 인류가 갖지 않았더라도 지금 이 세상은 완전히 다른 모습일 겁니다. 하지만 희한하게도 수입이 늘어나고 교육 수준이 높아질수록 자녀의 수는 줄어듭니다. 통계를 보면 분명히 알 수 있습니다. 오늘날의 여성은 평균 1.3명의 자녀를 낳습니다. 하지만 모든 아이는 평균 1.0명

의 엄마를 갖습니다. 아이들은 태어날 때 언제나 똑같은 나이지
만 엄마들의 나이는 점점 더 많아집니다. 그런데 아이들의 평균
수명은 점점 더 길어집니다. 자식을 낳지 않으면서 점점 더 오래
사는 겁니다. 부모들이 자식을 낳지 않으면 그 다음 세대의 전망
은 아주 어두울 수밖에 없습니다. 진짜 무슨 음모가 있지 않고서
는 이럴 수가 없습니다.

　요즘 세대가 더 이상 아이를 원하지 않는 것은, 부모들이 늘
하던 "너희는 우리보다 나아야 한다"는 말을 그대로 따른 탓입
니다. 모든 세대가 착실하게 《BRAVO》 매거진의 피임법을 배우
고 실천에 옮겼기 때문이죠! 이것은 진화가 이루어내고자 했던
게 결코 아닙니다.

　여기서 행복은 도대체 어디에 있을까요? 연구에 따르면 부부
의 행복을 가로막는 것은 피임약이 아니라 유아기와 사춘기의
자녀들이라고 합니다. 아이가 기저귀를 차고 누워있는 사이에
대부분의 커플관계는 악화됩니다. 또 아이가 자라서 집을 떠나
겠다고 위협할 때 적지 않은 부부들은 자녀보다 먼저 이를 실행
에 옮깁니다.

　익명의 설문조사 결과에 따르면 여자들은 자녀를 돌보는 것
보다 시장에 가거나 전화를 걸거나 양파를 자를 때 더 행복을 느
낀다고 합니다. 하지만 자기들끼리 모여서 대화를 나눌 때는 자
녀 양육이 얼마나 멋진 일이며 아이들로부터 '되받는 것'이 얼
마나 많은지 모른다고 입을 모으죠. "자기 자식을 돌보는 의무
는 오래 전에 우리 유전자에 새겨졌다"라고 《행복에 걸려 비틀

거리다》의 저자 대니얼 길버트(Daniel Gilbert)는 말합니다. "그래서 우리는 머리카락이 다 빠지도록 노심초사하고, 잠도 못 자며 근심하고, 간호사에 운전사에 요리사 노릇을 마다하지 않는다. 본능이 우리에게 그렇게 요구하기 때문에." 길버트는 자녀를 기르는 부모들을 약물중독자에 비유합니다. '행복'을 위해 일과 친구와 사랑까지도 포기하는 마약중독자 말입니다. 그토록 값비싼 대가를 지불해야 한다면 적어도 '구입한 물건'이 그만한 가치가 있어 보여야 좋을 겁니다. 그래서 우리는 아이들이 행복을 준다고 믿고 싶어 하는지도 모릅니다. 그렇다면 정말 이 모든 게 단지 착각에 불과한 걸까요?

그렇지 않습니다. 자녀들은 실제로 부모에게 여러 가지 좋은 것들을 줍니다. 그 중에는 분명하게 눈으로 확인할 수 있는 것들도 있습니다. 가령 자식이 없는 사람들은 훨씬 더 건강하지 못한 삶을 살아갑니다. 그들은 술과 담배도 더 많이 하고, 암이나 경색으로 사망하는 경우도 더 빈번합니다. 자녀들이 부모를 더욱 건강한 생활방식으로 인도하는 게 분명합니다. 부모는 자식을 낳아 기른다는 것만으로 졸지에 모범이 되어 "당신의 아이가 그것을 누구에게서 배웠겠어요?"라는 물음에 답해야 하니까요.

자녀들은 우리의 일상을 채웁니다. 아이들은 우리를 미치기 일보직전으로 몰아가지만, 또한 그것 때문에 우울해할 시간도 함께 빼앗아갑니다. 갑자기 우리는 더 이상 문제의 중심이 아니라 변두리에 놓인 처지가 됩니다. 하지만 어떤 사람들에게 이는 해방입니다. 배꼽 밑에서 무언가가 자라나서 점점 시선을 자신

의 배꼽으로부터 멀어지게 만들더니 급기야 양수와 더불어 우리
의 에고(ego)도 함께 터뜨려버리는 것입니다. 이런 이타주의는
금세 우리의 머리를 희끗희끗하게 만들어버리겠지만 적어도 어
떤 사람들보다는 더 젊음을 유지할 수 있게 해줍니다. 머리가 듬
성듬성해질 때까지 계속 자식 없이 살아가면서 애들이나 신을
만한 운동화를 고집하는, 철없는 어떤 이들보다는 말입니다.

　디너쇼가 있을 때마다 아이를 데리고 온 가족을 비난하던 동
료가 있었습니다. 아이가 칭얼대고 보채는데도 멍청한 엄마는
제대로 달랠 줄 모르고 옆에 있는 아빠라는 작자는 과보호로 애
를 버릇없이 키울 게 분명해 보인다면서 말이죠. 그런데 그 사람
이 얼마 전에 아이를 낳더니 이제는 자식 얘기밖에 할 줄 모릅니
다. 자신의 아이폰에 연방 키스도 해댑니다. 터치스크린에 막 걸
음마를 시작한 귀염둥이의 동영상이 돌아가고 있기 때문입니
다. 아체 슈뢰더(Atze Schröder)는 《모성보호》에서 부모의 이런
심정을 잘 묘사했습니다. "제 아무리 멋진 포르셰도 일요일 아
침 내 침대 위에 올라와서 '아빠, 사랑해'라고 말하지는 못한
다." 정말 가슴 뭉클한 말입니다. 물론 새벽 6시 30분에 그러지
만 않는다면 말이죠.

　부모들이 느끼는 또 다른 행복의 감정을 표현하는 말로 유대
어에서 온 외래어 '나챠스(nachas, 자녀의 성취에서 기쁨과 자부심을
얻는다는 의미)'가 있습니다. 문화와 세대의 간격을 뛰어넘어 널
리 사용되는 이 개념은 자기 자식들을 자랑스러워하는 한편 그
들이 부모 자신에게만 속한 존재가 아니라 이 세상에 내려진 선

물이자 은총이라고 여기는 감정을 잘 보여주는 말입니다. 자기 자신이 미처 다 이루지 못한 것은 자식에게 과제로 물려줍니다. 그럼으로써 자신의 일부가 계속해서 살아가는 것이죠. 운이 좋다면 자신의 더 좋은 부분이 살아남을 수도 있습니다. 이럴 때 느끼는 기쁨은 헤아리거나 말로 표현하기도 힘들 정도입니다. "아이들이 지금 몇 살입니까?"하고 어떤 엄마에게 물었더니 이렇게 답하더랍니다. "우리 의사는 지금 세 살이고, 우리 검사는 초등학교 1학년이에요."

새 집을 마련하고 나서 다시 싱글이 되었을 때

얼굴의 주름이 사라졌을 때(사우나에 들어간 지 세 시간 만에)

다른 정자들을 물리치고 내가 이겼을 때

여자 친구가 커피필터 한 개를 남겨 놓은 것을 어제 아침 알았을 때

정말 좋은 친구들과는 마음 놓고 입을 열 수 있다.
물론 반드시 그래야 하는 것은 아니다.

빨간 동그라미 속 친구

원수를 사랑하려고 애쓰기 전에
먼저 친구들한테 더 잘하도록 노력해라.
마크 트웨인(Mark Twain)

행복을 얻기 위한 온갖 방법들 중에서 단 한 가지만 가지고서 외딴 섬으로 가야 한다면 나는 다른 것들은 다 놔두고 친구 한 명만 데리고 가겠습니다. 친구는 우리를 행복하게 만드는 최고의 선물이니까요. 친구만큼 어느 문화에서나 보편적으로 유효한 행복의 원천은 찾아보기 힘듭니다. 이것은 각종 연구를 통해서도 거듭 증명된 사실입니다. 좋은 친구는 좋은 삶을 위한 가장 중요한 요소입니다. 인생의 마지막 순간에 사무실에서 좀 더 많은 시간을 보냈어야 했다고 아쉬워하며 숨을 거두는 사람은 없습니다. 삶의 막바지에 이르러 모든 사람들이 하나같이 내리는 결론은 사람과 관계, 따뜻한 마음이 중요하다는 것입니다.

우리는 하루의 대부분을 우리가 스스로 선택하지 않은 사람들과 함께 보냅니다. 이런 관계는 아주 어릴 때부터 시작됩니다. 우리는 부모를 선택할 수 없습니다. 형제도 마찬가지입니다. 커서는 일터의 동료들과 스스로 선택하지 않은 관계를 맺어야 합니다. 하루 온종일 바깥에서 '남들'과 함께 일하고 때가 되면 집으로 돌아오는 생활을 계속하다보면 우리는 자신이 스스로 선택한 삶을 살고 있는지 어떤지를 더 이상 알 수 없게 됩니다.

반면에 친구는 요람의 우리에게 일방적으로 쥐어주는 장남감이 아닙니다. 친구를 잃는 것은 우리의 책임입니다. 당신에게는 아직 '소꿉친구'가 있나요? 아니면 모두 뿔뿔이 헤어져 소식을 모르나요? 안타깝게도 나는 어릴 적 친구들과 더 이상 교류가 없습니다. 그때 나의 머릿속에는 온통 다른 생각들뿐이었던 탓입니다.

라이프치히대학의 연구에 따르면 친구관계는 우연에 의해 맺어질 때가 많다고 합니다. 대학의 신입생들은 대부분 같은 강의실에서 수업을 듣게 됩니다. 1년 뒤에 이들의 친구관계를 조사해보면 우연히 앞뒤 자리에 앉거나 같은 줄에 앉아서 강의를 듣던 학생들이 서로 가까운 친구가 되는 경우가 많았습니다. "어떤 의미에서 우리의 친구는 무작위 추첨과 똑같은 방식으로 결정된다"라고 라이프치히대학 연구팀은 설명합니다. 물론 이런 무작위 추첨을 통해서 그저 느슨한 관계만 생겨나기도 합니다.

지금 나와 가장 절친한 친구는 20년 전 해부학 시간에 내 옆자리에 앉았던 동급생입니다. 그때 이후로 우리는 끊을 수 없는 사이가 되었죠. 이건 예외적인 경우가 아닙니다. 우리의 해부학 교수는 생물학 표본실습 시간에 자기 아내와 만나서 결혼하게 되었다는 말을 자주 했으니까요. 그래서 나는 차가운 지하 실습

실에 놓인 시체들이 사람들의 관계를 맺어주는 어떤 연결고리가
되는 게 아닐까 의문을 품기도 했습니다. 전혀 엉뚱한 생각만은
아닙니다. 온통 죽음에 둘러싸여 있을 때 우리는 더욱 생명을 갈
구하게 되니까요. 긴장과 공포, 스트레스 상황 아래에서 맛보는
긍정적인 체험은 사람을 쉽게 가까워지게 만듭니다. 또 공부를
함께 하든 자전거 여행을 함께 떠나든 땀은 우정을 유지해주는
훌륭한 접착제죠. 그러니 우정이 급할 땐 사우나를 찾는 것도 좋
은 방법입니다.

　이는 사회심리학의 고전적인 실험을 통해서도 증명된 사실입
니다. 깎아지른 절벽에 가로놓인 구름다리 위에서 만난 사람은
산자락의 주차장에서 만난 사람보다 친구로 발전할 가능성이 훨
씬 더 높다고 합니다. 불안을 함께 극복한 경험이 든든한 토대가
되어주기 때문입니다. 여기에 공동의 관심사까지 있다면 금상
첨화라 할 수 있죠.

　절친한 친구만이 전부는 아닙니다. 느슨한 관계의 지인들도
놀라운 힘을 발휘합니다. 동네 구멍가게 주인에게 한번 직접 물
어보세요. 혹시 말론 브란도와 아는 사이냐고 말입니다. 1999년
에 〈차이트(ZEIT)〉지는 사람들에게 실제로 이 질문을 던져서, 미
국의 사회심리학자 스탠리 밀그램(Stanley Milgram)의 이론을 검
증해 보았습니다. 밀그램은 1960년대에 중간단계를 여섯 번만
거치면 모든 사람이 누구와도 아는 사이가 된다는 유명한 주장
을 펼친 적 있습니다.

　밀그램의 이 '작은 세계(small world)' 아이디어가 처음 나왔을

당시는 그 사실 여부를 확인하기가 쉽지 않았습니다. 하지만 이제는 글로벌 커뮤니케이션의 발달로 하나도 어려운 일이 아닙니다. 아무튼 조사 결과, 세계는 실제로 하나의 마을이나 다름없었습니다. 동네 구멍가게 주인도 몇 다리만 건너면 말론 브란도와 충분히 아는 사이였습니다.

인터넷시대에 접어들자 '네트워킹'은 점점 더 쉬운 일이 되고 있습니다. 최근에 한 연구팀은 이메일 실험을 통해 밀그램의 이론을 검증해보았습니다. 실험참가자들은 사전에 지정된 특정 인물이 이메일을 받아볼 수 있도록 관련이 있을 법한 사람에게 계속 전달해야 했습니다.

예를 들어 영국의 이스트본에서 보낸 이메일은 러시아 노보시비리스크에 사는 올가에게 전달되어야 합니다. 메일을 작성한 영국의 젊은 장교는 우간다의 캄팔라에 있는 그의 삼촌에게 그것을 보냈고, 그 삼촌은 메일을 다시 모스크바에 사는 인터넷 펜팔친구 카리나에게 전달했습니다. 카리나는 노보시비르스크에 사는 지네르바와 같은 학교를 다닌 적이 있기 때문에 그녀에게 메일을 전달했습니다. 지네르바는 문제의 인물인 올가와 대학교 동창이었습니다. 그녀가 올가에게 다시 메일을 보냄으로써 전달의 고리는 끝을 맺을 수 있었습니다. 이 실험 결과는 밀그램의 선구적 업적을 다시 한 번 증명하면서 학술저널 〈사이언스〉에 실렸습니다. 실제로 지정된 인물에게 이메일이 도착하기까지는 평균 여섯 번의 전달로 충분하였습니다.

우리는 모든 사람을 다 알 수는 없습니다. 그렇지만 우리가 아는 어떤 사람은 또 다른 사람을 알기 마련입니다. 이제 인터넷을 모르면 사람을 사귀기도 쉽지 않은 지경이 되었습니다. 물론 진짜 친구는 이런 가상의 친구와는 다릅니다. 그래도 인터넷에는 획기적인 장점이 있습니다. 더 이상 공간적 인접성이 정신적 친밀함의 필요조건이 아니게 된 것입니다.

지난번에 나는 한 동성애관련 잡지와 행복을 주제로 인터뷰를 한 적이 있습니다. 기자는 동성애자들이 그들의 시골마을에 머물지 않고 도시로 나가서 '게토'를 형성하는 것에 대해 어떻게 생각하느냐고 묻더군요. 나는 그것이 결코 성정체성과 관련된 문제가 아니란 점을 지적하면서 이렇게 말했습니다. "만약 당신이 오페라에 관심이 있거나, 고층빌딩을 좋아하거나, 아이큐가 130 이상이라면 당신도 시골에 머물지 않고 도시로 나가서 '게토'를 형성하지 않을 도리가 없을 겁니다." 하지만 안타깝게도 이 대목은 삭제되어 잡지에 실리지 않았더군요. 아무튼 글로벌 마을에서는 다시 누구나 현재 자기가 있는 곳에 머무를 수 있게 되었습니다. '게토'는 가상의 공간에 형성되니까요. 아무리 특별한 관심사라 하더라도 인터넷 상의 상호작용을 통해서 잘 충족시킬 수 있습니다.

지극히 독창적인 이런 교류방식은 우리 인류의 발달사에 전에 없던 사회적 변화를 가져오고 있습니다. 다만, 모니터 앞에 앉아서 공간적 가까움의 매력들에 완전히 무감각해지는 것만은 피해야 합니다!

진짜 친구는 관심사뿐만 아니라 빵도 함께 나눌 수 있는 사람

행복은 전염된다

당신의 행복네트워크는 얼마나 잘 짜여 있나요?

1. **주변사람들** 가족과 친구들, 가깝게 알고 지내는 사람들을 적어보세요.
2. **에너지** 그들 중 당신을 행복하게 만드는 사람, 당신에게 밝은 빛을 비추는 사람, 당신의 기분을 망치는 사람이 누구인지 잘 생각해 아래의 기호들로 표시해보세요. 당신 주변에서 행복을 전염시키는 사람들은 어디 있나요?
3. **관계네트워크** 굵거나 가는 선으로 사람들 사이의 관계를 표시해보세요. 당신의 행복은 어떤 경로를 통해서 들어오나요? 당신은 누구에게 행복을 감염시키나요? 당신은 누구와의 관계를 좀 더 강화시키고 싶은가요?

나

| ◎ 완전 햇살 | ● 기분을 망치는 사람 |
| ● 행복을 주는 사람 | ◉ 완전 블랙홀 |

*이것은 영국의 권위 있는 의학저널에 발표된 첨단과학적 방법입니다. (BMJ 2008; 337; a2338, James H. Fowler and Nicholas A. Christakis: Dynamic spread of happiness in a large social network: longitudinal analysis over 20 jears in the Framingham Heart Study) 하지만 그렇다고 너무 긴장할 필요는 없습니다. 그냥 당신의 주변 네트워크를 적어 넣고 당신에게 행복이 어떻게 퍼져나가는지 조사해보세요.

입니다. 완전히 신뢰할 수 있을 정도로 잘 아는 사람입니다. 내가 오늘 그에게 빵을 주면 그도 내가 빵이 없을 때 자기 빵을 내주리라는 것을 아는 사람입니다. 남자들의 우정은 아직도 빵을 통해서 맺어집니다. 특히 액체 형태로 된 것은 더욱 심오한 의미를 지닙니다. 비열한 자들은 멀쩡한 정신일 때는 자신을 잘도 감추지만 알코올이 혓바닥을 녹이는 순간 정체를 드러냅니다. 얼핏 시시껄렁해 보이는 대화들은 관계의 신뢰와 응집력을 더욱 깊게 만들어줍니다.

이 점에서도 인터넷은 술집과 아주 비슷합니다. 자기가 그랬다는 사람은 아무도 없어도 무슨 말이나 욕이든 인터넷보다 더빨리 온 세상으로 퍼져가는 곳은 없습니다. 하지만 마돈나가 자기 아이들을 어떻게 돌보는지, 보리스 베커(독일 출신 테니스 선수-옮긴이)가 누구와 함께 목격되었는지 따위를 안다고 해서 내게 무슨 이득이 있겠습니까? 그래도 사람들은 마치 자기 이웃이나 친지들이 스캔들을 일으킨 것처럼 이런 이야기들을 채팅으로 떠들고 블로그에 올리곤 합니다.

가장 중요한 문제는 내가 과연 누구를 신뢰할 수 있느냐 하는 겁니다. 우리는 진화의 근원적인 이유에서 무리를 형성합니다. 혼자일 때보다 집단을 이루었을 때 더 잘 살아남을 수 있기 때문이죠. 이것은 누구보다도 어린아이들과 남자들에게 해당되는 말입니다. 이들은 현명한 여자 없이는 혼자서는 아무런 힘도 못 씁니다.

구체적인 문제를 처리하기 위해 집단이 형성되는 경우도 있습니다. 예를 들어 겨울에 추위를 피해 동굴에서 밤을 보내야 하거나 수렁에 빠진 수레를 끌어내야 할 때가 그렇습니다. 내가 탄열차가 심한 회오리바람 때문에 들판 한가운데서 멈춰 섰던 적이 있습니다. 열차는 몇 시간 이상 그대로 서 있어야 한다고 했습니다. 차에서 내리거나 항의를 해봤자 아무 소용도 없다는 건누구나 알 수 있는 일이었습니다. 그러자 갑자기 같은 칸에 타고있던 전혀 모르는 사람들 사이에 활발한 대화가 오가기 시작했습니다. 여기저기서 음식을 나누어 먹으며 웃음꽃을 피웠습니다. 하지만 지금까지 연락을 주고받는 사람은 한 명도 없습니다. 문제가 해결되면서 집단도 함께 해체되었기 때문입니다.

인생을 함께 할 친구를 찾는 것은 나이를 먹을수록 더욱 힘든일이 됩니다. 함께 겪은 일들과 함께 보낸 시간, 삶의 절정과 나락에 대한 기억들에 커다란 가치가 부여됩니다. 최고의 친구는우리 자신보다도 우리를 잘 압니다. 그는 우리가 더 이상 우리자신을 믿지 않을 때도 우리를 믿습니다. 이 대목에서는 다음과같은 조금 낯간지러운 서정적 감상도 허락됩니다.

"친구는 네 가슴 속에서 어떤 멜로디가 울리고 있는지 알고있다. 그리고 네가 그 멜로디를 잊었을 땐 네게 몸소 그것을 연주해준다."

인생은 운명의 공동체입니다. 여기에는 반드시 지켜야 하는황금률이 있습니다. 그것은 바로 당신이 잘 되기를 바라고 당신에게 좋은 영향을 미치는 사람들로 당신의 주변을 채워야 한다는 것입니다. 손에 든 것이 장난감이든 주먹도끼든 스마트폰이든 상관없습니다. 디지털 시대에도 친구관계는 인터넷에 접속하지 않고도 잘 유지될 수 있어야 합니다. 우정을 맺고 가꾸는 방식은 쉽게 변하는 게 아니니까요.

어릴 적 친구는 지금 새로 사귈 수 있는 친구가 아닙니다. 그래서 더욱 소중합니다. 그는 옛날부터 우리를 잘 알고 있기 때문에 현재 우리가 꾸며내는 모습을 전부라고 생각하지 않습니다. 그래서 부끄러운 일들도 스스럼없이 털어놓을 수 있습니다. 만약 이런 친구가 있다면 정말 자랑스러워해도 좋습니다.

리처드 튜니(Richard Tunney)는 영국에 거주하는 사람들 1,760명을 상대로 친구관계와 인생의 만족도를 묻는 설문조사를 실시한 적이 있습니다. 그랬더니 오랜 친구가 많은 사람일수록 삶에 더 만족하며 살아가는 것으로 나타났습니다. 자신이 아주 행복한 삶을 살아가고 있다고 대답한 사람들은 아주 불행하다고 대답한 사람들보다 그런 친구가 두 배 이상 많았습니다. 오래 전부터 이미 알고 있던 사실이 과학적으로 다시 증명되는 것을 보는 일은 무척 즐겁습니다. 친구는 당신을 속속들이 잘 알면서도 당신을 좋아하는 사람입니다. 어려움에 처해 어떻게 해야 할지 모를 때 친구는 역경을 극복하는 좋은 방법입니다.

빨간 동그라미 치기

1. 지인들의 전화번호를 적어놓은 수첩을 펼쳐보세요. 그런 수첩
   이 없다면 머릿속으로 떠올리면 됩니다. 당신의 제일 친한 친
   구는 누구입니까? 당신이 함께 웃고 울고 침묵할 수 있는 사람
   은 누구입니까?
2. 그 이름들에 빨간색 동그라미를 치세요. 별로 많지 않을 겁니
   다. 누구에게 동그라미를 쳐야 할지 잘 모르겠다면 그 사람에
   게 당장 전화를 건다고 상상해보세요. 이때 전화를 받지 않아
   도 별로 상관이 없다면 그 사람에게는 동그라미를 칠 필요가
   없습니다.
3. 빨간 동그라미들은 당신에게 가장 큰 행복의 원천이자 보물들
   입니다. 이 사람들을 얼마나 자주 만나시나요? 이들은 우리가
   갑자기 만날 약속을 취소하거나 연기해도 기꺼이 용서하고 문
   제 삼지 않는 사람들입니다. 그래서 우리는 그렇게 자주 이들
   과의 약속을 뒤로 미루고 동그라미를 치지 않은 다른 사람들
   을 만납니다. 그들이야말로 약속을 취소해도 좋은 사람들인데
   도 어쩔 수 없이 그렇게 합니다. 이런 식의 관계는 의무적 방문
   과 초대로까지 이어집니다. 그리고는 저녁 때 속으로 생각합
   니다. '이 사람들을 내가 도대체 왜 초대한 거지?'

구두에 개똥이 묻은 줄 알았는데 그냥 진흙으로 밝혀졌을 때

네 시간 동안 기구를 타고난 뒤에 드디어 화장실에 가게 되었을 때

집으로 돌아가는 여행길에 바로 연결되는 기차가 도착할 때

코를 후비다가 큰 코딱지를 찾아냈을 때

꽃들의 사랑

사랑의 행복

그: 크리스마스에 어떤 선물을 받고 싶어?
그녀: 솔직히 말하면 … 이혼!
그: 솔직히 말하면 … 그렇게 비싼 선물을 생각하진 않았어.

결혼한 사람들은 그렇지 않은 사람들보다 더 행복합니다. 하지만 여기에 어떤 낭만적인 이유가 작용한다고 생각하지 마시길 바랍니다. 그냥 통계수치 상의 왜곡에 따른 결과일 뿐이니까요. 첫째로 완전히 불행한 사람들은 평균적으로 결혼할 의사가 없기 때문에 그렇습니다. 둘째로 감정이 고조된 상태는 대개 결혼하기 1년 전 쯤에 찾아와 2년이면 지나갑니다. 아무튼 이런 건 그저 통계수치에 불과합니다. 자기 인생에 평균치란 없습니다. 절정과 밑바닥만이 있을 뿐이죠. 그러므로 결혼생활에서도 행복은 사람마다 완전히 다르게 배분됩니다. 많은 여성들이 자기 남편을 시샘하며 살아가는데 그 이유가 뭔지 아십니까? 그가 너무나 행복한 결혼을 했기 때문이랍니다!
　"결혼을 하든 안 하든 그대는 후회할 거요!" 이것은 소크라테스가 한 말입니다. 아니면 베켄바워(독일의 축구선수 출신 감독 - 옮긴이)의 아내였던가요? 아무튼 대부분의 위대한 사상가들은 결혼에 대해 무척 회의적이었습니다. 차라리 어린 소년에게 사랑을 느꼈던 고대 그리스인들부터 "여편네에게 갈 때는 채찍을 챙겨라"라고 주문한 니체나 "행복은 아직 불행하지 않은 것일 뿐"이라고 말한 쇼펜하우어에 이르기까지 말입니다. "내게 친구가 없기는 하지만 그 대신 역겨운 인간들을 알 필요도 없어서 좋다"는 말은 또 얼마나 긍정적인 사고방식입니까? 위대한 사상가들의 구체적인 삶을 살펴보면, 왜 하필이면 이런 불만에 차고 신경질적이고 인간관계 능력이 떨어지는 고루한 인간들이 우리에게 좋은 삶의 비전을 제시하는 선각자라는 것인지 의문이 들 때가 한두 번이 아닙니다. 본보기로서 그들의 인격은 완전히 빵점인데 말입니다. 프로이트는 "인간의 행복은 창조계획에 들어있지 않았다"고 생각했습니다. 그는 마약중독으로 심신이 탈진한 상태에서 이런 글을 썼습니다. 쇼펜하우어는 야심에 찌든 사람이었고, 니체는 여성에게서 역겨운 전염병이 옮아서 평생을 고생해야 했습니다. '여성과 만날 때' 니체에게 필요한 것은 채찍이 아니라 콘돔이었던 거죠.

철학자들에게는 저널리스트들과 똑같은 문제가 있습니다. "인생은 대체로 괜찮은 편이다"라는 식으로 연단에서 발표해서는 꽃다발도 못 받고 교수직도 기대할 수 없습니다. 그래서 사상가들은 신문쟁이들과 마찬가지로 저널리즘의 다섯 가지 W 원칙을 준수합니다. "Wow(와우)!" "Wumm(쿵)!" "Wonderful(멋지다)!" "Why not(왜 안돼)?" "So What(그래서 뭐)?"

　철학자들이 사랑의 문제점에 대해서 아무리 요란을 떨어도 가수나 시인들은 끈질기게 노래합니다. 이 세상에 위대한 사랑은 존재하며 누구에게나 자신의 반쪽이 있다고 말입니다. 우리는 그를 발견하기만 하면 됩니다. 일단 눈을 마주치고 나면 행복은 더 이상 피할 수 없는 게 되죠. 하지만 60억 명의 사람들 중에서 그 '한 사람'을 어떻게 찾느냐가 문제입니다. 그것도 늦어도 80년 안에는 찾아야 합니다. 그래야 조금이라도 함께 뭔가를 해볼 수 있을 테니까요. 그렇다면 대부분의 사람들은 이런 어려움을 어떻게 해결할까요? 일단 현재 소유한 것을 고수합니다. 그리고는 남몰래 계속 찾아다닙니다. 행복전략으로 썩 괜찮다고 보기는 아무래도 힘들겠죠?

　이상적인 사랑의 커플로 흔히 로미오와 줄리엣을 꼽습니다. 온갖 역경에도 굴하지 않고 결국 사랑을 위해 죽음 속으로 뛰어드니까요. 하지만 이들이 너무 경솔했다고 모진 소리를 하는 사람들도 있습니다. 함께 할 방법을 충분히 진지하게 모색하지 않았다는 거죠. 트리스탄과 이졸데는 신호가 서로 어긋나버린 커플입니다. 두 사람은 서로를 너무나 그리워했지만 항상 어긋나기만 할 뿐 서로를 품에 안지 못하다가 죽음을 통해서 비로소 하나가 됩니다. 너무 속물적이라고 할지 모르겠지만 나 같으면 어떻게든 살고 보겠습니다.

　극적인 사랑은 아름답습니다. 하지만 이것은 삶이 오로지 사랑 그 자체인 사람들에게나 해당되는 말입니다. 평범한 사람들에게 그런 사랑은 너무 힘겨울 뿐입니다. 미안하지만 열렬한 사랑에 빠지는 것은 결코 행복한 일이 아닙니다. 너무 많은 사람들이 사랑에 빠진 감정을 사랑합니다. 그 도취와 흥분에서 상대방이 하는 역할은 미미한 수준에 그칩니다. 어떤 사람들은 아예 순전히 자기 자신과 사랑에 빠지기도 합니다. 하지만 그들이 다른 누가 아닌 그들 자신과 사랑에 빠진 것은 결과적으로 여러 사람을 행복하게 만듭니다. 부디 다른 사람 이야기라고만 생각하지 마시기를!

사랑에 빠진 사람의 뇌는 촬영을 해보면 강박증 환자의 뇌와 비슷합니다. 모든 생각이 비현실적으로 욕망의 대상에게 종속되어 있기 때문입니다. 가령 사랑에 빠진 사람은 이런 식으로 생각합니다. "저기 빨간색 차가 지나가네. 우리 자기도 빨간색 차를 타는데. 이렇게 빨간색 차가 내 앞을 지나가는 건 우리 자기가 방금 내 생각을 했다는 뜻이야!" 이런 사람은 병원에 가서 '할돌'(환각치료제 haloperidol의 약식 명칭 - 옮긴이) 5밀리그램을 처방받아야 제정신을 차릴 수 있습니다. 하지만 이런 일로 할돌을 복용하는 사람은 거의 없습니다. 이 증세는 그리 오래 가지 않고 시간만 조금 지나면 저절로 낫는다는 건 굳이 의사가 아니더라도 다 알기 때문입니다.

어떤 친구는 어느 날 갑자기 "너 같은 여자는 처음이야!"를 외치더니, 여자에게 완전히 빠져서 문자를 하루에 500통씩 보내곤 했습니다. 이것은 흡사 정자와 난자의 비례관계를 연상시키더군요. 하고 싶은 말은 단 한 마디, "널 사랑해, 너와 아이를 만들고 싶어" 뿐이지만, 혹시 첫 번째 전령이 제 임무를 다하지 못할까봐 확실히 하기 위해 여럿을 함께 보내는 것 말입니다. 실제로 두 사람은 곧바로 아이를 만들더니 함께 살고 있습니다. 이제 그 친구는 문자메시지 하나 보내는 데 며칠씩 걸린다고 합니다. 어쩌면 이동통신사들은 사람들이 사랑에 빠지는 시간의 흐름에 대해 심리학자들보다 훨씬 더 많은 것을 꿰고 있을지도 모르겠습니다.

저급한 매체 기사의 90%는 누가 누구와 사랑에 빠졌거나 헤어졌다는 이야기들로 채워집니다. 정말 끔찍할 정도로 진부하고 케케묵은 이야기들입니다. 도대체 그런 것들이 우리의 흥미를 끄는 이유가 무엇일까요? 왜 함께 잘 사는 사람들만 다루는 '피플 매거진'은 없는 걸까요? 왕창 깨지지 않고 낭만의 덫에서 빠져나오는 방법들만 실린 잡지는 왜 만들어지지 않을까요? 안정된 관계를 노래한 곡들만 참가를 허용하는 그랑프리 대회 같은 것도 열렸으면 좋겠습니다. '그대는 지금 어디에?' '예스터데이' '널 처음 보았을 때' 같은 노래들 말고 '너는 언제나 그 자리에…' '오늘 하루' '수천 번도 더 하는 말이지만 너를 사랑해 – 지금도 여전히!' 같은 노래들만 참가하는 경연대회 말입니다.

난 이런 게 정말 낭만적이라고 봅니다. 서로 좋아하면서도 제정신을 잃지 않는 사랑. 서로를 돕는 동지애적인 사랑. 이런 사랑은 시선에서 곧바로 나타납니다. 완전히 사랑에 빠진 사람처럼 오직 상대의 눈만 바라보는 것도 아니고, 그렇다고 주변을 두리번거리지도 않습니다. 두 사람의 눈은 함께 한곳을 바라봅니다. 둘의 시선이 평행하다면 더욱 좋습니다. 알다시피 평행선도

무한으로 뻗으면 결국 만나게 됩니다. 물론 무한까지 가기 전에 만나면 더 좋고요.

인생에서 매사를 함께 의논하고 협력할 수 있다는 건 정말 좋은 일입니다. 아무리 멍청한 말과 바보짓밖에 할 줄 모르는 남자도 일단 결혼을 하고 나면 최소한 누구한테 물어봐야 할지는 알게 되니까요.

그런데 친구 사이는 헤어지지 않고 계속 유지될 수 있습니다! 열정은 관계의 출발을 도와주는 데 효과가 괜찮습니다. 하지만 열정이 관계의 기반이어서는 안 됩니다. 4시간 동안 교통체증을 겪고 난 뒤에나 14시간이 넘게 일을 하고 난 뒤에도 계속해서 평정심을 유지할 수 있다면, 이는 내가 꿈꾸는 진정한 사랑에 상당히 가까운 상태라고 할 수 있습니다.

'마의 결혼 7년'과 '13일의 금요일'의 공통점이 무엇인지 아십니까? 많은 사람들이 이 마법의 숫자들을 두려워합니다. 하지만 통계와 우리 자신의 경험은 이것이 불필요한 두려움이란 사실을 증명해줍니다. 커플들은 결혼한 지 7년이 아니라 4년째일 때 더 많이 이혼합니다. 게다가 요즘은 다른 계산법이 적용되어야 합니다. 일주일에 한 번밖에 만나지 못하는 현대의 주말부부들은 함께 지낸 기간은 산술적으로 계산하면 49년이 지나야 겨우 마의 7년에 도달하니까요.

30년 동안 행복한 결혼생활을 이어온 어떤 부부에게 그 비법이 뭐냐고 물었더니 이렇게 대답하더군요. "우리는 꼬박꼬박 기념일을 지켜서 작은 의식을 행합니다. 예를 들어 우리는 둘이 처음 만났던 레스토랑을 정기적으로 찾아갑니다. 거기서 은은한 촛불과 피아노 선율 아래서 멋진 식사를 합니다 ⋯ 전 매주 화요일에 가고 남편은 매주 목요일에 가지요."

로비 윌리엄스는 한 인터뷰에서 그가 소유한 모든 돈과 여자들이 그를 힘들게 만든다고 털어놓았습니다. 그는 정말 괴로워 보였습니다. 하지만 그와 처지를 바꾸겠냐고 묻는다면 모든 남자들이 당장 그러겠다고 대답할 겁니다. 아마도…

다른 누군가가 되어

가끔 나는 그냥 다른 누군가가 되고 싶다
하루 동안 팝스타가 되어
무대 위를 짐승처럼 뒹굴며
여자들의 아우성을 받고 싶다
그런데 팬레터가 싫어지면 어쩌지?

가끔 나는 그냥 다른 누군가가 되고 싶다
하루 동안 우체부가 되어
한낮의 거리를 활보하며
집집마다 편지를 배달하고 싶다
그런데 집 지키는 개가 싫어지면 어쩌지?

가끔 나는 그냥 다른 누군가가 되고 싶다
하루 동안 개가 되어
담벼락에 오줌을 갈기며
내 집을 지키고 싶다.
그런데 여자가 싫어지면 어쩌지?

가끔 나는 그냥 다른 누군가가 되고 싶다
하루 동안 여자가 되어
화끈한 사랑을 나누고
아이를 갖고 싶다
그런데 남자가 싫어지면 어쩌지?

가끔 나는 그냥 다른 누군가가 되고 싶다
하루 동안 내 자신이 되어
다른 어느 누구도 아니고
온전히 지금 여기에 살고 싶다
하지만 내가 싫어지면 어쩌지?

언젠가 내가 유명한 여배우에게 완전히 반해서 끙끙대고 있으니까 내 단짝 친구는 이렇게 말하더군요. "그녀 곁에서 실제로 일주일만 지내보면 어떨 것 같아?" 그러자 나의 상사병은 씻은 듯이 나았습니다.

천사가 이렇게 말했습니다. "천사로 살아가는 것은 정말 쉬운 일이 아니야. 하지만 누군가는 이 일을 해야 해!"
여기에 천사 대신 당신의 이름을 집어넣어서 매일 한 번씩 일일달력을 넘기면서 큰 소리로 외쳐보세요. "누군가는 해야만 해! 내가 내 삶을 살아가지 않으면 누가 대신하겠어?"라고 말입니다.

연습 당신의 삶을 누구와 바꾸고 싶은지 한번 진지하게 생각해보십시오. 당신의 일상생활이 어떤 모습으로 전개될지, 어떤 즐거움과 어려움, 어떤 기대와 실망, 어떤 기회와 위험이 거기에 도사리고 있을지, 그런 삶이 어떤 의미가 있을지 등등을 구체적으로 하나씩 떠올려보세요. 나는 이 연습을 할 때마다 뭔지 모를 만족감 같은 것을 느낄 수 있었습니다.

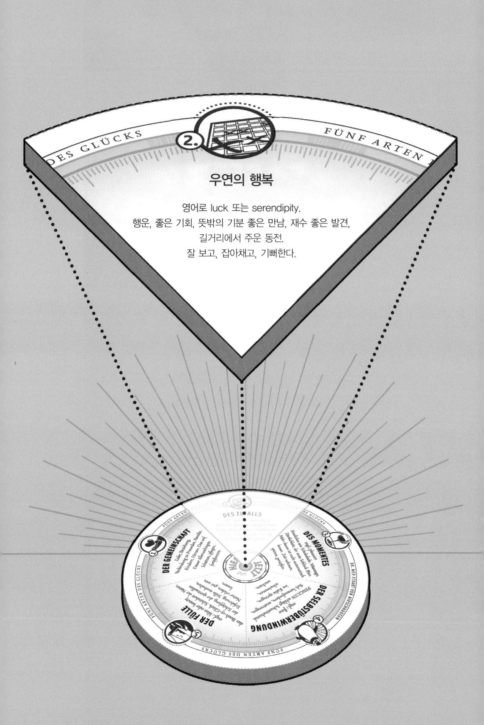

우연의 행복

영어로 luck 또는 serendipity.
행운, 좋은 기회, 뜻밖의 기분 좋은 만남, 재수 좋은 발견,
길거리에서 주운 동전.
잘 보고, 잡아채고, 기뻐한다.

2장

행복은 혼자 오지 않는다 –
우연과 함께 온다

(독일어 'Fliege'는 나비넥타이 또는 파리를 가리키는 말이기도 하다 – 옮긴이)

사진 한 장 속에 파리 세 마리.
글을 읽을 줄 아는 파리인가?
아니면 순전히 우연히 이 명찰에 내려앉은 것인가?

행운의 여신 포르투나의
기이한 헤어스타일

퀴즈의 답은 이미 정해져 있다.
누가 백만장자가 되냐고? 물론 귄터 야우흐*지!
하겐 레테르(Hagen Rether)

아는 사람들 중에 혹시 당신과 생일이 똑같은 사람이 있나요? 만약 있다면 정말 우연이로군요! 물론 이게 얼마나 큰 우연인지는 당신이 얼마나 많은 사람들을 알고 있는지에 달려 있습니다. 파티에 참석한 사람이 23명 이상만 되면 우연히 생일이 같은 두 사람이 나올 확률은 그렇지 않을 확률보다 높다고 합니다. 언뜻 생각하기에는 1년이 365일이니까 50% 이상의 확률로 생일이 똑같은 두 사람이 존재하기 위해서는 참석인원이 182.5명 이상이어야 할 것 같은데 말입니다. 이 문제를 좀 더 정확히 알고 싶은 사람은 수학선생님인 제 누이에게 물어보시기 바랍니다. 아무튼 대부분의 사람들 눈에 이 확률 계산은 별로 논리적이거나

귄터 야우흐(Günther Jauch)　함부르크 재벌 가문 출신의 유명 방송인으로 〈누가 백만장자가 될까?〉라는 퀴즈쇼를 진행한다

개연적으로 보이지는 않는군요. 비논리적이기는 우리의 뇌도 마찬가지입니다. 골치 아프면 그냥 파티나 즐기면 됩니다!

지난번 크루즈 여행 때 나는 아주 흥미로운 장면을 목격했습니다. 식당으로 사용되는 커다란 홀에서는 식사 때마다 라이브 음악이 연주되었습니다. 손님들 중 누군가 생일을 맞은 사람이 있으면 악사들은 그 곁에 둘러서서 멋진 축하곡을 연주하곤 했습니다. 그러면 주변 사람들도 모두 박수를 치며 함께 축하해주는 즐거운 장면이 연출되었죠. 나는 배에 있는 동안 이런 흐뭇한 광경을 자주 볼 수 있었습니다. 그런데 제가 특히 인상적이었던 부분은 따로 있었습니다. 악사들의 진지한 연주는 생일이란 행사가 아주 특별한 경우라는 감정을 사람들에게 심어주기에 충분했습니다. 하지만 배에는 365명이 훨씬 넘는 사람들이 타고 있었으니 식당에서 매일같이 울려 퍼졌을 누군가의 생일축하곡이 뭐가 그리 특별했겠습니까?

혹시 비둘기 배설물 세례를 받아본 적이 있습니까? 있다고요? 그렇다면 이제 심리치료사 특유의 감성적인 목소리로 당신에게 다시 묻겠습니다. 그때 기분이 어땠나요? 이럴 때 행복 코치라면 이렇게 말할 겁니다. "천만다행입니다! 그 순간 위를 쳐다보지 않아서요. 그랬다면 눈에 맞을 수도 있었잖아요!" 하지만 내가 당사자라면 이런 식의 자기위로는 전혀 도움이 안 될 겁니다. 그야말로 똥을 뒤집어쓴 기분일 테니까요. 그냥 비둘기 똥이 아니라 온 세상의 똥을 혼자 다 뒤집어쓴 것 같은 기분 말입니다. 어쩌면 비둘기와 세상이 내게 나쁜 의도를 품고 있었던 게 아닐까 의심하게 될지도 모릅니다. 비둘기나 세상은 어떤 의도를 가질 리 만무한데도 말이죠. 비둘기의 배설물도 그렇고, 그것이 우리 머리에 맞을 확률도 그렇고 모두 단순히 자연의 흐름에 따를 뿐입니다. 비둘기는 말 그대로 새대가리여서 의식적으로 배설을 조절할 능력이 없습니다. 그러므로 이 녀석의 배설물이 누구를 맞추었다면 그것은 순전히 우연일 뿐입니다. 그런 불상사를 피하고 싶다면 해가 쨍쨍한 날에도 우산을 펴들고 다니는 게 최고입니다. 혹시 베네치아의 산마르코 광장에 갈 일이 있다면 말이죠.

고대 로마인들은 우연을 행운의 여신 포르투나의 소관으로 돌렸습니다. 포르투나는 머리 뒷부분이 대머리처럼 밋밋한, 희한한 헤어스타일을 가지고 있습니다. 머리카락이 온통 앞쪽으로 뻗쳐있기 때문입니다. 우연을 표현하기에는 아주 안성맞춤이죠. 좋은 기회가 찾아오면 재빨리 붙잡아야지 그렇지 않으면 그냥 지나가고 만다는 걸 잘 보여주는 헤어스타일이니까요. 기회와 행운이 찾아왔을 때 미처 알아보지 못하고 그냥 지나쳐 가도록 놔둔다면, 우리는 결국 밋밋한 뒷머리나 만지고 있어야 합니다. 고대 로마인들은 포르투나의 헤어스타일에 따라 머리를 뒤에서 앞으로 빗질하면서 행운이란 바로 이런 모습이라는 걸 늘 가슴 깊이 새겼을 겁니다.

행운의 여신 이름은 영어와 프랑스어에서도 자주 쓰입니다. "To make a fortune"은 아주 많은 돈을 번다는 뜻인데, 좀 더 정확히 말하면 능력을 넘어서 행운이 필요할 정도로, 즉 분수에 맞지 않게 많은 돈을 번다는 의미로 쓰입니다. "La fortune"은 프랑스인들에게 운명이 베푸는 호의를 뜻합니다. 가령 파리의 지하철에서 요행히 자리에 앉게 되었을 때 이 말을 씁니다. 자리에 앉지 못한 파리 사람은 반대로 불행을 한탄하죠.

행복의 팁 – 우연을 다루는 방법

'우연'은 곧바로 행운이나 불운을 연상시킵니다. 룰렛게임에서 우리는 마치 우리의 생각이 구슬에게 영향을 줄 수 있는 것처럼 여깁니다. 그래서 구슬이 우리의 생각과 다른 '결정'을 내리면 크게 실망합니다. 이럴 때 그것이 순전히 우연에 불과하다는 사실은 우리에게 어느 정도 위안을 줍니다. 귄터 야우흐의 퀴즈쇼에서 누군가가 백만 유로를 획득했을 때 우리는 부러움에 차서 그것을 순전히 우연일 뿐이라고 말합니다. "저 사람은 그저 운이 좋았기 때문에 그렇게 쉬운 문제가 걸린 거야!" 하지만 단언컨대 우리는 〈누가 백만장자가 될까?〉에 참가하더라도 1회전에서 벌써 운이 없게 대답하기 힘든 질문을 받을 게 틀림없습니다. 우연히도 우리에게는 어려운 질문만 쏟아질 테니까요. 룰렛게임에서 이기는 사람은 이미 정해져 있습니다. 바로 은행입니다. 다른 사람들의 '부당한 행운'이 부럽고 샘난다면 다시 한 번 상황을 들여다볼 필요가 있습니다. 실제로 그런 행운이 어떻게 가능했을지 말입니다.

전망이 좋은 멋진 집으로 이사를 가는 지인에게 "어떻게 그렇게 좋은 집을 구했느냐?"고 물었더니 "순전히 우연"이라는 대답이 돌아오더군요. 하지만 과연 그럴까요? 혹시 그 사람은 바로

그런 집을 찾기 위해 열심히 돌아다닌 게 아닐까요? 그것만이
아닙니다. 그 사람은 지난 6개월 동안 사람들을 만날 때마다 집
구하는 문제를 이야기했습니다. 이렇게 해서 뭔가 좋은 정보를
들을 수 있었다면 그것은 순전히 우연만은 아닙니다.

우리는 포르투나의 노고를 덜어줄 수 있습니다. 어릴 때 우리는
별똥별이 떨어지는 것을 보면 소망을 빌고, 절대로 무슨 소망을
빌었는지 발설하지 말라고 배웠습니다. 남에게 말하면 소망이 이
루어지지 않기 때문이라고 하면서요. 하지만 이것은 완전히 잘못
된 가르침입니다. 남들이 조금이라도 기여해줄 수 있는 소망이라
면 모든 사람들에게 그것을 말하는 것이 최선입니다. 이것은 산타
클로스나 파트너와 대화를 나눌 때도 마찬가지입니다. 별똥별이
떨어지는 걸 보고 싶다면 먼저 하늘을 쳐다보아야 합니다. 맑게
갠 밤하늘에 계절도 여름이라면 더욱 좋습니다!

우연이 하늘에서 별똥별처럼 쏟아지는 것이라 하더라도 그것
이 바로 내 곁에 떨어진다는 보장은 아무 곳에도 없습니다. 혹시
그것이 나의 행복 네트워크 안에 떨어진다면 순전히 우연일 것
입니다. 하지만 이것은 파리가 어디로 날아올지 모르면서도 거
미들이 열심히 거미줄을 치는 것과 똑같습니다. 더 많은 관계의
그물과 연결점들을 만들어 놓을수록 우리가 소망하는 것을 얻을
확률도 그만큼 더 높아집니다.

아무도 행운을 강요할 수는 없습니다. 하지만 우리 자신을 어
려운 처지로 몰아갈 필요도 없습니다. 파트너를 구하고 싶다고
모든 파티를 다 순회하고 다닐 필요는 없습니다. 하지만 가끔씩

집밖으로 나서는 것은 분명히 도움이 됩니다. 여호와의 증인이 되어 복음을 전파하고 다니지만 않는다면 말이죠.

모세는 하느님과 세상 그리고 자기 운명을 원망하였다. 그는 광야로 나가 기도를 올리며 하느님께 불평하였다.

"주여, 당신은 제게 왜 이토록 잔인하시나이까? 저는 당신께 언제나 충성스러운 종이었나이다. 그런데도 당신은 제게서 모든 것을 거두어가십니다. 당신이 정말로 계시다면 제게 당신의 선함을 드러내소서. 저를 로또에 당첨되게 하소서!"

아무 응답이 없다. 다음 날 모세는 다시 기도를 올렸다.

"주여, 제게 기회를 주소서. 단 한 번만 로또에 당첨되게 하소서."

아무 응답이 없다. 그는 계속 기도를 올렸다. 일주일, 한 달, 일 년. 일 년 뒤에 모세는 다시 불평하기 시작했다.

"주여, 제발 제게 기회를 주소서. 로또에 한 번만 당첨되게 하소서."

그러자 기적이 일어났다. 그의 머리 위로 하늘이 열리면서 거룩한 음성이 들려왔다.

"모세야, 나는 네 불평을 일 년 동안이나 들어야 했다. 제발 부탁이니 이제 네가 나에게 기회를 다오. 어서 가서 그 빌어먹을 복권 좀 사거라!"

알코올중독 예방 퀴즈에서 1등을 먹고 나서 야외로 나가 시원한 맥주를 들이켰을 때

베를린 후겐두벨 서점에서 백만한 번째 고객이 되었지만 (백만 번째 고객은 아우디 자동차와 1만 유로짜리 상품권을 받았다) 여전히 내가 건강할 때

남편이 몸살이 나도록 나를 덮쳤을 때

새벽 다섯 시 반에 오리온 별자리를 보다가 내 강아지도 별을 보고 있는 것을 알았을 때

우회전용도로
파울 클레의 작품 제목,
1879–1940, 화가

전에 나는 종종 마음을 정하지 못했는데
지금은 더 이상 아무런 자신도 없다.

프렌치호른을 배워라

삶은 항상 앞으로만 진행되지만
삶에 대한 이해는 반대방향으로만 가능하다.
쇠렌 키르케고르(Søren Kierkegaard)

내 할아버지는 유머가 풍부한 분이셨습니다. 현대과학은 유머가 어떤 유전자를 통해 전달되는지 여전히 잘 모릅니다. 하지만 할아버지의 유머가 적어도 구전의 방식으로 내게 '유전'된 것은 분명합니다.

할아버지는 집안의 어른으로서 가족들의 존경을 받던 분이셨습니다. 삼촌이 고등학교 졸업시험을 치른 직후에 앞으로 살아갈 인생의 방향에 대한 조언을 얻기 위해 할아버지를 찾아왔었습니다. 삼촌은 할아버지에게 자신의 성향과 선택가능성들에 대해서 장황하게 늘어놓았습니다.

"한편으로는 친가의 전통에 따라 삼림학을 공부하고 싶지만 또 한편으로는 예술분야도 끌립니다. 그래서 음악을 공부해볼까 싶기도 한데……"

참을성 있게 듣고 있던 할아버지는 눈을 찡긋하면서 간단히 이렇게 대답했습니다.

"그럼 프렌치호른을 배워!"(프렌치호른은 독일어로 'Waldhorn' 직역하면 '숲나팔'이 된다-옮긴이)

처음에 삼촌은 자신이 열심히 설명하고 있는 문제를 그렇게 간단히 농담으로 끝내버리는 할아버지의 태도에 뺨이라도 한 대 맞은 듯이 모욕감을 느꼈습니다. 프렌치호른이라니요! 하지만 천천히 다시 생각하자, 할아버지의 짧막한 말에 다음과 같은 네 가지 메시지가 담겨 있음을 알 수 있었습니다.

1. 너무 장황하게 말하지 마라. 2. 너무 심각해지지 마라. 3. 네 결정을 남이 내릴 수 없다. 4. 결정을 양자택일 문제로 축소 시키면 중요한 가능성을 간과하기 쉽다. 그러니 두 가지 가능성 을 결합시키는 제3의 길이 없는지 살펴보라.

우리의 이성은 수학처럼 명확한 결정을 원합니다. 딱부러지 게 논리적이고 일관된 것으로 말이죠. 하지만 대부분의 인생사 는 그렇게 명확하고 논리적이고 일관되지 않습니다. 양자택일 을 시도하다가 결국 모든 것이 양자택일의 방식으로 결정되어버 리기 쉽습니다. 절망하거나 아니면 웃어버리거나! 동양인들은 이런 경우 이것도 아니고 저것도 아닌 무(無)의 길을 제시해왔습 니다.

동양의 선승(禪僧)들은 논리로 풀 수 없는 문제를 만나면 새로 운 차원의 해법을 모색합니다. 모순에서 벗어날 때까지 생각을 막다른 골목으로 몰고 갑니다. 한 손으로 어떻게 박수를 칠 수 있을까요? 우리는 이 문제로 골치를 썩일 수도 있지만 한 손으로 이마를 쳐서 간단히 소리를 낼 수도 있습니다.

결정을 내리지 못하는 상황은 분명히 우리를 불행하게 만듭니다. 우리는 포기하지 말고 문제를 좀 더 바람직한 방향으로 이끌어가야 합니다.

가령 이런 식으로 말하는 건 어떨까요?

"나는 지금 당장 결정을 내리고 싶지 않아." "내게 아직 여러 가지 가능성이 있어서 기뻐. 그 중 어느 것으로 결정되든 상관없어." "난 모든 가능성들을 다 내다볼 수가 없어. 하지만 우연에 의한 결정이라도 아무 결정도 내리지 않는 것보다는 나아!"

때로는 뒤쪽의 그림이 제시하는 것처럼 그냥 간단히 자신과 가위바위보를 해서 결정할 수도 있습니다.

이렇든 저렇든 두 의자 사이에는 오래도록 편안히 앉아있을 수가 없습니다. 둘 사이에 널빤지라도 올려놓으면 모를까요? 언제나 제3의 가능성이 있기 마련입니다. 하지만 이도저도 아닌 방법이어서는 안 됩니다. 우리는 주어진 선택의 기회를 최대한 활용할 필요가 있습니다. 이 세계의 모순을 통찰하게 해주는 단어가 우리 독일어에 있다면 우리도 쉽게 다른 선택을 할 수 있을지도 모릅니다. 그런 의미에서 도가의 '무(無)'에 상응하는 독일 작센 방언인 'Nu'(누, 찰나의 순간을 뜻하는 단어 – 옮긴이)를 추천합니다.

한 마디 덧붙이자면 내 할아버지는 대학에서 정치학을 공부한 평화문제 연구자로서 냉전을 종식시키는 일에 기여하셨습니다. 독일은 초강대국들이 퍼싱미사일이냐 대륙간탄도미사일이냐, 선제공격이냐 방어냐의 양자택일적 냉전 상황에서 벗어나게 된 덕을 톡톡히 보았습니다. 우리가 동독, 서독 중 하나를 선택하지 않을 수 있게 된 건 정말 행복해질 수 있는 괜찮은 해법이지 않습니까?

결정 도우미

자신과 가위바위보

우연에 의한 결정은 나쁘지 않습니다. 당신의 오른손을 왼손과 겨루게 하세요. 속임수를 쓰면 안 됩니다!

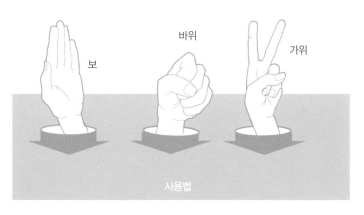

바위

보

가위

사용법

 바위는 가위를 망가뜨린다
= 바위 승리

 가위는 보자기를 자른다
= 가위 승리

 보자기는 바위를 감싸버린다
= 보 승리

왼손이 이기면 "찬성"
오른손이 이기면 "반대"
무승부면 "난 결정을 내리고 싶지 않아"

시장은 철저히
수요와 공급의 법칙을 따를 뿐이다.

국민질병 '과다증'

이 기계는 당신의 일을 반으로 줄여줍니다.
– 그렇다면 두 대를 구입하겠소.

　독일 경제의 침체에 대한 죄책감으로 불행해지는 사람들이
점점 많아지고 있습니다. 얼마 전에 한 여성이 이렇게 말하더군
요. "박사님, 이제 저축하지 말고 뭔가를 사는 게 더 좋겠어요.
안 그래요?"

　이건 예외적인 경우가 아닙니다. 진단은 심인성 쇼핑 강박, 냉
장고 채우기 노이로제, 구매 신경쇠약 등으로 내려질 수 있겠습
니다. 아니면 간단히 '과다증'이라고 부를 수도 있죠. 과다증 환
자의 전형적인 증상은 돈은 쓰고 싶은데 선택의 가짓수가 너무
많아 행동이 마비되는 것입니다. 이런 선택의 고통은 우울증이
나 소비 포기로 이어집니다.

　원인은 뇌에 있습니다. 우리의 단기 기억력은 일곱 가지 이상
을 기억하지 못하기 때문입니다. 믿기 어렵다면 직접 시험해보
시기 바랍니다. 다음의 숫자들을 크게 소리 내어 읽은 다음 눈을

감고 다시 외워보세요. 64521. 쉽게 되지요? 그렇다면 이제 이 숫자들로 해보세요. 473827921689. 어떤가요? 잘 안 되죠? 그 것은 당신 탓이 아니라 우리 뇌의 능력 탓입니다. 일곱 자리를 넘어서는 숫자는 잘 기억을 못 하거든요. 그 덕에 누구는 많은 돈을 법니다. 바로 '11833' 입니다! (11833은 독일텔레콤의 전화번호 안내서비스다 - 옮긴이)

침팬지의 뇌는 작업 기억이 저장되는 저장고가 다섯 개가 있고, 우리 인간에게는 일곱 개가 있습니다. 그것도 훈련을 해야 일곱 개를 쓸 수 있죠. 이걸 봤을 때 인간의 진화는 침팬지보다 그다지 멀리 나간 것 같지도 않습니다. 민망하게도 몇몇 기억력 테스트에서 우리 인간 대학생들은 침팬지보다 낮은 점수를 받기도 한다는군요. 교토대학에서는 침팬지들에게 숫자를 가르친 다음 그것을 얼마나 잘 기억하는지를 관찰하는 실험을 실시하였는데, 이 과정에서 그런 결과가 나왔다고 합니다. 실험에서 피실험자들은 모니터에 1에서 9까지가 아무렇게나 배열된 수열이 잠시 나타났다 사라진 뒤에 터치스크린을 이용하여 숫자들의 정확한 순서를 기억해내야 합니다. 이때 어린 침팬지들은 어른 침팬지들은 물론이고 대학생들보다도 훨씬 우수한 기억력을 보였습니다. 게다가 반응 시간도 인간 피실험자들보다 더 빨랐습니다.

우리 같으면 메모리 용량이 딸리는 컴퓨터는 창고 선반에 처박아 둡니다. 우리가 슈퍼마켓 진열대 앞에 그렇게 오래 머무는 것도 다 단기기억 용량이 모자라기 때문입니다. 원래는 딸기잼을 사려고 했는데 하필 진열대에 일곱 가지가 넘는 딸기잼들이 있었던 거죠. 이런 과중한 요구 속에서도 우리는 물론 최선의 결정을 내리려고 노력합니다. '이 상표는 아는 건데, 저게 더 나을까? 이건 딸기만 있고, 저건 딸기와 망고가 섞인 잼이군. 이건 유효기간이 두 달이고, 저건 여덟 달이나 남았잖아! 그런데 많이 남은 게 좋은 거야, 나쁜 거야? 방부제를 쓰면 잼은 더 오래 가지만 나는 방부제 없는 걸 먹어야 더 오래 가지 않을까? 그런데 유기농 코너에 서성대는 사람들은 왜 저렇게 보존상태가 나빠 보이지? 하지만 이런 잡생각은 그만 두고 빨리 잼을 골라야 해. 결국 중요한 건 가격이야. 그런데 50그램 더 많은 게 12센트 더 비싸면 싼 거야, 비싼 거야? 모르겠다, 그냥 눈대중으로 사자. 싸다고 무턱대고 큰 걸 골랐다가 반만 먹고 버리면 결국 작고 비싼 것을 사는 것보다 더 손해야. 그런데 잠깐, 이건 잼이 아니라 과일젤리잖아. 그렇다면 문제가 달라지지…' 그래서 결국 어떤 것을 사게 될까요? 바로 누텔라입니다! (Nutella, 너트초콜릿 크림 상표로 이탈리아 남자들은 엄마 다음으로 누텔라를 좋아한다는 농담도 있다-옮긴이)

소비를 연구하는 학자들은 다음과 같은 사실을 발견하였습니다. 원하는 카테고리의 상품이 10개 이상 진열대에 있으면 우리 중 40%는 물건을 사지 않고 그냥 집으로 갑니다. 원하는 물건을 사지 못했으니까 당연히 기분도 최악이죠. 이게 바로 과다증입니다.

슈퍼마켓 개점시간이 길어진다고 달라지는 건 없습니다. 오히려 반대입니다. 저녁 10시까지 시간이 생기면 진열대 앞에 머무는 시간이 두 시간 늘어나고, 더 맥이 빠져서 집으로 돌아가게 됩니다.

나는 이렇게 조언하고 싶습니다. 경기를 활성화시키고 싶다면 상점들 문을 닫게 해야 합니다. 한 시간에 5분만 열고 다시 한 시간 동안 닫는 겁니다. 그러면 구매 결정도 날아갈 듯 빠르게 내려질 겁니다. 물론 많은 사람들은 의도적으로 모든 슈퍼마켓들의 문이 닫히는 때를 기다리겠지요. 그러면 양심에 거리낌 없이 주유소 매점이나 24시간 편의점으로 갈 수 있을 테니까요. 선택의 여지가 없으니까! 우리는 가격이 비싸다고 투덜거리며 물건들을 집어 들고는 만족스럽게 집으로 갈 겁니다.

그래서 요즘 기업들은 일자리만이 아니라 상품의 가짓수도 줄이고 있습니다. 오늘날 자동차 브랜드는 10년 전에 비해 절반밖에 되지 않습니다. 10년 뒤에는 어쩌면 모두가 하나로 통합되어 단 한 개의 거대 자동차제조사에서 만드는 두 가지 모델만이 남게 될지도 모릅니다. 자동차를 사려면 7년 전 예약은 기본이고요. 이것이 자본주의의 승리일까요? 다행히도 독점 기업이 생겨나지 않도록 감시하는 독점금지국이라는 관청이 나라마다 있습니다. 하지만 독점을 막겠다고 말하는 독점금지국은 왜 하나뿐일까요?

시장이 자유로워지면 소비자들도 더 좋아질까요? 80년대에 내 어머니에게 이동식 전화란 벽에 고정된 전화기에서 전화를 하는 게 아니라 긴 전화선을 통해 부엌에도 가고 문을 닫고도 전화할 수 있는 것을 의미했습니다. 이것은 당시로서는 엄청난 발

전이었습니다. 오늘날엔 이동식 전화를 할 때마다 석연찮은 느
낌을 받아야 합니다. 이 지역에, 이 통신망에, 이 시간대면 분명
히 누군가 좀 더 싼 값에 전화 서비스를 제공할 것이기 때문입니
다. 매번 검색을 하면 분명히 50센트를 더 절약할 방법이 있습
니다. 그 때문에 인생의 소중한 시간 30분이 영영 날아가 버리
지만 말입니다. 나 같으면 차라리 매일같이 30분 동안 산책을
하면서 길에서 50센트짜리 동전을 줍겠습니다. 웬 돈이냐고요?
제가 어제 길에다 던져놓았는데 모두들 값싼 요금의 휴대폰으로
전화를 하느라 못보고 지나쳐버리더군요!

　휴대폰과 딸기잼은 그다지 좋은 예가 아닙니다. 이런 것들은
사실 별거 아니니까요. 하지만 샴푸는 다릅니다. 샴푸는 우리의
삶에 정말 중요합니다. 샴푸는 머리를 위한 일종의 심리치료라
고 할 수 있습니다. 상태에 따라 각기 다른 샴푸를 써야 합니다.
단순히 청결을 유지하기 위해서 쓰기도 하지만 뭔가 무뎌진 느
낌이 들거나 속이 갈라진 것 같으면 손상 방지용 샴푸를 써야 좋
습니다. 그런데 이런 건 보험이 안 될까요?

　아무튼 나는 몇 년이 넘도록 이것저것을 시험해본 끝에 드디
어 내게 맞는 샴푸를 찾을 수 있었습니다. 그것은 나와 내 두피
에 잘 맞았습니다. 그리고 – 이것이 정말 중요한 건데 – 욕실에
있는 작은 선반에도 잘 맞았습니다. 내 샴푸와 나, 우리 둘은 서
로 아주 행복했습니다. 얼마 뒤 나는 다시 샴푸를 사러 갔습니
다. 그때의 일을 떠올리면 지금도 속이 상합니다. 이 멍청한 마
케팅 담당자들이 같은 가격에 내용물을 20%나 더 넣은 것입니

행복 레시피

하루 종일 아무런 맛난 것도 얻어먹지 못한 당신을 위한 요리법

행복의 조언을 기대하는 사람들을 위해서 남은 하루를 알차게 보낼 몇 가지 팁을 곁들입니다. 듣지 않으려는 사람들에게도 주면 좋습니다. 포장을 잘 하면 더욱 효과적입니다. 하나씩 잘라서 행복의 과자에 넣고 사람들이 그것을 보고 즐거워하는 모습을 즐기세요.

재료
밀가루 150g, 소금 1 작은 술, 가루 아몬드 50g, 설탕 250g, 달걀 흰자 3개, 버터 100g, 아몬드 기름 3방울

만드는 법

① 왼쪽 행복의 팁을 가위로 자른다.
② 오븐을 175도로 예열한 뒤 모든 재료를 넣고 반죽한다.
③ 빵틀 위에 유산지를 깔고 반죽을 한 숟가락씩 떠서 동그랗게 잘 편다.
④ 유산지 위의 반죽들은 10센티미터 정도 간격을 둔다.
⑤ 반죽을 10분에서 15분 정도 구워 과자를 만든다.

그 다음 과정은 신속하게 이루어져야 한다.

⑥ 과자가 식기 전에 행복의 팁 쪽지를 넣고 과자를 반으로 접는다.
⑦ 과자를 유리컵 가장자리에 걸쳐놓고 양쪽 끝을 아래로 내려 누르면 행복의 과자 특유의 모양이 완성된다.
⑧ 과자를 식힌 다음 두쪽으로 깨뜨려서 먹는다.

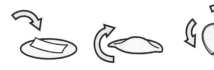

행복의 팁

가위로 잘라서 과자에 넣으시오. 당신이 직접 문구를 생각해내도 좋습니다.
당신이 생각해낸 문구를 다음의 주소로 보내면 더욱 좋습니다. spruch@glueck-kommt-selten-allein.de

---

행복해지고 싶다면 뒤로 빼지 마라.

네게 아쉬울 것 없는 지폐 한 장을 길바닥에 내던져라.
그것을 발견한 사람은 하루 종일 흐뭇하다. 돈은 사라
진 게 아니라 다른 곳으로 옮겨갔을 뿐이다.

사람은 누구나 영리하다. 다만 누구는 사전에 그렇고, 누구는 사후에 그렇게 된다.

이상주의는 사람들이 현실과 어긋날 때
그들의 가능성을 본다.

파자열과 주의사항에 대해서
는 설명서를 참조하고 이상
시 의사에게 문의하십시오.

뒤를 보시오.

단단한 껍질,
연한 속살

접는 선 　　　 접는 선 　　　 접는 선 　　　 접는 선

큰 소리로 노래하라,

하루도 빠짐없이!

주의: 행복도 지나치면
짜증난다.

다이어트 책들은 모두 던져버
려라! 살아있는 동안 살이 찌는
건 정상이다. 우리는 누구나 한
때 3킬로였다!

노트북과 서버와 휴대폰에 있
는 당신의 데이터들을 백업하
라 - 지금 당장!

우회로는 그 지역을 더
잘 알게 해준다.

대장내시경 검사를 받아라.

삶을 즐겨라.
네 마지막
삶일지도 모른다.

술은 심근경색을 막아준다.
하지만 간이 할 일도 늘어난다는 걸
잊지 마라!

웃음이 제일 좋은 보약이다! 아이들은 하루에 400번 웃
고, 어른들은 20번 웃고, 죽은 자는 한 번도 웃지 않는다.

 이곳을 접으시오

행복은
양면적이다

수준 높은 불평도 불평일 뿐이다.

불도저도 누가 모느냐에 따라 길이 안 생길 수도 있다.
- 토마스 브뤼어

무질서는 무언가 새로운 것을 발견할 수 있는 기회일 뿐만 아니라 이미 존재하는 것을 다시 찾는 기회이기도 하다.

치실을
사용하라.

행복 충만!

행복은 언제나
양면적이다.

패션잡지를 읽지 마라. 읽고 나
면 네 자신이 못생겨 보일 뿐
이다. 사람들이 참된 모습을 보
고 싶다면 사우나에 가라.

자신이 충분히 가졌음을 아는 사람이
부자다.

목욕할 때 반지 같은 작고 값비싼 물건을 수챗구멍이
있는 욕조 가장자리에 올려놓지 말라!

네 적들을 용서하라. 그들은 몹시 불쾌해할 것이다.

일반화는 모두 다 거짓이다.

접는 선   접는 선   접는 선   접는 선

미래를 생각하니 **우울해졌다.** 그래서 난 생각을 집어치
우고 **오렌지 잼**을 만들러 갔다. 오렌지를 자르고 방바닥
을 박박 닦았더니 놀랍게도 *기분이 금세 좋아졌다.*

D. H. 로렌스

*길거리에서 파는
가전제품을 사지 마라!*

희한하게도 사람들은 자신의 행동이 영원히 남는
다는 걸 너무 쉽게 망각한다.

이곳을 접으시오

칭찬은 기억하고 기분 나쁜 말은 잊어버려라!
이게 잘 되면 내게 부디 그 비법을 알려 달라.

웃음으로 생긴 눈가의
주름을 자랑스러워하라.

웃어라, 그러면 온 세상이 너
와 더불어 웃으리라! 코를 골
아라, 그러면 너는 홀로 잠들
게 되리라!

자기 생각을 바꾸는 일은 종종
그것에 충실하기보다 더 큰 용
기를 요구한다.

어두운 장소에서 선글라스를 착용
하고 있거나 오후 여섯 시 이후에
흰색 신발을 신고 있는 남자들을
조심하라.

우리는 남들의 실수는 검사처럼 판단하
고 자기 실수는 변호사처럼 판단한다.

삶을 어렵게 받아들이기는
쉽지만 쉽게 받아
어렵다. 들이기는

오렌지잼 만들기 레시피에 관심 있는 사람은 그 다음의 즐거움이 어떤 것일지 궁금할 터

인간은 자신이 행복한 줄 모르기에 불행하다. 그게 전부다.
그 사실을 깨닫는 순간 곧바로 행복해진다. (도스토예프
스키의 《악령》에서)

행복은
양면적이다.

다! 무슨 일인지 아시겠죠? 샴푸 용기가 욕실 선반에 들어가지를 않는 겁니다. 나는 완전히 낙담하여 슈퍼로 가서 판매원에게 애걸했습니다. 내 선반 크기에 맞는 샴푸는 없나요?

연습

때를 놓치는 법을 배워보시기 바랍니다. 나는 정기적으로 베를린에서 발간되는 TV가이드 잡지〈Tipp〉과〈Zitty〉를 삽니다. 그리고는 2주일 동안 구석에 처박아 두었다가 뒤늦게 펼쳐보면서 내가 얼마나 많은 프로그램들을 놓쳤는지 확인하며 놀라곤 합니다. 그리고는 다시 새 잡지를 삽니다. 하지만 내가 아직 태어나기 전에 이 행성에서 놓쳐버린 시간과 내가 죽은 이후에 놓쳐버리게 될 모든 것들에 비하면 내가 지난주에 놓쳐버린 것들은 새 발의 피도 안 됩니다. 그래서 난 언제나 잡지 두 권을 삽니다!

자가진단

나는 만족의 극대화를 추구하는 완벽주의자입니다. 아래의 내 사례들은 당신과 얼마나 비슷한가요?

1. TV를 볼 때 나는 보고 싶은 방송이 있는데도 자주 채널을 돌립니다. 다른 채널에서 더 나은 프로그램을 방영할 수도 있으니까요.
2. 나는 순위 매기기를 좋아합니다. 최고의 영화, 최고의 배우, 최고의 인물 등등. 두 번째나 차선책으로는 결코 만족하지 못합니다.
3. 편지나 이메일을 쓸 때 나는 적당한 표현을 찾지 못해 애를 먹곤 합니다. 간단한 말을 하는 데도 수도 없이 고쳐 써야 합니

다. 이렇게 해서 더 나은 결과를 얻을 때도 있지만 더 나빠지기
도 합니다.

4. 무슨 결정을 내릴 때마다 나는 가능한 모든 선택지들을 떠올
려보려 애씁니다. 그 순간에 쓸 수 없는 것까지 모두. (거짓말
이 아닙니다. 한번은 컴퓨터칩이 내장된 DVD레코더를 사기
위해서 몇 년 동안의 상품테스트 결과들을 모조리 뒤진 적도
있습니다. 이 같은 '연구'를 거쳐 비로소 사야할 물건을 결정
하고 나니 그 상품이 더 이상 시장에 없더군요!)

5. 관계는 옷과 같습니다. 최대한 많이 입어봐야 자신에게 맞는
걸 찾을 수 있다는 사실을 항상 명심해야 합니다. 다행히도 우
리 사회에는 이혼과 교환의 권리가 있습니다.

6. 스스로에 대한 요구가 아주 높습니다.

7. 늘 지금과 다른 삶을 꿈꿉니다.

당신과 너무 똑같은가요? 그러면 당신도 완벽주의자입니다. 지금
당장 당신의 병든 명예욕을 모두 동원하여 그런 태도를 극복하도
록 노력하십시오. 하지만 이게 전부는 아니니까 너무 일찍 다 끝
났다고 생각하면 안 됩니다. 당신은 지금 '완벽하게' 완벽주의에
서 벗어나려는 것이니까요. 안 그런가요?

1. 행복한 사람들은 먼 곳을 바라보는 일이 거의 없습니다. 그만
명한 시선을 거두세요. 당신에게 얼마나 부족함이 없는지 놀라
게 될 겁니다. 그보다는 당신 자신에게로 관심을 돌리세요.

2. 아무 결정도 못 내리는 것보다는 틀린 결정이라도 내리는 것이
더 나을 때가 많습니다. 차선책이 무대책보다 낫습니다. 물건
을 사는 데 쓰는 시간과 들르는 상점의 수를 줄이세요. 다들 별

차이가 없으면 진열대 왼쪽에서 세 번째 물건을 고르면 됩니다. 그래도 아무 문제없습니다. 그렇지 않다면 그 물건이 진열대에 오를 리도 없습니다. 시장을 믿으세요. 똑같은 양말을 여러 켤레 사세요. 시간도 덜 들고, 세탁한 뒤에 정리하기도 쉽고, 한 짝이 없어져도 문제될 것이 없습니다.

3. 파레토의 원칙에 따르면 나는 20%의 비용을 들여서 80%의 효용을 얻습니다. 하지만 반드시 100% 완벽한 편지를 쓰려고 한다면 비용이 급상승합니다. 경험에 의하면 메일을 보낸 사람은 상대로부터 반년 뒤에 맞춤법이 완벽한 답신을 받는 것보다 곧바로 응답이 오는 걸 훨씬 더 반깁니다. 빠르게 주는 것은 두 배의 선물입니다.

4. 나쁘지 않은 게 최선일 때도 많습니다. 결정의 긍정적 측면을 늘 살피세요. 아직 낳지도 않은 달걀을 놓고 쓸데없이 고민하느라 때를 놓치지 마세요. 고민도 당신의 선택입니다.

5. 무엇이 마음에 들면 당장 그것을 취하세요. 다른 어떤 것이나 어떤 사람이 당신을 행복하게 해줄지도 모른다는 기대를 버리세요.

6. 어떤 묘비에 이런 말이 적혀 있더군요. "그녀는 늘 규칙적으로 운동을 했지만 그것을 좋아하지는 않았다."
   자신에 대한 요구가 높아질 때면 항상 누구에게 잘 보이고 싶어서 그러는지를 생각하세요. 누구에게 무엇을 증명하려는 건가요? 또 그것을 누가 판단할 수 있단 말인가요?

7. 나는 지금 내 자리에 있고 싶습니다. 내 생각에 다른 모든 것들은 내게 너무 값비싼 대가를 요구했습니다.

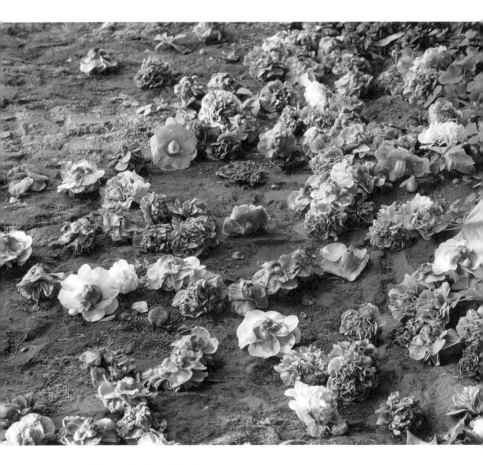

붉은 장미 비가 내린 날

아름다움에는
고통이 따르기 마련

성형외과 의사들이 자기 환자에게 하는 인사.
"몰라보게 좋아지셨군요!"

우리 마을은 더 아름다워져야 합니다. 우리 마을의 미녀들을
포함해서 말이죠. 독일에서 얼마나 많은 사람들이 수술로 자연
본래의 모습을 개조하는지는 2008년 여름에 발표된 지방흡입술
에 대한 새로운 연구결과가 잘 보여주고 있습니다. 이 연구는 다
름 아닌 식품농림부에서 진행된 것입니다. 그 사람들 버터광산
이라도 찾을 요량이었나 봅니다. 아무튼 그에 따르면 해마다 50
만 명 이상의 독일인들이 성형수술을 받는다고 하는데, 단순히
산술적으로만 따지면 앞으로 160년 안에 모든 독일인들이 미남
미녀가 될지도 모릅니다. 하지만 유전자 조작이 이뤄지지 않는
이상, 다시 처음부터 시작해야 할 겁니다. 이것만 봐도 이게 얼
마나 말도 안 되는 짓인지 알 수 있겠죠?

가슴에 손을 얹고 생각해볼까요? 한 번쯤 성형을 생각해보지
않은 사람이 누가 있겠습니까? 자신이 아니라면 자기 파트너에

게라도 말이죠.

하지만 조심하세요. 성형수술의 부작용 발생률은 무려 20%에나 이릅니다. 지방흡입술 수술을 하다가 심지어 사망하는 경우도 심심치 않게 있습니다. 독일에서는 지방흡입술은 굳이 전문의가 아니더라도 의사라면 누구나 공식적으로 시술이 허락되는 탓입니다. 마음만 먹으면 치과의사도 치과시술용 타액흡입기로 지방을 흡입하겠다고 나서고, 정형외과의사는 아예 진공청소기를 들이댈 판입니다.

성형에 열광하는 나이는 점점 더 어린 쪽으로 내려갑니다. 9살에서 14살 사이의 아이들 다섯 중 하나는 벌써 성형수술이나 문신, 피어싱 따위를 하고 싶어 합니다. 사랑하는 청소년 여러분! 피어싱 문제에 대해서 정말 한 마디만 하겠습니다. 인체에 뚫린 구멍들의 수는 지금 있는 걸로도 충분합니다. 18살이 되려면 아직 멀었으니 그때까지 천천히 인체의 구멍들이 하는 역할에 대해서 알아보세요. 병원에서 '멀티피어싱족'이 지나가는 걸본 적이 있습니다. 그때 마침 자기공명단층촬영장치가 작동을 시작하니까 이 고철 착용자들이 순식간에 전자석에 달라붙어서 꼼짝을 못 하더군요. 더 쿨한 건 따로 있습니다. 미국 여학생은 졸업시험을 끝마친 기념으로 가슴성형을 원한답니다. 필기시험 마치고 하나요? 구술시험 마치고 하나요? 그런데 필기시험만 합격하고 구술시험은 불합격하면 어쩌죠?

옛날 중국에는 여자들이 어릴 때 일부러 발을 부러뜨려서 자라지 못하게 했답니다. 내 속이 다 메스꺼울 지경이에요. 이게

다 그놈의 '뽀샵질' 때문입니다. 마우스 클릭 몇 번만 하면 모델들 다리가 몰라보게 늘씬해지니 말이에요. 요즘 다리 길이는 맨발로 서 있는 걸 보지 않고는 도무지 믿을 수가 없어요!

독일에서는 지난해에만 백만 건이 넘는 보톡스 시술이 행해졌습니다. 한 번에 약 300유로 정도 하는 보톡스 시장이 매년 두 자릿수 성장률을 보이고 있습니다. 아니, 두 자릿수 '마비율'이라고 해야 더 올바른 표현이 될까요? 미국에서는 보톡스의 여파로 이제 배우들을 외국에서 수입해야 할 지경입니다. 외국에는 아직 표정연기를 할 수 있는 배우들이 그나마 남아있으니까요. 얼굴이 잔뜩 팽팽해진 미국 배우들은 이제 분노를 표현하려면 콧구멍만 벌렁거리는 수밖에 다른 방도가 없습니다.

안면근육은 의사소통을 하는 데 쓰입니다. 그래서 보톡스를 맞으면 5살 정도 더 어려 보일지는 몰라도 아이큐가 30이상 떨어져 보이는 건 틀림없습니다. 그래도 많은 사람들은 그만한 가치가 있다고 말합니다. 하지만 그렇게 말하는 사람들도 밤에 절망에 빠져 병원응급실을 찾아야 할 때가 한두 번이 아닐 겁니다. 실수로 저녁 8시 이후에 데이크림을 바른 탓이죠.

그렇다면 아름다움은 과연 우리를 행복하게 만들까요? 매력적인 외모는 자연의 선물입니다. 인생에서 이런 선물을 받은 사람들은 일단 여러 가지로 이득을 봅니다. 일상생활에서, 학교에서, 직장에서, 심지어는 법원에서도 이런저런 호의를 얻을 수 있으니까요. 하지만 아름다움에는 추한 면도 있습니다. 아름다운 외모는 모든 육체적인 것들이 다 그렇듯이 일시적인 것에 불과

합니다. 미네소타대학의 엘렌 버샤이드(Ellen Berscheid)는 40대 말에서 50대초의 남녀 240명을 대상으로 한 실험을 통해서 아름다움의 소멸이 당사자들을 얼마나 괴롭히는지 잘 보여주었습니다. 그는 사람들에게 학창시절의 사진을 보여주고 자신의 매력을 평가해보도록 요구했습니다. 그러자 20대 때 뛰어난 미모를 지녔던 여자들은 볼품없는 외모를 지녔던 여자들보다 훨씬 더 불행해 했습니다. 그들은 자신의 삶과 결혼에 대한 만족도도 더 낮았고, 자존감도 더 떨어졌습니다. 게다가 남편이 바람을 피우는 비율도 젊은 시절 예뻤던 여자들이 더 높았습니다. 남자는 첫째 부인 덕에 성공을 얻고, 성공 덕에 둘째 부인을 얻는다는 옛말이 틀린 게 아닌가봅니다.

남편들의 미적 '해체'는 여자들에게 별 관심거리가 되지 않는 반면에 여성은 더 많이 외모로 평가됩니다. 그들 스스로도 그렇게 행동합니다. 그래서 육체적 매력의 상실은 여자들에게 더 큰 근심거리가 됩니다. 45세 미만의 여자들은 평균적으로 남자들보다 행복합니다. 하지만 나이가 더 많아지면 - 그래서 나무랄 데 없는 미모가 사라지면 - 인생이 즐겁지 않게 됩니다. 게다가 더 오래 삽니다. 하지만 이제 우리 남자들이 따라잡기 시작했습니다. 기대수명뿐만이 아니라 외모에 대한 걱정에서도 말입니다.

우리는 외모가 아름다운 사람이 성격도 더 좋으리라고 '맹목적으로' 단정할 때가 많습니다. 이런 근거 없는 호의는 자주 실망의 형태로 우리에게 복수를 가합니다. 아름답다고 더 선한 건 아니므로 아름다운 사람들은 대개 남들이 그들에게 거는 기대를 충족시키기가 더 힘듭니다. 따라서 아름다워지기를 원한다면 그에 따르는 고통을 감내해야 합니다. 이건 원래부터 아름다운 사람도 마찬가지입니다.

이렇게 보면 '독일의 차세대 톱모델들'은 독일의 차 – 차세대 우울증 환자입니다. 그러니 너무 부러워 마세요. 그들은 결국 더 심각한 미적 해체를 경험하게 될 것이고, 게다가 그들에 대한 다른 사람들의 감정이 차갑게 식는 것마저 지켜보아야할 게 뻔합니다. 오히려 그들의 잘못된 결정에 대해 동정심을 가지세요. 그리고 이제 거울을 들여다보며 우리의 모습이 지금과 같은 것에 감사하세요!

크리스티안 모르겐슈테른(Christian Morgenstern, 20세기 초의 독일 서정시인 – 옮긴이)도 노래하지 않았던가요, "사랑의 눈으로 보면 모든 것이 아름답다"라고. 코미디언 칼 달(Karl Dall)의 눈이 동그랗게 커지고, 장 폴 벨몽도나 바브라 스트라이전트의 코가 곧게 펴진다면 어떻겠습니까?

미용성형수술을 받은 환자 네 사람 중 한 명은 5년 안에 정신과 치료를 받습니다. 애당초 문제는 육체가 아니라 정신에 있었다는 이야기입니다. 대부분의 성형외과 의사들은 자기 환자의 정신적 장애를 제대로 인식할 능력이 없습니다. 잘못된 진단은 의사 자신에게도 위험할 수 있습니다. 미국에서는 매년 적지 않은 성형외과의사들이 정신적으로 불안정한 환자들에 의해 살해당하고 있습니다. 그들의 모습을 추하게 망쳐놓은 데 대한 복수로 말입니다.

솔직히 말하면 나도 그런 수술을 받았습니다. 어쩔 수가 없었어요. 나의 초콜릿 복근 때문에 몇 년이나 마음고생을 하다가 결국 없애버리기로 결정했지요. 옆구리와 복부 전면에 지방을 주입하는 꽤나 복잡하고 값비싼 수술을 몇 차례 받은 끝에 마침내 배를 좀 더 자연스럽게 보이게 만들었습니다. 여자들이 온통 내 몸만 탐내는 것이 정말 견딜 수가 없었거든요!

하지만 여자들이 남자들 배만 보는 건 아닙니다. 여자들은 손에도 아주 관심이 많습니다. 특히 손바닥에요! 그래서 나는 또 수술을 받았습니다. 'Face lifting(얼굴주름펴기)' 수술이 아니라 'Fate shifting(운명조작하기)' 수술이었죠. 손금 조작을 통해서 운명을 바꾸는 겁니다. 나는 생명선을 아주 길게 만들었습니다. 이제 내 생명선은 거의 손등까지 이어집니다. 이것은 아주 좋은 징조입니다. 성공선도 더 가파르게 위로 치솟게 하였습니다. 불길하게 교차하는 선들은 모두 레이저로 교정하였죠. 난 정말 힘든 상황이었는데 그때 이후로 아주 좋아졌습니다! 정말 권하고 싶은 수술입니다. 다른 수술들과는 차원이 다릅니다. 우주적 차원의 교정이니까요!

리프팅이요? 그런 짓은 난 절대로 안 합니다. 일단 손대기 시작하면 그걸로 끝입니다. 더 이상 멈출 수가 없거든요. 나는 셔츠에 다리미질도 안 합니다. 시작부터 막아야 합니다. 다섯 번 얼굴주름을 펴고 나면 더 이상 목을 뒤로 젖히지도 못하게 됩니다. 여섯 번째에는 벌써 온 몸에 여기저기 이상 징후들이 느껴질 겁니다!

지난 공연 때는 맨 앞줄에 앉은 여성 관객 한 사람이 통 웃지를 않는 거예요. 그래서 공연이 재미없었냐고 나중에 조용히 물어보았더니 이렇게 답하더군요. "천만에요. 리프팅 때문에 함부로 웃을 수가 없어서 그래요."

여자들은 정말 별별 수술을 다 받습니다. 입술을 좀 더 크고 관능적으로 만드는 수술도 있는데, 그게 어떻게 하는 수술인지 혹시 아시나요? 바로 엉덩이에서 지방을 뽑아내서 입술에 주입하는 겁니다. 그것도 모르고 남자들은 도톰한 입술이 좋다고들 난리들입니다. 자기들은 예쁜 입술에 키스한다고 생각하겠지만 사실은 그게 아닌 건데 말이죠.

자가진단

통계적으로 독일인 세 사람 중 한 명은 못 생긴 축에 듭니다. 다음에 여러 사람들과 어울릴 기회가 있으면 슬며시 좌우에 선 사람들을 살펴보세요. 만약 둘 다 괜찮게 생겼다면 … 부지런히 유머감각을 익히세요!

카르페 디엠. 하루해를 즐겨라!

햇살이 필요한 이유

낙관주의는 정보 부족의 결과다.

하이너 뮐러(Heiner Müller)

사람들은 누구나 날씨 얘기 하는 걸 좋아합니다. 지금 나처럼 말입니다. 우리가 항상 날씨에 관심을 갖는 이유는 뭘까요? 너무 뻔한 대답일지 모르지만 우리의 기분이 날씨 영향을 많이 받기 때문입니다. 잔뜩 찌푸린 날에는 우울한 생각에 쉽게 사로잡히고 날씨가 쾌청하면 기분도 절로 좋아집니다. 한 줄기 따스한 햇살이 그 어떤 새로운 인식보다도 우리를 행복하게 만들 수 있다는 사실은, 우리의 지성에는 약간 모욕이기도 합니다. 전해지는 말에 따르면 그리스의 철학자 디오게네스는 통 속에서 살며 무욕의 삶을 설교하였다고 합니다. 알렉산더 대왕이 이 철학자에 대한 말을 듣고 찾아가서 통 속을 들여다보며 소원을 말해보라고 하였더니 "햇볕을 가리지 말아주시오"라고 말했다는 일화는 너무나 유명합니다.

우리의 신경계는 인류가 요람에서 자라던 시절에 이미 행복에 민감하게 반응하도록 만들어졌습니다. 그런데 그때 우리가 살던 곳은 안타깝게도 북유럽이 아니라 오늘날 휴가 여행지로 각광받는 적도 부근입니다. 현대인이 탁 트인 하늘 아래서 보내는 시간은 깨어있는 시간의 5%가 채 안됩니다. 잠든 시간까지 포함하면 당연히 더 줄어듭니다. 우리는 지붕 아래 잠자리에서 잠을 깨고, 차고에 있는 지붕 달린 자동차를 타고, 지붕 아래의 일터로 출근합니다. 해를 볼 일은 잘 없습니다. 혹시 하늘이 머리 위로 무너져 내릴까봐 두려워서 그러는 걸까요? 아무튼 이렇게 지붕 아래서만 웅크리고 살아가는 탓에 우리의 삶은 답답하고 지루하기 짝이 없습니다. 그러면서도 어두컴컴할 때 집으로 가면서 자신의 기분이 왜 하루 종일 이렇게 우울한지 의아해합니다.

우리 뇌는 지금이 밤인지 낮인지를 알아야 합니다. 그래야 제 할 일을 제대로 할 수 있습니다. 밤에는 멜라토닌이 만들어져야 합니다. 그리고 날이 밝으면 이 수면호르몬이 억제되면서 하루의 활동이 시작됩니다. 우리 몸은 밤에는 휴식을 취하며 낮 동안에 입은 손실을 복구하고, 낮에는 다시 왕성하게 '활동' 합니다. 이때 내부의 시계가 우리의 기분과 리듬을 잘 조절하기 위해서는 밖으로부터 올바른 신호를 받아야 합니다.

현재의 위성사진을 30년 전 것과 비교해보면 우리가 겪는 '빛의 오염' 을 분명하게 확인할 수 있습니다. 그런데도 문제를 심각하게 받아들이는 사람은 별로 없습니다. 우리 행성은 밤이 되어도 제대로 어두워지지 않습니다. 물론 달 때문이 아닙니다. 괴테는 임종할 때 "빛을 더!"라고 말했다지만 요즘에는 밤에라도 빛을 좀 줄여야 합니다. 그렇지 않으면 항상 앞서 가는 내부 시계를 우리는 더 이상 따라갈 수가 없습니다.

미국의 심리학자 노버트 슈워즈(Nobert Schwarz)는 우리의 행복이 날씨에 얼마나 민감한지를 조사해보았습니다. 슈워즈의 연구팀은 전화로 사람들에게 삶에 대한 일반적인 만족도를 물은 뒤 그 결과를 기상도와 비교하였습니다. 그랬더니 날씨가 좋을 때 자기 삶에 만족한다는 대답이 훨씬 더 많은 반면에 흐린 날에는 삶 전반에 대한 평가 점수를 낮게 받았습니다. 이런 결과가 정말로 날씨와 관련이 있는지를 확인하기 위해 2차 조사에서는 먼저 날씨를 물은 뒤에 삶에 대한 만족도를 물었습니다. 이런 식으로 응답자들에게 날씨를 의식하게 만들자, 그들의 대답도 무의식적으로 날씨의 종속되지 않고 좀 더 '객관적'이 되었습니다.

어쩌면 이것은 우리가 전화할 때 일단 날씨부터 묻게 되는 좀 더 깊은 이유일지도 모릅니다. 대답을 어떤 식으로 해야 할지 알기 위해서, 그리고 전화 받는 사람이 기분이 안 좋은 것은 전화 때문이 아니라 밖에 비가 오기 때문이란 걸 미리 알게 하기 위해서 말이죠.

이 책도 아침에 지하철 안에서 읽기보다 휴양지에서 오후의 태양 아래서 읽는 게 훨씬 더 재미있을 겁니다. 당신이 이 책을 흥미롭게 느낄지, 아니면 그저 그렇게 여길지도 실제로는 내가 기여하는 몫은 별로 크지 않습니다. 물론 나는 최선을 다해서 글을 썼습니다. 하지만 당신이 어떤 기분으로 그것을 읽느냐에 따라 책에 대한 당신의 평가는 확연히 달라질 수 있습니다. 그러니 책이 재미있고 없고는 당신에게 달린 문제입니다. 지하철에서 당신 옆자리에 고약한 냄새를 풍기는 사람이 앉아있다면 나로서는 도저히 손써 볼 도리가 없습니다. 코는 이성보다 훨씬 더 직접적으로 우리의 감정중추와 연결되어 있습니다. 냄새는 우리가 의식하지 못할 때도 직통으로 감정중추로 전달됩니다. 세계는 있는 그대로 존재하는 게 아니라 우리가 받아들이는 대로 존재합니다. 고약한 냄새 때문에 무의식중에 역겨운 감정을 느끼더라도 우리는 그것을 그 순간에 우리가 하고 있는 일이나 관계하는 대상에 잘못 연결시키기 쉽습니다. 그러니 당신의 대뇌가 이런 사실을 알아차리고 제대로 주의를 기울인다면 당신은 얼른 다른 자리로 가서 책을 마저 읽을 것입니다.

마음의 기상상태는 우리가 거의 계산에 넣지 못하는 수많은 요인들에 영향을 받습니다. 어쩌면 지금 당신은 해변의 따스한 햇살 아래 느긋하게 누워서 선선한 미풍을 맞으며 이 책을 읽고 있을지도 모릅니다. 만약 그렇다면 이 책의 용도를 잠시 바꾸어 보아도 좋을 것입니다. 이 책은 기꺼이 당신 얼굴에 편안한 그늘을 선사하여 당신이 잠시 단잠을 맛볼 수 있게 해줄 테니까요. 내가 당신이라면 꼭 그렇게 하겠습니다(223쪽을 보세요!). 잠깐의 단잠도 태양과 독서 못지않게 당신의 기분을 즐겁게 해줍니다. 하지만 주의하세요. 자칫 너무 오래 잤다가는 살이 너무 타서 기분을 다시 망치는 수가 있으니까요.

진짜 햇빛은 어떤 기술로도 대체할 수가 없습니다. 빛은 다양한 길이의 파장들이 모여서 만들어지는데 모든 종류의 가시광선이 같은 비율로 들어있는 빛은 태양빛밖에 없습니다. 한낮의 역동성도 우리의 생체리듬에 아주 강한 영향을 줍니다. 에너지절약 램프의 딜레마는 각종 파장들이 불완전하게 혼합되어 있다는 것입니다. 여기에는 햇빛과 붉은 빛의 백열등에서 나오는 '따뜻한' 파장들이 없습니다. 그래서 에너지절약 램프는 알록달록한 색깔의 물건이 마치 홀아비가 흰 옷과 색깔 있는 옷을 함께 세탁기에 넣고 빨아버렸을 때처럼 흐릿하게 보이게 하죠. 이런 문제 때문에 공학자들은 아직도 백열등의 진정한 후계자를 만들어내기 위해서 애를 쓰고 있습니다. 어쩌면 머지않아 친한 친구들끼리 은밀하게 지하실에 모여 마지막 남은 백열등을 켜고 생일파티를 열게 될지도 모릅니다. 1982년산 오스람 백열등이 같은 해에 생산된 보르도와인보다도 더 비싼 값에 거래되는 미래의 장면도 벌써 눈에 선하군요. 함부르크의 상파울루 거리에서는 이미 오래 전부터 빛의 파장이 우리의 심리에 미치는 작용을 훤히 꿰뚫고 있었던 게 분명합니다. 그곳의 불빛이 모두 붉은색인 걸 보면 말이죠.

독일인 열 명 중 한 명은 자연광 결핍으로 '겨울철 우울증'에 빠집니다. 우울증에 빠진 사람은 늘 잠에서 덜 깬 것처럼 정신이 멍하고 기력이 없으며 그저 눕고만 싶어 합니다. 하지만 자고 나도 상태는 회복되지 않습니다. 오히려 하루를 또 어떻게 헤쳐 나갈지 근심이 돼서 아침에 일어나기가 더 힘들어집니다. 설상가상으로 우울증으로 인한 수면박탈은 내부 시계를 다시 작동시켜

서 단 한 번이라도 밤중에 잠이 깨면 계속 잠들지 못합니다. 이
것이 만성 수면부족과 다르다는 사실은 당신도 잘 알 겁니다.

이런 '계절성 기분장애'에 좀처럼 걸리지 않는 사람들이 누군
지 아시나요? 바로 개를 기르는 사람들입니다! 왜 그럴까요? 개
는 우리에게 세 가지 항우울제를 제공합니다. 빛과 운동과 사회
적 접촉이 그것이죠. '바둑이와 동네 한 바퀴'를 하면 흐린 날에
도 머릿속을 밝은 빛으로 가득 채울 수 있습니다. 개와 함께 다니
면 삶의 주인이 된 기분도 만끽할 수 있습니다. 산책을 하고 나면
개도 사람도 기분이 좋아져서 집으로 돌아옵니다. 누가 누구를
끌고 다닌 건지는 분명치 않지만 몸이 한결 가뿐해집니다. 또 개
를 기르면 우리는 충성스럽고 말 잘 듣는 누군가를 늘 곁에 둘 수
있습니다. 우리가 밤에 어떤 기분이 되어 집으로 돌아오든 상관
없이 개는 한결같이 꼬리를 흔들며 우리를 반겨줍니다. 인간과
인간의 만남에서는 좀처럼 찾아볼 수 없는 장면입니다.

개들은 우리에게 잘 대해줍니다. "나는 밖에 있어야 합니다!"
라는 팻말은 개들보다는 그 주인들에게 더 필요할 것 같습니다
(독일은 공공건물의 입구에 이런 팻말과 함께 개들이 안에서 일을 보는 주
인을 기다리는 자리가 마련되어 있다―옮긴이). 감정조절을 제대로 하
고 좋은 기분을 유지하기 위해서 야외로 나갈 필요가 있는 건 개
들보다 우리 인간들이니까요. 내가 아는 여자들 중에는 고양이
를 더 좋아하는 사람들이 많습니다. 하지만 맹인이 고양이를 곁
에 두지 않는 데는 그만한 이유가 있습니다. 롤프 데겐은 그 핵
심을 이렇게 표현했습니다. "고양이들은 인간을 뭐라고 생각하

는 줄 아는가? 통조림따개다!"

요즘은 개 대신 겨울철우울증을 막아주는 수단으로 특수 형광판을 사용하기도 합니다. 이것은 전기만 먹이면 되니까 곁에 두기도 훨씬 수월합니다. 150유로 정도면 괜찮은 모델을 구입할 수 있고, 의사 처방을 받으면 보험에서 대신 지불해주기도 합니다. 광선치료용 램프는 일반 램프보다 천 배나 더 밝은 빛을 낼 수 있으며, 성능이 좋은 것들은 밤낮으로 파장을 바꿀 수도 있습니다. 아침에는 푸른색 스펙트럼의 빛이 우리의 정신을 맑게 해준다면 저녁에는 석양과 같은 붉은색 스펙트럼이 더 좋을 테니까요.

이것은 일광욕실의 인공조명과는 다릅니다. 거기서도 밝은 빛을 쪼일 수 있지만, 일광욕실의 빛은 우리의 기분을 조절해주는 작용은 거의 없고 살갗만 태우기 쉽습니다. 일광욕실의 조명에서는 자외선이 많이 방출되기 때문입니다. 반면에 광선치료용 램프에서는 자외선을 걸러낸 빛이 방출됩니다. 아무튼 일광욕실을 자주 이용하면 몇 년 동안은 조금 더 젊어 보일 수 있겠지만 오랜 시간이 지나고 나면 훨씬 더 늙은이가 되어 있을 겁니다. 그러니 일광욕 마니아들이 '정말 새로 태어난 느낌'이라며 입에서 침을 튀길 때 그들의 눈동자 말고 피부를 유심히 관찰해보시기 바랍니다. 어쩌면 이들이 정말로 진화의 사다리를 거슬러 파충류로 새로 태어난 걸 발견하게 될지도 모르니까요.

나는 난생 처음 비행기를 탔던 때를 잊지 못합니다. 베를린의 하늘은 베를린 사람들이 대부분 그렇듯이 잔뜩 찌푸려 있었습니다. 우리는 비를 맞으며 이륙하였습니다. 비행기는 심하게 흔들렸고 나는 좌석의 팔걸이를 꼭 붙잡고는 '이대로 생을 마감하는 구나' 라고 생각했습니다. 바로 그때 구름 위로 태양이 솟아오르더니 밝은 빛을 내뿜으며 나의 두려움을 순식간에 녹여버렸습니다. 사람들이 탑승하자마자 창가리개를 내리고 단 한 번도 밖을 내다보지 않는 것을 나는 이해하지 못합니다. 그들은 비행기가 출발하기도 전에 벌써 자동비행모드에 돌입하여 '선데이' 류의 대중잡지들을 뒤적이기 시작합니다. 진짜 태양은 창밖에 있는데 말입니다.

불행의 끝은 행복의 끝보다 받아들이기가 훨씬 더 어려운 것 같습니다. 비탄의 계곡에 제대로 빠지고 나면, 우리는 이 먹구름 뒤에서 태양이 빛나고 있음을 좀처럼 인정하려 들지 않게 됩니다. 절망 속에 가라앉아 익사하는 편을 택하죠. '더 이상 태양을 볼 수 없는' 상태에 빠져 좀처럼 벗어날 수가 없을 때 우리에게는 우리를 다시 빛으로 이끌 다른 누군가가 필요합니다. 왜냐하면 우리를 어둠으로 이끈 것이 바로 우리 자신이기 때문입니다. 이럴 때는 침침한 방구석의 소파에 웅크리고 있지 말고 밖으로 나가 산책을 하는 게 제일 좋습니다. 같이 산책할 사람이 마땅치 않다면 누군가와 전화를 하며 걸어도 괜찮습니다. 이동통신사들이 선전하는 '홈 존(Home Zone)' 서비스도 이럴 때는 제법 의미가 있겠군요. 자기 집에서 '홈 존' 따위를 이용해서 휴대폰으로 전화하는 사람은 자기 컴퓨터 모니터에 날씨를 알려주는 위젯을 설치하는 사람만큼이나 어처구니가 없다고만 생각했는데 말입니다. 사실 요즘에는 날씨가 어떤지 알기 위해서 창밖을 내다보는 대신 윈도우즈를 작동시키는 게 대세이긴 합니다.

사람들이 날씨 욕을 많이 하는 것은 자신에게 아무런 책임도 없기 때문입니다. 물론 지구온난화는 예외지만 말입니다. 중부 유럽 날씨의 멋진 점은 변덕이 심하다는 것입니다. 가령 적도 부근에 사는 사람들이 무슨 날씨 얘기를 하겠습니까? 여름 내내 비가 내리는 몬순지역은 또 어떻고요. 내가 만약 인도에 산다면 나는 직장에 반년쯤 늦게 출근하겠습니다. 그래도 "비가 곧 그칠 줄 알았어요……."라고 변명하면 될 테니까요.

독일에서는 언제 어느 때 비가 내릴지 모릅니다. 그래서 아주 민주적이라고 할 수 있습니다. 부자나 가난뱅이나 다 골고루 비를 맞으니까요. 제일 신나는 건 부자가 자기 컨버터블자동차의 지붕 덮는 것을 잊었을 때입니다. 나의 동료 연예인 앙카 친크(Anka Zink) 양은 지난 봄 화창하던 날에 숲을 산책하며 겪은 일을 내게 이야기해주었습니다. 그날은 날씨가 너무 좋아 정말 하루 종일 아무도 투덜거리는 사람이 없었답니다. 친크 양이 아주 기분 좋게 숲을 거닐고 있는데 슈바벤 여자 한 사람이 다가오더니 하늘을 쳐다보며 이렇게 말했다는군요. "너무 더울 뻔 했잖아!"

흡연자가 비흡연자보다 더 건강하다는 말이 있는데, 이제는 이게 허무맹랑한 소리만은 아닌 게 되었습니다. 흡연자들은 적어도 담배를 피우는 동안만큼은 밖으로 나가서 신선한 공기를 마시며 휴식을 취할 수 있으니까요. 비흡연권의 시대에 흡연은 부족하나마 일종의 광선치료요법 구실을 하고 있는 셈이죠.

부르고뉴달팽이야 – 네 집은 어디로 갔니?

부르고뉴달팽이야, 계속 앞으로 가려고 했니?
그저 가는 게 네 의도였니?
너무 부족했던 거니, 아니면 과했던 거니?
부르고뉴달팽이야 – 네 말을 듣고 싶어!

부르고뉴달팽이야, 네게 남근선망 따위는 없어
부르고뉴달팽이야, 어차피 사랑을 나눌 시간은 충분해
누구를 만나든 상관없어
그건 너의 선택이었어, 그러니
축축한 알몸과 자웅동체를 부끄러워 마!

부르고뉴달팽이야, 네 눈은 멀리 볼 수가 없어
부르고뉴달팽이야, 분명히 자동차는 근처에 없었어
머리에 달린 더듬이로
그때 넌 무얼 더듬었니?
자동차가 네게 자국을 남길 때

부르고뉴달팽이야, 아주 제대로 으깨어졌구나
부르고뉴달팽이야, 몸도 훨씬 더 커지고
게다가 멋진 자국까지
아무도 아스팔트에서 그 소릴 듣지 못했어
늦었지만 이젠 다 끝났어.

부르고뉴달팽이야, 넌 아스팔트가 아니었다면 레스토랑에 갔을 거야
부르고뉴달팽이야, 별 볼 일 없는 옷을 입고서
마늘이 더 오래 살게 해준다지만
그러나 네 경우는 달라
네 마지막 시선은 접시 끝에 박힐 테니

부르고뉴달팽이야, 네 노래가 들리니?
부르고뉴달팽이야, 너를 위한 이 노래가?
너는 알아, 삶에 무엇이 중요한지
네가 주는 건 몸이 아닌 정신의 양식
너는 이미 영원을 보고 있어!

추가로 선사하는 행복

이 책은 해시계

지금은 무슨 시간이죠? 좋은 휴식을 취할 시간입니다. 휴식은 언제 취하나요? 항상 시간이 없을 때입니다. 양지바른 곳에 누워서 이 책을 얼굴 위에 놓으세요. 15분간 휴식을 취하세요. 그래봤자 지금보다 15분이 더 지났을 뿐입니다.

주의
너무 오래 자면
늦을 수도 있습니다.

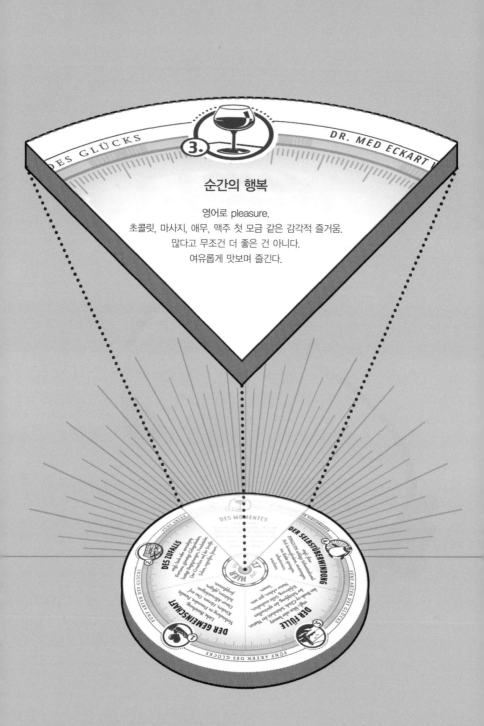

순간의 행복

영어로 pleasure.
초콜릿, 마사지, 애무, 맥주 첫 모금 같은 감각적 즐거움.
많다고 무조건 더 좋은 건 아니다.
여유롭게 맛보며 즐긴다.

3장

행복은 혼자 오지 않는다 –

즐거움과 함께 온다

음식은 즐거움을 준다. 세상의 음식은 세상의 모두가 먹기에도 충분하다.
다만 분배가 문제일 뿐.

혈중 행복 농도가 너무 낮은가요?

네 가지 잡곡으로 만든 빵 세 개와
세 가지 잡곡으로 만든 빵 네 개 중
어느 쪽이 진짜로 건강에 더 좋을까?

독일 의사들 중에는 'Glück(글뤽, 행복을 뜻하는 독일어)'을 'glyc(글뤽)'으로 알고 있는 사람들이 많습니다. 혈당증을 뜻하는 'glyc-emi'라는 시적인 단어에 등장하는 그 '글뤽' 말입니다. 커피를 마실 때 흔히 하는 이런 농담이 있습니다. "설탕 좀 더 드릴까요?" "괜찮아요. 설탕은 이미 충분히 가지고 있어요."

혈액 속의 당분 수치와 행복은 실제로 밀접한 관계가 있습니다. 당은 뇌의 중요한 식량입니다. 우리가 함부로 외면해서는 안 되는 기본욕구에 속하죠. 당이 부족하면 행복해지기가 어렵습니다. 우리의 뇌는 매일 100그램의 당을 소비합니다. 뇌의 무게는 전체 몸무게의 3.5% 불과한데도 사용하는 에너지는 전체의 20%가 넘습니다. 머리는 순간온수기와 같아서 에너지가 부족하면 이를 제일 먼저 알아차립니다. 아니, 사실은 그렇지도 않습니다. 실제로 우리 자신은 제일 나중에 이 사실을 알아차리게 됩니다.

주변의 다른 사람들은 벌써 다 알고 있는데 말입니다. 그런데도 독일인들은 자기 기분이 조금만 좋지 않게 느껴지면 혹시 다른 사람들이 그 사실을 모를까봐 부지런히 알려야 한다고 생각하는 것 같습니다. 사실은 전혀 그렇지 않은데 말입니다! 정말로 자신의 기분이나 상태에 민감한 사람이라면 먼저 자신이 스스로를 잘 돌보고 뇌의 기본욕구도 잘 충족시키고 있는지부터 살펴야합니다 (111쪽의 '간단히 체크하는 나의 나쁜 기분 상태'를 참조하세요).

다이어트를 하는 사람들이 자주 기분이 별로인 이유도 바로 여기에 있습니다. 아침을 굶고 점심도 건너뛰니 오후에는 곁에서 봐 줄 수 없을 정도의 상태가 되곤 합니다. 생물학적으로 이것은 충분히 예견된 일입니다. 이런 경우에 어떻게 해야 할까요? 긴 말이 필요 없습니다. 다이어트 중인 사람의 눈에 잘 띄는 곳에 살짝 초콜릿을 놓아두고 재빨리 사라졌다가 30분 뒤에 다시 와서 그 사람과 이야기를 나누면 됩니다. 1시간 이상 경과하면 다시 위험해집니다. 높아진 혈당이 강력한 부작용을 일으키기 때문입니다. 인슐린이 혈액 안에 있는 당분을, 우리를 지속적으로 불행하게 만드는 장소인 엉덩이로 옮겨놓는단 말입니다. 그렇기 때문에 가장 신뢰할 만한 행복전도사는 바로 잡곡빵입니다. 잡곡빵이 제공하는 에너지는 좀 더 천천히 여유롭게 사용되니까요.

식사는 행복을 줍니다. 우리 네안데르탈인의 뇌는 기름지고 단 음식일수록 더 많은 즐거움을 느끼도록 발달했습니다. 당시에는 고칼로리 음식을 얻기가 굉장히 어려웠기 때문에 이런 행운이 찾아온 날에는 다음에 다시 배를 곯게 될 날을 대비해서 충분히 먹어두어야 했으니까요. 문제는 오늘날 독일과 위도가 비슷한 지역에 사는 사람들 중에는 기아에 허덕이는 사람들이 아주 드물다는 겁니다. 그런데도 우리는 여전히 눈에 띄는 대로 먹어치우려고 합니다. 불과 얼마 전까지도 과식을 사전에 방지하는 경고시스템 따위는 필요치 않았기 때문에 지금도 우리는 포만감보다 훨씬 더 자주 허기와 식욕을 느끼게 됩니다.

이렇게 해서 많은 사람들은 지나치게 뚱뚱해진 몸을 줄이기 위해 배고픔을 참아가며 다이어트를 하는 반면에, 또 다른 사람들은 식량이 공평하게 배분되지 않는 탓에 기아에 허덕이고 있습니다. 정말 부조리한 상황이라고 말하지 않을 수 없습니다.

과체중인 사람은 충분한 음식양에 대한 감각이 일반인보다 부족합니다. 한 기발한 실험에서 연구자들은 피실험자들에게 배가 부를 때까지 수프를 먹도록 하였습니다. 이때 연구자들은 피실험자들이 알아채지 못하도록 몰래 수프를 채우는 방식으로 접시가 절대로 바닥을 드러내지 않게 하였습니다. 브뤼헐의 그림 〈게으름뱅이 천국〉에 나오는 것처럼 말입니다. 이럴 때 정상체중의 사람들은 일정한 시점에 되면 다들 수프의 양이 이상하다는 생각을 하게 됩니다. 하지만 뚱뚱한 사람은 접시에 담긴 수프의 양이나 자신의 뱃속에 담긴 수프의 양에 대해 별다른 느낌을 갖지 않았습니다.

우리를 특별히 행복하게 만들어주는 음식이 따로 있을까요? 우리의 뇌가 제대로 돌아가려면 당분뿐만 아니라 대사전달물질과 신경세포를 만들기 위한 재료로 특정한 지방도 필요로 합니다. 이것이 잘 공급되면 생각도 기름을 친 것처럼 훨씬 부드럽게 잘 돌아갑니다. 불포화지방산이 바로 그런 재료인데, 특히 견과류나 생선에 많이 함유되어 있습니다. 하지만 불행히도 생선에는 신경세포막을 안정시키고 우울증을 예방하는 좋은 성분인 오메가3지방산만이 아니라 인체에 해로운 중금속도 다량으로 들어있기 때문에 먹어야 하는 양을 다 채워서는 안 됩니다. 과학적으로 증명된 또 하나의 대안은 블루베리입니다. 블루베리의 색소는 신경세포를 치매로부터 예방합니다. 그리고 약간의 알코올, 특히 레드와인도 뇌에 좋습니다. 하지만 조금만 마실 때 그렇다는 겁니다. 그렇지 않았다간 간이 할 일이 너무 많아진다는 사실을 잊지 마세요!

그렇다면 초콜릿은 우리를 행복하게 해줄까요? 모르긴 몰라도 이것은 카카오 재배농민보다는 심장전문의에게 더 해당되는 말일 겁니다. 다크초콜릿의 특정한 성분(플라보노이드)이 심근경색을 예방해주기 때문입니다. 하지만 초콜릿이 우리의 기분에 미치는 영향은 너무 과대평가되서 심지어는 초콜릿을 '천연 항우울제'라고 생각하고 먹는 사람들도 적지 않습니다. 심리학자들은 진짜 초콜릿과 맛은 똑같지만 트립토판 등 기분을 조금 좋게 해준다는 성분이 하나도 들어있지 않은 '플라시보' 초콜릿을 만들어서 실험해보았습니다. 그랬더니 기분을 좋게 해주는 효과는 양쪽이 똑같았습니다. 우리는 어릴 때부터 초콜릿을 위로와 관심과 사랑의 대용품으로 생각하고 애용해왔습니다. 그런데 이것은 말그대로 '무거운' 실수입니다. 초콜릿을 많이 먹는다고 가라앉은 기분이 자동적으로 다시 좋아지지는 않습니다. 하지만 아직 모든 게 다 밝혀진 건 아닙니다. 다행히도 초콜릿은 언제든지 자발적인 피실험자들을 충분히 불러 모을 수 있는 분야입니다. 독일에서는 연간 한 사람당 10kg의 초콜릿이 소비되고 있습니다. 무언가에는, 아니면 누군가에게는 분명히 좋은 일이겠지요. 게다가 나는 자신을 대상으로 여러 가지 과감한 실험을 실시한 결과 한 가지 사실을 분명히 알게 되었습니다. 초콜릿을 대신할 수 있는 건 하나도 없다는 사실입니다. 유기농 전문점에서 '구주콩나무 씨앗 가루' 따위를 선전하면 쳐다보지도 마세요. 이름만큼이나 맛이 없어서 기껏해야 '식이섬유'로나 적합하니까요.

초콜릿에 대한 사람들의 반응은 '종소리 = 음식 = 침 흘림'의 공식이 성립되는 파블로프의 개들과 비슷한 것 같습니다. 적어도 내 경우는 그렇습니다. 단골빵집에 들어설 때마다 문에 달린 종이 울리면 내 입에는 벌써 침이 고입니다. 그 빵집의 제빵사가 나를 고전적인 조건반사를 일으키도록 만들어 놓은 겁니다! 먹는 행복은 내게 삼단 초콜릿 생크림 케이크처럼 큰 즐거움을 주지만 동시에 부담도 주는 양날의 검입니다. 모든 종류의 행복에 다 똑같이 '행복'이라는 단어를 쓸 수 있다면 내가 운동을 하든 초콜릿을 먹든 똑같이 행복을 느껴야 합니다. 그러나 실제로는 그렇지 않습니다. 나는 이것도 나 자신을 대상으로 실험해보았습니다. 한 번은 1시간 동안 조깅을 하였고, 또 한 번은 조깅 대신 1시간 내내 초콜릿을 먹는 실험을 했습니다. 실험은 두 번 다 잘 진행되었는데 그 이후는 그렇지 않았습니다. 조깅을 하면 운동하는 동안에는 힘들지만 그 후에는 뿌듯함을 느낍니다. 하지만 조깅 대신 1시간 동안 초콜릿을 먹으면, 먹는 순간을 즐길 수는 있지만 그 이후에 내가 그 일을 해냈다는 뿌듯함을 느끼기는 어렵더군요.

이런 현상 때문에, 즐기는 행위는 자주 좋지 않은 명성을 얻습니다. 하지만 그것은 부당합니다. 즐길 줄 모르는 사람은 남에게도 즐거움을 주지 못합니다. 즐거움은 더 커지거나 작아질 수 있습니다. 하지만 우리가 쉽게 착각하듯이 양이 늘어난다고 자동적으로 즐거움이 더 커지지는 않습니다. 그보다는 강도와 의도적 절제가 더 즐거움을 키워줍니다. 좋아하는 아이스크림을 소파에 앉아 500g짜리 한 통을 모조리 먹어치우는 대신 1인분만 덜어서 먹는 것은 조깅할 때와 비슷한 효과를 냅니다. 먹을 때는 힘들지만 먹고 나면 1인분만 먹었다는 사실에 뿌듯함을 느끼게 되니까요. 게다가 그 상태를 10분 정도만 더 견디면 단 것과 초콜릿에 대한 뜨거운 갈망도 사라져버립니다. 물론 아이스크림을 통째로 배속에 처넣는다면 아예 그런 갈망을 느끼지도 않았겠지요. 한참 뒤에 체중계 위에서는 뭔가를 느끼게 될 테지만 말입니다.

즐거움은 자제할수록 더 커집니다. 이를 위해 굳이 피학증 환자가 될 필요까지는 없습니다. 믿기 힘들면 한번 직접 해보세요. 나는 따뜻한 욕조에 들어가는 걸 좋아합니다. 욕조의 물이 딱 내가 원하는 온도일 때 물속에 몸을 담그는 순간, 정말 큰 행복을 맛보게 됩니다. 욕조에 있다 보면 그런 상태로 더 오래 있으면 더욱 좋을 거라고 믿고픈 유혹을 뿌리치기가 힘듭니다. 실제로 그렇게 하면 더 좋아지기는커녕 피부만 쪼글쪼글해집니다. 물속에서는 적당히 즐긴 뒤에 지체 없이 나와야 합니다. 그리고 찬 물로 샤워를 합니다. 대비효과가 주는 즐거움도 아주 큰 법이니까요. 식사 때 여러 가지 음식을 코스로 먹는 것도 마찬가지 효과를 냅니다. 차고 따뜻하고 부드럽고 딱딱하고 짜고 단 음식을 번갈아 먹으며 다양한 맛을 즐기는 겁니다. 자기가 제일 좋아하는 음식을 더욱 맛있게 즐기려면 매일 그것을 먹는 것보다는 그보다 덜 좋아하는 음식과 번갈아 먹으며 대비를 느끼는 것이 좋습니다.

어릴 적에 나는 어머니가 작은 그릇에 건포도를 가득 담아주는 걸 아주 좋아했습니다. 나는 건포도를 아주 천천히 먹었습니다. 거의 명상을 하듯이 조용히 하나씩 음미했죠. 그래서 비오는 날이면 오후 내내 건포도를 먹기도 했습니다. 이걸 다시 연습하면 좋을 것 같군요.

빵에 버터를 바르다가 떨어뜨리면 항상 버터 바른 쪽이 바닥에 떨어진다고 합니다. 나는 버터 대신 비타민이 많이 함유된 너트초콜릿 크림을 빵에 발라 먹는데 이때도 항상 크림이 묻은 쪽이 바닥에 떨어지더군요. 얼마 전에 아침을 먹다가 계산해 보았는데 병에 붙어있는 설명대로라면 너트초콜릿 크림을 1.3kg만 먹으면 하루에 필요한 비타민 B_6를 전부 섭취할 수 있다는 걸 알았습니다. 그러면 그날은 더 이상 너트초콜릿 크림을 먹을 필요가 없는 거죠. 어차피 그 이상 크림을 먹기도 어렵겠지만 말입니다.

초콜릿의 문제는 중독성이 있다는 겁니다. 늘 그렇듯이 즐거

움을 맛보는 데 있어 최대의 훼방꾼은 습관입니다. 이 훼방꾼을
막으려면 다변화와 절제 외에도 감각을 발달시키는 훈련이 필요
합니다. 그래서 우리는 와인이나 초콜릿 또는 사랑의 유희에 담
긴 여러 가지 맛의 차이를 지각하고 평가하는 법을 배워야 합니
다. 이런 감각은 일생 동안 계속 좋아지게 만들 수 있습니다. 게
다가 초콜릿을 혀에서 천천히 녹게 하면서 맛을 보면 뚱뚱해지
지도 않습니다.

 음식으로 행복해지는 진짜 쓸만한 팁을 원하십니까? 그것은
당신도 이미 잘 알고 있습니다. 음식을 뱃속에 마구 쑤셔 넣기
전에 내면의 소리에 귀를 기울이세요. 음식을 입으로 가져가기
에 앞서 간단한 질문을 하나 스스로에게 던져보세요. "이 음식
으로 내 살과 피가 만들어져도 좋을까?"라고 말입니다.

Thank you for the Music!

노래가 있는 곳에는 안심하고 편히 머물러도 좋다.
악인은 노래 부를 줄 모르니까.
그러나 비싼 오디오를 갖추고 있는 경우는 많다.
로버트 렘케(Robert Lembke)

네팔에서는 날이 어두워지면 늘 전기가 나갑니다. 모든 사람들이 한꺼번에 불을 켜려고 해서 전력망에 과부하가 걸리기 때문입니다. 불을 밝히려는 순간 온 세상이 다시 어두워지는 거죠. 독일과 네팔이 공동으로 주최한 최면치료사 회의가 카트만두에서 열렸을 때, 나는 친분이 있는 가수와 함께 저녁 시간에 네팔의 불우이웃돕기를 위한 자선행사를 열기로 했습니다. 그런데 아무래도 전기가 나갈 것 같아서 걱정이었습니다. 무슨 좋은 수가 없을까 궁리하다가 어릴 때 깜깜한 지하실에 내려가야 할 때 휘파람을 불던 생각이 났습니다. 어둠이 내린 숲에서 노래를 부르면 좋을 것 같았습니다. 행사에 참석한 독일 사람들이 모두 함께 부를 수 있는 적당한 노래가 뭘까 생각하다가 〈달이 떴네〉를 부르기로 했습니다. 우리는 이런 비장의 무기를 감추고서 행사를 시작했습니다. 그런데 예상과 달리 전기가 나가지 않았습니다.

조용한 선율

앙코르공연까지 모두 끝났는데도 전기는 나갈 생각을 하지 않았습니다. 우리는 하는 수 없이 관객들에게 우리가 감춘 비장의 무기를 그냥 공개했습니다. 그리고는 즉석에서 불을 끄고 노래를 부르자는 동의를 얻어냈습니다. 모두 함께 가장 아름다운 독일 민요 중 하나인 〈달이 떴네〉를 합창했습니다. 산으로 둘러싸인 네팔의 호텔 연회장 한가운데서 독일에서는 모닥불 앞에서나 느낄법한 낭만을 경험한, 신비롭고 환상적인 분위기를 영원히 잊지 못할 것입니다. 자국의 민속음악이 얼마나 아름다운지를 다시 발견하고 싶다면 한번 지구 반대편으로 여행을 떠나보시기 바랍니다.

당신이 마지막으로 노래를 부른 것은 언제입니까? 지난 크리스마스 때? 네? 며칠 전 노래방에서라고요? 질문을 좀 다르게 해보겠습니다. 당신이 마지막으로 술을 먹지 않은 상태에서 자발적으로 노래를 부른 것은 언제인가요? 혹시 그냥 MP3만 듣고 있는 건 아닌가요?

노래를 부르면 행복해지고 건강해집니다. 가수들은 감기에 잘 걸리지도 않습니다. 노래를 부르면 기분이 좋아지고 이로 인해 면역력도 증강되기 때문입니다. 그러므로 노래 부르기야말로 천연 항우울제입니다.

많은 사람들은 노래 부르는 것을 부자연스럽다고 여깁니다. 대체 왜 그런 말도 안 되는 생각들을 하는지 모르겠습니다. 아기들은 아직 언어의 내용을 이해하기도 훨씬 전부터 이미 언어의 멜로디를 인식합니다. 아기들은 태어나기 전에 엄마의 뱃가죽을 통해 전해들은 것만으로도 벌써 모국어와 모국어가 아닌 언어를 구분할 수 있습니다. 오늘날 다수의 학자들은 인류의 역사에서 언어보다 음악이 먼저 등장했을 것이라고 믿고 있습니다. 우리는 노래하는 능력을 타고난 덕분에 말을 할 수 있는 겁니다! 단지 말을 하기 위해서라면 몇 옥타브를 오르내리며 여러 가지 음을 내는 능력은 필요치 않았을 겁니다. 훨씬 적은 음역의 소리들만으로도 의사를 전달하기에 충분하니까요. 원시인들은 서로 멀리 떨어져 있을 때 멜로디와 유사한 소리를 내서 마치 서로 가까이 있는 듯한 느낌을 얻을 수 있었습니다.

오늘날에도 노래는 우리를 하나로 만들어줍니다. 축구경기장에서 함께 큰소리로 노래를 부르면 태곳적에 사냥을 떠나며 함성을 내지르던 힘이 고스란히 느껴집니다. 축구경기 때문이 아니더라도 함께 고래고래 소리 지르며 노래 부르는 맛에 축구장에 가는 남자들이 얼마나 많은지 모릅니다. 독일에는 프로 축구팀의 수보다 합창단의 수가 더 많습니다. 아무튼 우리는 어떤 형태로든 즐겨 노래를 부르고 또 듣습니다. 축구경기장 서포터석에서 들리는 "올레, 올레~"에서부터 바흐의 오라토리오에 이르기까지 말입니다.

노래는 아무 데서나 부를 수 있습니다. 샤워를 하면서도 부르고 비를 맞으면서도 부릅니다. 가사가 생각이 안 나면 그냥 흥얼거리면 됩니다. 노래가사에는 행복의 순간들을 담을 수도 있습니다. "저기 뜬 달을 봐. 반쪽짜리로 보이지만 여전히 둥글고 또 아름답잖아. 그러니 이것저것 잘 안 보여도 마음 편히 웃어봐〈달이 떴네〉의 3절 가사. 마티아스 클라우디우스 작곡 – 옮긴이)" 낙관주의를 참 잘 표현한 가사입니다. 〈늦잠〉도 비슷한 내용입니다. 우리는 자명종이나 자기 내부시계의 알람소리를 미처 듣지 못하고 늦잠을 자면 기겁을 합니다. 하지만 마티아스 클라우디우스(Mattias Claudis)는 우리들이 근심걱정도 〈늦잠〉을 재우면 아침마다 세상이 완전히 다른 모습으로 보일 거라고 말합니다. 그러면 모두 함께 돌림노래로 불러 볼까요?

"즐거우면 부족할 게 없네, 그러니 즐거운 사람이 왕이지."

아름다운 전망

아름다운 전망을 즐기되 머물지 말고 떠나라.

좋은 이별

일주일 중 가장 행복한 날은 화요일이다.
다시 월요일이 되기까지 가장 많은 시간이 남은 날이므로.
잉게 뮐러(Inge Müller)

내 할머니는 "항상 제일 좋을 때 떠나야 한다"라고 말씀하실
줄 아는 분이셨습니다. 그런데 이처럼 현명한 인식으로 노벨상을
받은 이는 내 할머니가 아니라 대니얼 카너먼(Daniel Kahneman)
이었죠. 카너먼은 이 현상을 정확히 분석하고 여기에 '절정과
종결의 법칙(Peak-End-Rule)'이라는 이름을 붙였습니다. 그에 따
르면 우리의 뇌는 어떤 사건에 대한 만족도를 그것을 경험한 절
정기와 종결기의 두 가지 척도로 계산한다고 합니다. 둘에서 일
종의 평균값을 내서 만족도를 결정한다는 겁니다. 따라서 강렬
한 경험이 이루어지는 절정기에 뒤이어 끝마무리가 빠를수록 해
당 사건은 전체적으로 더 아름답게 기억됩니다.

그런데 어리석게도 우리들 대다수는 그와 정반대로 행동합니
다. 우리는 좋은 결말보다는 좋은 시작에 훨씬 더 많은 시간을
투자합니다! 사람들은 좋은 첫인상을 만들기 위해 갖은 애를 씁

니다. 옷, 화장, 의도된 미소 따위를 총동원해서 말입니다. 물론 첫인상을 다시 만회할 수 있는 두 번째 기회는 없습니다. 하지만 마지막 인상이 나쁜 것 역시 수정이 불가능합니다. 명심하십시오. 마지막 인상은 반드시 남습니다. 사람도 그렇고 사건도 마찬가지입니다.

예를 하나 들어보겠습니다. 파티에 갔는데 세 시간동안 즐겼습니다. 하지만 마지막 한 시간은 지루했습니다. 객관적으로 생각하면 한 시간이 재미없었으니 순수하게 즐긴 시간이 두 시간이나 됩니다. 하지만 우리의 기억은 이런 식으로 계산하지 않습니다. 이 파티에 대한 기억은 1시간밖에 참가하지 않았지만 60분 내내 즐기고 떠난 다른 파티보다 더 나쁘게 남게 됩니다. 우리의 뇌는 임금노동자들이 흔히 그렇듯이 세전임금과 세후임금을 똑같이 놓고 계산하지 않습니다. 나중에 항상 적지 않은 양의 '부가기억세'가 붙습니다.

영화도 비슷합니다. 90분짜리 영화 중 처음 1시간이 그저 그렇더라도 마지막 30분이 관객을 사로잡기에 충분하다면 사람들은 이 영화를 남들에게도 기꺼이 추천합니다. 따라서 극적인 창의력을 처음 한 시간에 온전히 쏟아 붓고 결말을 맥없이 끝내는 것은 전형적인 연출실패라고 할 수 있겠죠.

버라이어티쇼 진행자로서 처음 일을 시작했을 때, 종결부, 즉 마지막 퍼레이드, 커튼콜, 이런저런 깜짝쇼, 그리고 앙코르공연에 연습량이 집중되어 있는 걸 보고 놀란 적이 있습니다. 쇼비즈니스 전문가들은 아마도 카너먼의 '절정과 종결의 법칙'을 알지는 못했을 테지만 오랜 경험을 통해서 그것을 이미 터득하고 있었을 겁니다.

의학 지식을 또 하나 소개하겠습니다. 지금부터 내가 하려는 대장내시경 이야기는 행복의 순간과 별 상관이 없어 보일 수도 있습니다. 하지만 조금만 참고 계속 읽어나가면 분명히 도움이 될 것입니다. 대장내시경은 매우 유용한 검사입니다. 대장내시경을 꺼려하는 사람도 있지만 55세 이상의 남녀는 10년에 한 번은 대장내시경 검사를 받는 것이 좋습니다. 간단합니다. 그냥 병원에 가서 대장내시경을 받고 싶다고 말하면 됩니다. 그리고 검사 결과가 정상이면 이후 몇 년 동안은 대장암에 걸리지 않으리라고 확신해도 좋습니다. 그런데 한번 검사를 받은 사람이 두 번째 검사를 받으러 다시 병원을 찾을지는 처음 검사의 마지막 60초에 달려있습니다!

대장내시경은 현대의 주술사인 의사들이 인체에서 단 한 번도 햇빛을 받아본 적이 없는 곳으로 빛을 들여보낼 수 있게 해주는 장치입니다. 이때 검사자가 마지막에 호스를 몸에서 최대한 부드럽게 빼지 않으면 고통이 극심해집니다. 이 기억 때문에 피검사자는 다시는 대장암검사를 받으려 들지 않게 됩니다. 게다가 그곳의 심한 통증은 입에서는 저절로 거친 말도 튀어나오게 합니다. 하지만 경험 많은 검사자가 마지막 순간에 잠시 시간을 두고 아주 조심스럽게 마무리를 하면 몸에서 빠져나오는 호스가 훨씬 덜 요동칩니다. 그러면 피검사자는 검사 중간에 다소 불편한 통증을 느꼈더라도 대장내시경이 생각보다 그리 나쁘지 않았다고 기억하게 되고, 의사와 피검사자는 다시 만날 기회를 얻게 됩니다.

실제로 이런 긍정적인 경험을 한 사람들은 막판에 심한 통증을 느낀 사람보다 다음번 검사에 더 많이 옵니다. 남녀관계도 대장내시경과 같습니다. 갑작스럽고 고통스럽게 관계를 끝내고 나면, 떠나버린 옛 애인이 '목구멍이든 다른 곳이든 아무튼 엄청난 고통을 느낄만한 부위에 내시경 검사를 받았으면' 하고 바라게 됩니다. 그러나 부드럽고 평화롭게 헤어지면 계속 친구로 남을 수도 있습니다. 이것이 우리의 행복에는 어떤 교훈을 던져줄까요?

파티에서 정말 즐거운 순간을 보내고 있다면 빨리 자리에서 일어나야 합니다. 소란스럽게 작별하지 말고 조용히. 만약 본인이 손님을 초대한 주인이어서 먼저 자리를 뜰 수 없다면 그날 밤을 마무리하기 위한 또 다른 하이라이트를 제때에 마련해야 합니다. 그리고 손님들을 빨리 내보내세요. 그러면 그들은 기꺼이 다시 찾아옵니다! 남아프리카의 현자 하워드 카펜데일(Howard Carpendale)의 말을 빌어서 표현하면. 기분 좋게 "잘 가!" 하면 곧 다시 "안녕, 또 왔어!"가 이어집니다.

밤 새고 놀았더니 1kg 빠졌을 때

남편의 썩은 이빨이 빠져서 더 이상 입냄새가 나지 않게 되었을 때 – 드디어 다시 키스를 할 수 있게 되었다.

쉬는 시간에 〈도파민〉을 들으며 담배를 한 대 피워 물었을 때

설사가 멎었을 때

낚시가 휴식을 준다고? 벌레의 입장에서는 다르지.

고통이 줄면 그것이 행복

사고로 엄지손가락을 잃었다.
그래도 중지는 아직 있잖아?

고통에 대한 도발적인 생각들,

1. 고통이 있음에 감사해야 한다.
2. 고통을 피하려는 소망이 우리를 힘들게 한다.
3. 있지도 않은 신체부위에서도 고통을 느낀다.
4. 무감각하기보다는 차라리 고통을 느끼는 게 낫다.
5. 고통도 훈련을 통해 줄일 수 있다.

고통은 무지막지한 행복 킬러입니다. 고통은 도발입니다. 고통은 우리의 관심을 원합니다. 그것도 즉각적으로 말입니다! 건강은 우리 몸의 침묵입니다. 몸이 아무 말도 안 하고 있으면 우리는 잘 지냅니다. 무소식이 희소식이지요. 고통은 언제나 나쁜 소식입니다. 그런데 어쩌면 항상 그렇지는 않을지도 모릅니다.

50세가 넘어서 잠이 깰 때 통증이 없으면 죽은 몸입니다. 나의 할머니는 늘 그렇게 말씀하시고는 당신은 아직 살아있는 거라며 웃으셨습니다. 그리고는 열심히 체조를 하고 약을 드시며 고통에 굴복하지 않으셨습니다.

물론 나도 압니다. 만성적 고통은 인간을 완전히 지치게 만들고 그로 인해 인생이 얼마나 견디기 어렵게 되는지 말입니다. 또 그 때문에 수많은 사람들이 목숨을 잃거나 장애로 고생을 하고 제때에 적절한 치료를 받지 못해서 웃음을 잃은 삶을 살아가는지도 알고 있습니다.

고통은 정말로 행복의 킬러입니다. 아마 최악의 킬러일 수도 있습니다! 고통은 그만큼 심각한 주제입니다. 하지만 늘 심각한 표정으로 그 이야기를 한다고 고통이 조금이라도 더 견딜만한 것이 될까요? 내가 의사로서, 또 코미디언으로서 지난 15년 동안 늘 생각해온 것은, 우리가 바라보고 웃을 수 있는 대상은 결코 우리를 파괴시키지 않는 사실입니다.

1. 고통이 있음에 감사해야 한다

고통은 좋은 것입니다. 어릴 적에 우리는 단 0.01초 만에 가스레인지는 손을 댈만한 것이 아니라는 사실을 배웁니다. 지체 없이 거기서 손을 뺍니다. 거의 반사적이죠. 딱 한 번 찰나의 고통으로 영원히 잊지 않을 교훈을 얻는 겁니다. 이처럼 고통은 은혜입니다. 그것은 우리를 지키고 더 큰 불행으로부터 보호하기 위해 존재합니다. 자신이 직접 겪은 고통은 최고의 스승입니다. 고

통은 우리에게 큰 소리로 분명하게 말합니다. 우리는 이성의 말
보다 고통의 말에 더 귀를 기울입니다. 엄마가 가스레인지를 만
지지 말라고 아무리 경고해도 아이들이 어떻게 하는지 한번 생
각해보세요. 하지만 아이들도 고통에 대해서는 즉각적으로 공
포를 느낍니다. 고통은 우리에게 이렇게 말합니다. "너는 지금
큰 잘못을 저지르려 하고 있어. 봐, 조심하라니까, 그것 말고 다
른 걸 해!" 그렇다면 우리가 이런 메시지를 이해하고 나면 고통
은 제 의무를 다했으니 사라져야 마땅합니다. 그런데도 왜 고통
은 종종 만성적으로, 마치 영원히 존재할 것처럼 우리 곁에 머무
르는 걸까요?

2. 고통을 피하려는 소망이 우리를 힘들게 한다

어리석게도 우리는 고통을 잘 참을 수 있습니다. 가장 좋은 예
는 요통입니다. 그 어떤 질병도 요통만큼 X선 사진이 보여주는
증상과 환자 자신이 느끼는 증상 간의 차이가 심한 병은 없습니
다. 추간판 손상이 분명한데도 본인은 전혀 고통을 느끼지 못하
는 경우가 있습니다. 노동을 하려면 몸이 필요하기 때문에 육체
적으로 아플 새가 없는 겁니다. 반대로 살아가면서 무거운 짐을
나를 일이 없고 허리근육도 발달하지 않으면 X선 상에 아무 손
상이 나타나지 않아도 고통을 호소하기도 합니다. 혹시 자신의
경우는 전혀 다르다고 말할지 몰라서 덧붙이자면 이렇게 극단적
인 두 경우 사이에서는 각종 중간단계와 무궁무진한 조합이 가
능합니다. 아무튼 우리는 자주 극심한 고통으로 몸부림칠 뿐만

아니라, 그것이 지나가면 또 다른 고통을 느끼게 될까봐 손가락 하나 까딱하지 못하고 숨을 죽여야 합니다. 하지만 요통을 앓는 환자라면 반드시 명심해야 합니다. 어떤 경우에도 몸을 움직이는 것이 제일 중요합니다. 누워있기보다는 산책이 효과가 더 좋습니다. 이것은 다른 경우에도 마찬가지입니다. 해야 하는 일을 하기 싫다고 미룬다고 해서 그 일이 더 좋아지지 않는다는 것은 우리는 알고 있습니다. 그렇기 때문에 유명한 트레이너 옌스 코르센(Jens Corssen)은 이렇게 말합니다. "고통? 좋아, 까짓 것 지금 당장 오라고 해!"

다행히 고통을 덜어주는 좋은 약들이 있습니다. 그런데 사람들은 충분한 양의 약을 먹지 않으려 합니다. 많은 환자들이 모르핀제는 헤로인처럼 중독성이 있다고 잘못 생각합니다. 그러나 중독성은 어떤 약물이 순식간에 우리 뇌에 작용했다가 다시 순식간에 사라질 때만 생겨납니다. 즉 순간적인 효과에 그칠 때만 그렇습니다. 마약중독자들이 많은 양을 한꺼번에 직접 정맥에 주사하는 헤로인은 분명히 중독성이 있습니다. 그러나 위에서 천천히 용해되는 헤로인알약은 중독성을 유발하지 않는 훌륭한 진통제입니다. 이때는 '빠르게 밀려드는 느낌'과 같은 순간적인 쾌감과 도취가 일어나지 않습니다. 똑같은 번지점프를 하더라도 높이 매달린 기중기에서 밧줄이 서서히 풀리는 거라면 사람들이 그토록 열광하지는 않을 겁니다.

어처구니없게도 여전히 많은 사람들이 극심한 고통을 '영웅적으로' 참아내는 것을 더 현명한 일이라고 여깁니다. 진통제에 중독되지 않기 위해서 말이죠. 하지만 이것은 심각한 역효과를 가져옵니다. 고통을 참을수록 우리는 거기에 익숙해지고, 그 학습효과로 인해 우리 몸은 필요할 때 훨씬 더 강력한 진통제를 쓸 수밖에 없게 됩니다. 또 한편으로 이와 정반대의 오류를 범하는 사람들도 있습니다. 두통 같은 단순한 통증을 느낄 때도 항상 진통제를 먹는 부류입니다. 한 달에 열흘 이상 진통제를 먹어야 한다면 약을 오남용하고 있을 확률이 크며 이로 인해 나중에 심각한 추가적 고통을 당할 수 있습니다! 만약 당신이 그렇다면 얼른 전문 통증치료사에게 가보기를 권합니다.

3. 있지도 않은 신체부위에서도 고통을 느낀다

더 이상 존재하지도 않는 신체부위에 대해 고통을 느끼는 것보다 더 끔찍한 일이 있을까요? 환상통은 가상의 통증입니다. 환상통 환자들은 절단된 사지에서 통증을 느낍니다. 이는 '신체 밖' 통증입니다. 정말 끔찍합니다! 오늘날에는 이 현상을 조금은 설명할 수 있습니다. 뇌가 아픈 신체부위와 관련된 통증을 '학습' 했기 때문이라는 설명입니다. 통증에 대한 기억으로 인해 해당 부위를 절단한 후에도 계속 괴로운 고통을 느낍니다. 우리 뇌가 절단된 신체부위가 사라진 것으로 인해 힘들어하는 겁니다. 우선 다시 몸을 추슬러 통증을 '잊어야' 합니다. 이것은 이성과 헤어진 뒤에 잊지 못해 괴로워하는 상황과 조금 비슷합니다. 더 이상 곁에 없는 사람의 빈자리를 아직 거의 물리적으로 느낄 수 있는 상태여서 고통이 따를 수밖에 없습니다. 그래서 목이 따끔거리거나 명치끝을 바늘로 찌르는 듯합니다. 이별의 사유에 따라 통증의 부위도 달라집니다.

4. 무감각하기보다는 차라리 고통을 느끼는 게 낫다

우리는 뜨뜻미지근한 감정보다는 고통을 더 좋아하는 것 같습니다. 밀려왔다가 사라지는 고통. 이것은 여자들이 늘 사이즈가 조금 작은 구두를 사는 이유와도 일맥상통합니다. 저녁에 구두를 벗을 때 썰물처럼 고통이 사라지는 - 스스로 통제가 가능한 - 행복의 순간을 위해서죠. 노년에 혈전증용 압박스타킹을 벗을 때도 이와 비슷한 쾌감을 느낄 수 있습니다. 한 심리실험에서 피실험자들에게 뼛속까지 저리는 얼음물에 1분 동안 손을 담갔다가 곧바로 빼는 것과 1분 30초간 손을 넣어두되 1분이 지난 뒤에는 열을 서서히 가하는 것 중에서 양자택일을 하도록 했습니다. 그랬더니 대부분 두 번째 방식을 선택하였습니다. 그렇게 하면 고통의 시간이 더 길어지는 게 분명한데도 말입니다. 이것만 보아도 우리가 고통이 사라지는 느낌을 얼마나 좋아하는지 잘 알 수 있습니다.

5. 고통도 훈련을 통해 줄일 수 있다

통증부위를 계속 건드린다고 고통이 줄어들지는 않습니다. 구체적인 테스트를 하나 소개하겠습니다. 옆 사람의 어깨를 두드려보세요. 손바닥이 아니라 손가락 한 개로 1분 동안 계속 같은 장소를 가볍게 두드리는 겁니다. 이건 정말 신경질 나는 일입니다! 왜 그럴까요? 반복을 통해서 고통이 전달되는, 잘 뚫린 통로가 만들어지는 바람에 해당부위의 신경세포들이 더욱 자극에 민감해진 탓입니다. 만약 같은 행동을 30분 정도 계속한다면 상대방은 완전히 돌아버릴 지경이 되어서 당신이 하는 짓을 멈추려고 무슨 짓이든 할 겁니다! 고통은 학습능력이 뛰어납니다. 고통의 신호가 아무리 절박하고 중요하더라도 만성적으로 바뀌면 거추장스럽고 혼란스러우며 짜증나는 일이 됩니다.

고통이 익숙해질 수 있는 것이라면 이런 익숙함을 통해 고통을 덜 수도 있지 않을까요? 대답은 간단명료합니다. '그렇습니다!' 뇌중추에서 처리된 신호는 말단부에서 처음 생겨난 신호보다 더 결정적으로 우리의 지각능력에 관여합니다. 그렇기 때문에 환상통이 생겨나고, 수도승들이 끊임없이 고행을 하고, 어머니들이 출산의 엄청난 고통을 맛보고 난 뒤에도 나중에 이를 긍정적인 체험으로 여겨 또 다시 아이를 낳을 엄두를 낼 수 있는 겁니다. 우리는 이런 지각을 가능케 하는 뇌의 활동에 어떻게 접근할 수 있을까요? 통증치료에 있어서 가장 주목할 만한 새로운 접근법 중 하나가 바로 '뉴로피드백(neurofeedback)' 입니다. 이 방법의 모델이 된 바이오피드백(biofeedback)은 이미 널리 사용되고 있습니다. 여기서는 가령 맥박측정기를 이용하여 사람들이 자기 의지로 맥박수를 조절할 수 있게 만듭니다. 이와 비슷한 방식으로 우리는 통증을 처리하는 뇌중추의 활동을 MRI 모니터로 보며 통증의 민감도를 낮추는 방법을 학습할 수 있습니다. 하지만 이 방법은 아직 연구단계에 있으며, 필요한 의료장비의 규모와 가격 때문에 집에서 하기에 적합하지도 않습니다. 그래도 이것은 고통이라는 유령을 정신의 힘을 통해서 우리의 머릿속에서 몰아내거나 최소한 줄일 수 있는 상당히 전도유망한 방법임에 틀림없습니다.

결론

고통이여 – 좋다, 당장 오너라. 이미 왔다고?
그럼 진통제여 – 너도 당장 오너라!

소아과의사로 일할 때 겪었던 재미난 에피소드를 한 가지 이야기하겠습니다. 여섯 살 난 사내아이가 요추천자(lumbar puncture) 시술을 받아야 했습니다. 그 아이는 값비싼 민영의료보험에 가입되어 있었기 때문에 병원 과장이 몸소 아이를 찾아와 자상한 아버지처럼 이렇게 말했습니다.

"애야, 인디언은 고통을 모른단다!"
그러자 아파서 괴로운 아이는 이렇게 대답했습니다.
"하지만 난 인디언이 아니에요, 이 바보 아저씨야!"

행복 레시피 2
요리를 못하는 모든 이를 위한 요리법

① 맛있는 초콜릿을 산다.

② 초콜릿 한 쪽을 맛있게 먹는다.

③ 10분을 기다린다.

④ 효과가 없으면 2단계와 3단계를 반복한다.

⑤ 여전히 효과가 없으면 1단계부터 다시 시작한다.

팁 – 가끔 다른 초콜릿으로 바꾸면 새로운 기분을 느낄 수 있습니다.

어린아이들이 잠시도 가만히 있지 못하는 건 본능이다(사진 왼쪽은 저자).

건강을 위해 달려라

깊은 감동은 아름다우나 그보다 운동이 더 좋다.

볼프 비어만(Wolf Biermann)

《행복의 공식》을 쓴 슈테판 클라인(Stefan Klein)에게 이렇게 물은 적이 있습니다. 행복에 대한 방대한 연구를 통해 많은 지식을 얻고 난 뒤에 본인의 삶에 어떤 변화가 왔느냐고 말입니다. 그랬더니 그의 대답은 "예전보다 운동을 더 많이 합니다!"였습니다. 나는 이 말이 아주 설득력 있게 들려서 운동이란 주제를 이론적으로 연구해보고자 하는 의욕이 생겼습니다. 내 안 깊숙한 곳에 마라톤 선수가 있다고 늘 생각하던 바였고요. 물론 그 마라톤 선수는 아주 깊은 잠에 빠져 있었지만 말입니다. 아무튼 나는 운동을 아주 좋아합니다. 그런데 운동을 직접 하는 일은 거의 없습니다. 솔직히 말하면 지난 20년 동안 아무런 운동도 하지 않았습니다. 근본적으로는 운동을 좋아합니다. 지금은 20년 전보다 훨씬 더 좋아합니다.

사실 어릴 때부터 나는 운동을 좋아해야 할 최상의 조건들을 갖추고 있었습니다. 아직 학교도 다니기 전에 나는 정형외과에서 발 교정용 신발 안창을 처방받았습니다. 우리는 형제들이 모두 평발이었습니다. 의사는 눈으로 한 번 휙 훑어보고 곧바로 평발이라는 진단을 내리더군요. 바퀴달린 의자에 푹 파묻혀 있던 작고 뚱뚱한 그 남자가 무척 멋져보였던 기억이 납니다. 그는 오랜 연습으로 터득한 기술을 이용하여 바퀴달린 의자에 앉은 채 한쪽 발로 바닥을 차서 책상부터 진찰대까지 곧장 굴러 와서 멈춰 설 수 있었습니다. 그러니까 의사가 몸을 움직인 게 아니라 의자가 진찰대 앞으로 온 것입니다. 그는 2초간 우리 형제들의 발을 살펴보더니 "흠, 안창을 써야 겠군……."이라고 혼잣말로 중얼거렸습니다. 그리고는 뭐라고 알아듣지 못할 말을 한 마디 내뱉고는 (사실 그것은 의자를 다시 굴리기 위해 낸 소리였다고 하는 게 맞습니다) 단번에 다시 책상으로 돌아갔습니다. 그는 진찰대와 책상 사이의 2미터 정도 거리를 그런 식으로 굴러다녔기 때문에 허벅지 위쪽 근육은 전혀 사용할 필요도 없었습니다. 당시에 나는 아직 어렸기 때문에 정형외과 전문의가 되는 과정을 소상히 알지는 못했지만, 바퀴달린 의자로 굴러다니는 남자가 운동기관을 전문으로 다루는 정형외과 의사가 되어서는 안 된다는 것쯤은 본능적으로 느낄 수 있었습니다.

모든 독일인들이 매일 아침 10분간 스트레칭을 하여 근육을 깨운다면 요통환자와 정형외과 전문의의 절반은 사라질 것이라고 주장하는 사람들도 있습니다. 하지만 누가 그렇게 하려고 들겠습니까? 엉덩이를 일으키기 위한 모든 처방의 가장 큰 문제점은 엉덩이가 퍼져 있기를 좋아한다는 만고불변의 사실입니다. 군이 거울을 자세히 들여다보지 않는다면 엉덩이 주인은 오랜 기간 동안 펑퍼짐한 엉덩이를 알아차리지도 못합니다.

하버드대학의 벤 샤하르(Ben-Shahar) 교수는 인간이 어떤 경우에 자신의 행동을 바꾸는지에 대하여 매우 설득력 있는 이론을 제시하였습니다. 그에 따르면 익숙한 행동을 바꾸기 위해서는 목표가 매력적이어야 할 뿐만 아니라 목표에 이르는 길 또한 매력적이어야 합니다. 사실 목표 없는 재미는 밋밋할 뿐이고 재미없는 목표도 마찬가지입니다. 또 흔히 말하듯이 '길이 곧 목표'도 아닙니다. 항상 이 두 가지가 잘 버무려져 있어야 합니다. 어떤 일을 할 때 행복을 느끼지 못하면 그 일에서 금방 손을 떼게 되니까요! 벤 샤하르가 관찰한 또 다른 현상이 있습니다. 그는 육상경기에 참가하기 위해 훈련을 하면서 이 시기에 의도적으로 각별히 건강한 방식의 식사를 했습니다. 목표가 달성되고 나면, 즉 경기가 끝나면 그 동안의 금욕적인 생활을 보상받으리라고 마음먹었습니다. 패스트푸드점에 가서 자신이 가장 좋아하는 햄버거를 마음껏 먹는 게 그가 생각하는 보상이었죠. 경기가 끝나자마자 그는 패스트푸드점으로 달려가 햄버거를 잔뜩 주문할 요량으로 계산대 앞에 섰습니다. 그런데 문득 그는 건강하지 않은 음식을 먹고 싶은 욕구가 자기 안에서 아예 사라져버렸음을 알게 되었습니다. 기대하던 보상이 과정을 거치는 동안 그 매력을 상실한 것입니다.

나쁜 습관이 또 다른 부정적 경험을 초래하는 현상에 대해서 우리는 악순환이라는 단어를 자주 사용합니다. 이런 악순환의 고리를 끊는 것이 얼마나 어려운지는 누구나 잘 알고 있습니다. 그런데 이것은 인간이 습관의 동물인 탓이지 '악'과는 별로 관계가 없습니다. 왜냐하면 그와 똑같은 고집스러움이 긍정적인 특성에서도 발견되니까요. 다만 이를 지칭하며 통용되는 단어가 없을 뿐입니다. 왜 독일어에는 악순환의 반대말이 없는지 모르겠습니다. 그래서 말인데 '행복 소용돌이'라고 하면 어떨까요?

운동을 시작하면 처음 며칠 동안은 운동하기가 그렇게 어렵지 않습니다. 처음에는 의욕이 강하기 때문입니다. 하지만 시간이 좀 지나면 게을러집니다. 이때 게으름에 굴복하지 않고 3주일 정도 꾸준히 운동을 하면 우리 몸에 새로운 행동패턴이 학습됩니다. 그때부터는 조깅을 해야 한다고 자신에게 강요하지 않아도 몸이 알아서 조깅을 하고 싶어 합니다. 조깅할 시간이 되면 우리는 마치 문 앞에서 꼬리를 살랑거리는 개처럼 현관문을 열고 밖으로 나가려고 합니다(이 비유가 아주 적절치는 않지만 무슨 의미인지는 다들 잘 아실 겁니다). 그리하여 조깅이 몸에 완전히 배고 나면 또 다른 놀라운 일들이 연속해서 벌어집니다. 수십 년을 골초로 살아온 어떤 친구는 조깅을 시작하고 나서 담배에 대한 욕구가 씻은 듯이 사라졌다고 말해서 나를 놀라게 했습니다. 억지로 끊으려고 노력할 필요도 없이 저절로 담배가 끊어지더라고 했습니다. 애당초 그 친구의 목적은 금연이 아니었는데 말입니다. 이런 게 바로 '행복 소용돌이'의 효과입니다.

하지만 이렇게 되기 위해서는 조깅 자체가 재미있어야 합니다. 나는 러닝머신 위에서 달리기 위해 몇 킬로미터를 자동차를

타고 헬스클럽으로 오는 사람들을 통 이해할 수가 없습니다. 이
러닝머신이란 기계는 사람들의 몸이 앞으로 나아가지 못하게 방
해합니다. 그 때문에 정신은 자꾸 몸에서 벗어나게 되지요. 참
요상하고 정신없는 기계입니다! 게다가 이 기계가 벽을 향해 놓
여 있으면 그 위에 올라서서 뛰는 사람들이 마치 죽을힘을 다해
벽으로 돌진하려 들고, 그들이 딛고 있는 바닥은 악착같이 이를
방해하는 것처럼 보입니다. 헬스클럽에 죽 늘어선 러닝머신들
과 그 위를 달리는 사람들을 보면서 나는 만약 외계인이 실수로
이곳에 불시착한다면 이 광경을 보고 무슨 생각을 할지 잠시 머
릿속에 그려보았습니다.

　혹시 아직 충분치 못할까봐 다시 한 번 밝혀두지만 나는 조깅
을 좋아합니다. 가끔씩 직접 하기도 하고요. 물론 스톱워치를 사
용하지는 않습니다. 베를린의 슐라흐텐 호수 주변은 특히 조깅
하기가 좋습니다. 그곳에는 가로지르는 단축코스가 없기 때문
에 언제나 코스를 완주해야 합니다. 애당초 마음속의 잡념을 없
애주지요.

　달리기의 열정은 많은 감동적인 신화를 낳았습니다. 조깅하
는 사람들은 누구든 30km만 달리고 나면 그 전까지 상상도 못
했던 행복감을 맛보게 된다고 말합니다. 문제는 30km를 쉬지
않고 단번에 달려야 한다는 겁니다. 나는 '분할전술'을 사용하
여 이를 시도해 보았지만 약속된 그런 황홀경을 도무지 맛볼 수
가 없었습니다. 대신 온몸의 뼈마디들이 다 쑤시더군요. 하지만
어떤 여자 마라톤 선수가 그런 엔도르핀 도핑 덕택에 마라톤을

끝내고 한참 뒤에서야 경골이 부러진 사실을 눈치 챘다는 이야기는 실화입니다.

출산과 마라톤은 더 없이 강력한 행복의 순간을 맛보게 합니다. 물론 모든 일이 끝난 다음에 말입니다. 아직 진행 중일 때 당사자들의 얼굴에 나타난 표정만 보면 행복과는 아주 멀찌감치 떨어져 보입니다. 하지만 달릴 때 머릿속은 겉보기와 달리 아주 상태가 좋습니다. 달리면서 동시에 이런저런 고민을 할 수 없기 때문입니다. 전화를 하기도 좋지 않습니다. 상대도 헉헉거리며 전화를 하지 않는 한 말입니다. 그런 식으로 질질 끌며 얘기를 나누느니 그냥 깨끗이 몇 바퀴 달리고 끝내는 게 훨씬 낫습니다. 똑같은 생각에서 좀처럼 벗어나기가 힘든 사람에게 달리기는 최상의 처방입니다. 달리면 금세 잡념들이 활동을 멈춥니다. 이것은 게임을 하는 동안 삶의 의미에 대해 고민하는 사람이 없는 것과 비슷합니다. 운동할 때 우리 몸은 격렬하게 활동하지만 정신은 점점 더 차분히 가라앉습니다. 달리는 동안은 고민도 없고 해야 할 일의 목록도 없습니다. 그냥 계속 달릴 뿐입니다. "네가 얼마나 자주 포기하든 네 다리만 계속 달리면 된다!" 마라토너들이 즐겨 하는 말입니다. 달리기 시작하면 어느 시점부터 다리가 자동운전 모드로 전환되고 대뇌에는 '계속 달리는 중'이라는 보고가 전달됩니다. 그러면 대뇌는 기뻐하며 정신의 작동을 잠시 꺼놓고 짧은 휴가를 떠납니다.

넬슨 만델라(Nelson Mandela)는 오랜 수감생활을 통해 운동의 중요성을 깨달았습니다. "운동은 영혼의 안식에 가장 큰 적인

긴장을 사라지게 만든다"라고 그는 말했습니다. 서양인들에게
는 달리기를 통해 영혼의 안식에 이르는 아프리카식 방법이 가
만히 앉아서 안식 상태에 이르는 아시아식 명상 방법보다 더 가
깝게 느껴집니다. 이것은 벗었을 때 우리가 살집이 두툼하고 얼
굴색이 창백한 부처보다는 검은 피부의 근육질 마라톤선수처럼
보이길 더 원하기 때문만은 아닙니다. 달리기는 그 자체로 하나
의 명상입니다. 달리기에 머리는 필요치 않습니다. 옛날에 슈퇴
르테베커(Störtebeker, 독일의 전설적인 해적으로 머리가 잘리고도 몇 걸
음 걸었다고 한다 – 옮긴이)가 몸소 보여주었듯이 말입니다.

자주 달리는 사람에게는 심지어 새로운 뇌세포가 자라나기도
합니다. 운동을 열심히 하면 천연 항우울제로 알려진 '신경성장
인자 유도성 단백질'인 VGF가 만들어진다는 것은 이미 증명된
사실입니다. VGF는 알츠하이머병이나 정신력 쇠퇴와 관련된
다른 질병들을 예방해줍니다. 운동이 구체적으로 어떤 방식으
로 정신건강에 도움이 되는지는 학자들 사이에서도 논란이 되고
있습니다. 체온을 높이기 때문인지, 엔도르핀이나 대사전달물
질 세레토닌 때문인지, 아니면 단순히 자존감이 상승하기 때문
인지 말입니다. 최악의 경우 이 모든 것들이 다 함께 작용해서
그럴 수도 있습니다! 분명한 것은 운동이 우울증에 좋다는 사실
입니다. 운동을 시작하는 순간 우리는 나도 마음만 먹으면 달라
질 수도 있다는 감정을 얻게 됩니다.

경미한 우울증에는 밖으로 나가 햇빛을 받으며 운동을 하는
것이 약을 먹고 소파에 누워 부작용만 기다리는 것보다 훨씬 낫

습니다. 우울증 치료제가 아직 없던 시절에는 정신병원에 농장을 만들어 환자들이 모두 힘을 합해 일을 하도록 처방하는 경우가 많았습니다. 하지만 항우울제가 개발되면서 이 훌륭한 방법은 사라졌습니다. 60년대 이후로 옛 정신병원들은 문을 닫고 현대식 병원들이 속속 들어섰습니다. 농장에는 콘크리트 건물이 세워지고 '발전'은 목표를 넘어서 더 멀리 나아갔습니다. 심리치료와 약만 제대로 쓰면 신체 활동은 아무래도 상관없다는 잘못된 생각이 확산되었습니다. 그래서 지금도 많은 정신과 병동에서 운동부족이 큰 문제가 되고 있습니다. 간호인들에게 밖으로 나가 담배 필 시간은 있어도 환자와 함께 운동을 할 시간은 부족합니다. 정기적으로 엘리베이터를 차단하고 모든 사람들이 계단을 이용하게만 하더라도 즉각적으로 치료효과가 개선되는 병원들이 속속 생겨날 텐데 말입니다.

VGF 연구자들은 운동할 때와 똑같이 기분을 상승시켜주는 약을 개발하려고 합니다. 쥐들에게 운동을 시키지 않고 VGF만 투여했더니 기분이 좋아지는 효과가 나타났다는 우울한 보고도 있습니다. 곧 달리기 알약이나 헬스 주사도 나올 판입니다. "VGF의 효능이 밝혀짐으로써 신체활동이 우울증 개선에 기여하는 메커니즘이 발견되었다"라고 예일대학의 로널드 더먼(Ronald Duman)은 최고 권위의 학술지 〈네이처〉에 발표하였습니다. 나를 고리타분한 인간으로 여겨도 할 수 없습니다. 〈네이처〉에서 뭐라고 하든지 나는 여전히 '자연'에서 하는 운동이 최고의 처방이라고 확신합니다. 그럼 잠시 나가서 뛰고 다시 오겠습니다.

Warum kaufen so viele Menschen Mineralwasser ohne Kohlensäure?

Wegen der STILLE! Die kaufen kistenweise „Stilles Wasser", aber im Grunde ihres Herzens wollen sie gar nicht das Wasser, sie sehnen sich nach der Stille. Wenn die wüssten, dass man Stille auch ohne Wasser bekommen kann! Dann müssten die sich nicht so abschleppen.

„Still!" ist ein Befehl. Eine leise aber bestimmte Aufforderung: Stille deinen Durst. Durst ist eines der wenigen Gefühle die Männer wahrnehmen und artikulieren können. Wobei es nach dem Durst stillen mit dem Artikulieren bisweilen schwieriger wird. Aber stillen kann es auch nonverbal empfunden werden. Durst gibt Richtung. Über den Durst – unter den Tisch. Orale Befriedigung. Nicht umsonst kommt das Wort „stillen" nur in Kombination mit Getränk und Mutterbrust vor. So wie die Mutterbrust einst größer war als unser kleiner Kopf, so ist der Durst größer als wir – man kann übermächtig, außer mir, so wie unsere Sprache es verrät. Es der ... Da ist kein durstiges Subjekt mehr, nur ein Objekt, ein Opfer der drohenden Dehydrierung.

Quatsch!

Das glaubt der doch selbst nicht!

Der Durst nach Stille ist noch schwer zu stillen, wenn wir ihn denn erst einmal wahrnehmen. Wie laut ich selber unterwegs bin, merke ich am besten im Kontrast, am Meer. Lange Zeit habe ich Sylt gemieden. Ich dachte immer, das sei die Insel der Reichen und Schönen. Und das stimmt ja auch – aber es sind zwei verschiedene Gruppen.

Ich weiß noch genau, wie das erste Mal war. Ich kam in Westerland am Bahnhof an und sagte zum erstbesten Eingeborenen: „Sind sie von hier, ja? Wie komm ich am schnellsten zum Strand?"
Der schaute mich lange an und sagte: „Moin, moin!" Und gefühlte Stunden später: „Junger Mann, nicht so hektisch, weißt du überhaupt, wo du hier gelandet bist?"
Ich antwortete: „Klar, Sylt, schöne Insel, hab ich mir sagen lassen, mit ein paar Problemen, Erosion und so, hab mich informiert."
„Na da hast noch Antworten."
„Versteh ich nicht."
„Du willst schnell zum Strand. Nimm dir doch einfach ein bisschen mehr Zeit und bleib hier stehen. Dann kommt der Strand zu dir von ganz alleine!"

Das ist Gelassenheit. Er nahm mich mit ans Meer und sagte: „Ihr Städter habt keine Ahnung mehr von den Zeichen der Natur. Wenn du ins Wasser gehst und kommst raus und bist aber trocken, will die Natur dir etwas sagen."
„Was denn?"
„Ebbe!"
Dann nahm er eine Muschel und sagte: „Halte die mal an dein Ohr!"
Und, sie werden es nicht glauben, ich hörte das Meer rauschen.
Dann sagte er: „Eckart, noch eins. Wenn du am Meer stehst, kannst du es sogar auch ohne Muschel hören!"
Und er hat so recht! Aber ich hatte vorher gar nicht

er hat gut reden !!

쉘 위 댄스?

너희 독일인들은 노래를 들으며 춤을 출 때 음악에 맞추어 추는가,
아니면 가사를 따라 추는가?
카야 야나르(Kaya Yanar)

곰이 탭댄스 추는 걸 본 적이 있나요? 정말 신기하게 잘 춥니다. 하지만 곰이 탭댄스를 춘다는 건 틀린 말입니다. 곰은 단지 지시에 따라 발을 구를 뿐이니까요. 그렇지만 우리 인간은 따로 배우지 않아도 춤을 출 수 있습니다. 우리와 동물의 차이는 바로 춤입니다!

세계 어느 문화권에서든 사람들은 모두 음악에 맞추어 리드미컬하게 춤을 춥니다. 그 중에서도 독일인들은 특히 춤을 잘 춥니다. 외국에서는 독일하면 자로 잰 듯 정확하게 발을 맞추어 행군하는 군인들의 모습을 흔히 떠올리지만 실제로 독일 사람들은 아르헨티나 사람보다 더 '아르헨티나스럽게' 탱고를 추고, 피델 카스트로보다 더 '쿠바스럽게' 살사를 춥니다. 볼룸댄스에서도 독일인들의 수준은 유럽 평균을 훨씬 웃돕니다. 요즘 독일은 걷잡을 수 없는 사교댄스 르네상스가 도래할 지경입니다.

 나도 춤추는 걸 정말 좋아합니다. 최근 몇 년 동안 가장 즐거웠던 순간 중 하나는 탱고나 살사 같은 '5리듬' 춤을 출 때였습니다. '5리듬'은 댄스치료사 가브리엘레 로트(Gabrielle Roth)가 개발한 방법인데, 여러 가지 스타일의 음악을 통해서 근육을 다양한 강도로 단련시키며 놀라운 운동효과를 보게 합니다. 사실 내가 자유롭게 춤을 춘다는 것 자체가 이미 놀라운 일이긴 합니다.

 음악은 뇌와 다리에 동시에 작용합니다. 우리는 국가가 연주되면 자리에서 일어나 예를 표하지만 좋아하는 음악이 나오면 경중경중 뛰면서 열광합니다. 반면에 클래식 공연장에서는 움직이지 않고 제자리에 가만히 앉아있는 것이 문화인다운 태도라고 여깁니다. 여기서는 박자에 따라 몸을 흔드는 자연스러운 충동이 억제됩니다. 그러나 마지막 음악이 끝나기가 무섭게 아주 점잖게 앉아있던 사람들은 벌떡 일어나 열렬하게 박수갈채를 보내며 자신의 마음을 표현합니다. 그때까지 억누르고 있던 움직임에 대한 욕구를 마침내 충족시키는 겁니다.

 음악에 따라 몸을 움직이는 것은 자연스러운 일입니다. 어린 아이들은 이것을 알고 또 아주 자연스럽게 그렇게 합니다. 성인이 되는 과정에서 자연스러운 춤추기를 잊어버리지만 않는다면 어른이 되어서 어렵게 다시 춤을 배울 필요도 없을 텐데 말입니다. 춤을 많이 추는 아이들은 공간적 사고력이 더 뛰어나고 또 다른 여러 가지 사회적 능력에서도 그렇지 않은 아이들보다 더 좋은 성과를 보입니다. 춤은 현재뿐 아니라 나중에도 도움이 됩니다. 신학자 아우구스티누스는 이렇게 말했습니다. "인간들이

여, 춤을 배워라. 그렇지 않으면 하늘나라에서 천사들이 처음에
너희를 어떻게 대해야 할지 몰라 애를 먹으리니."

그렇지만 춤을 자주 추는 사람은 그렇지 않은 사람보다 하늘나
라에 더 늦게 갑니다. 심근경색이나 뇌졸중 환자의 재활치료에 춤
보다 더 건강한 방법은 없으니까요. 그래서 요즘은 환자들의 댄스
모임의 수가 스포츠클럽마저 앞지르는 추세입니다. 운동은 수명연
장에도 도움이 되지만 무엇보다 노년의 삶에 활력을 불어넣어 줍
니다! 신나게 춤을 추면 걱정거리를 잊을 수 있습니다. 심지어 알츠
하이머도 걱정할 필요가 없습니다. 노인들을 대상으로 장기간 관
찰한 어느 연구결과에 따르면 규칙적인 춤은 치매에 걸릴 위험을
76%나 감소시키는 것으로 밝혀졌습니다. 수수께끼 풀기나 독서
혹은 다른 각종 운동들보다 훨씬 효과가 좋은 방법인 셈입니다. 그
이유는 춤이 우리에게 다양한 차원의 여러 가지 동작을 요구할 뿐
만 아니라 무엇보다도 커다란 기쁨을 주기 때문입니다. 춤을 추려
면 자신의 몸뿐만 아니라 다른 사람의 몸과도 함께 움직이며 새로
운 스텝을 배우고 각종 동작을 익혀야 합니다. 이런 방식으로 사람
들과 나누는 교제는 우리 기분을 밝게 해주며, 춤을 출 때 즐거운
음악을 함께 듣는 것도 우리를 더욱 행복하게 해줍니다. 반면 가로
세로 낱말 맞추기는 가로와 세로 두 가지 길밖에는 없습니다.

스티븐 브라운(Steven Brown)이 이끄는 연구팀은 텍사스에서
탱고 댄서들의 뇌를 촬영한 결과 이들의 측두엽에서 쐐기전소엽
(precuneus)이라는 내비게이션 장치를 발견했습니다. 공간에서
내 몸을 어떻게 움직여야 하는지 알기 위해서는 팔다리가 현재

무엇을 하는지부터 먼저 알아야 합니다. 쐐기전소엽에서 우리
는 복잡한 춤 모양을 상상하며 미리 몸동작 계획을 짜서 다리가
꼬이지 않게 합니다. 그래서 서서히 동작이 익숙해지면 그때는
발을 내려다보지 않고서도 춤을 잘 출 수 있게 됩니다. 실제로
나는 댄스교습 때마다 고개를 숙이지 말고 머리를 꼿꼿이 세운
채로 여성을 리드하라는 지적을 받았습니다.

　연구팀은 소뇌에서도 신체 고유의 메트로놈을 발견하였습니
다. 우리 몸속의 메트로놈은 무의식적으로 박자를 내보냅니다.
춤을 많이 출수록 리듬은 더 쉽고 빠르게 뇌에서 팔다리로 전달
됩니다. 그것도 시공간적으로 더욱 조화를 잘 이루어서 말입니
다. 나는 춤을 배울 때 리듬이 피에도 전달되는 느낌을 받았습니

다. 리듬이 내 얼굴을 더욱 붉게 만드는 걸 분명히 느낄 수 있었
으니까요. 게다가 뜻밖에도 아름다운 게르트너 양과 짝이 되었
을 때는 너무 수줍어 단 한 마디도 말을 할 수가 없었죠.

춤의 몸짓언어가 말의 언어보다 훨씬 더 오래되었다는 학자
들의 말은 내게도 적잖은 위안을 줍니다. 아무튼 춤은 우뇌에서
관장하는데, 그 위치는 좌뇌에서 언어를 관장하는 영역의 위치
와 정확히 대칭을 이룹니다. 이것은 결코 우연이 아닐 겁니다.
우리는 말을 하기 훨씬 전부터 동작을 따라합니다. 모방은 가장
빠른 학습 방법이니까요. 문서파일로 슬로 폭스트로트(영국의 귀
족 댄스-옮긴이) 스텝의 순서를 배우려 해본 적이 있습니까? 내
경우는 90쪽에 달하는 설명을 읽는 것보다 9분짜리 비디오를 보

낯선 문화에서는 춤이
의사소통과 이해를 돕는다.
(저자의 네팔 트래킹 당시의 사진.
왼쪽 사진을 잘 보면 한글과
태극기가 있다 - 옮긴이)

며 따라하는 것이 훨씬 이해하기 쉬웠습니다. 아기들에게 어떻게 두 발로 걷는지, 걸을 때 박자는 어떻게 맞추는지 따위를 설명할 필요가 없는 것도 천만다행입니다. 그런 건 모두 저절로 배워지니까요. 손발을 먼저 움직이고 그 다음에 말을 익히는 진화의 순서는 오늘날에도 이탈리아인들에게서 잘 관찰할 수 있습니다(이탈리아인들은 쉬쉬신호를 잘 사용하는 편이다-옮긴이).

댄스플로어에서 내가 아주 결정적인 경험을 한 것은 뻣뻣한 자세로 처음 스텝을 배울 때가 아니라 그로부터 몇 년이 지난 뒤 어느 작은 마을의 댄스클럽에서였습니다. 당시 열일곱 살 사춘기였던 나는 엄청난 변화를 겪고 있었음에도 불구하고 도무지 바뀌지 않는 것이 한 가지 있었습니다. 그건 여전히 춤을 못 춘다는 사실이었습니다! 파티장에 가면 늘 구석자리에 서서, 열심히 몸을 흔들어대는 사람들을 구경하며 어떻게 저렇게들 춤을 잘 출까 부러워하기만 했습니다. 따로 배웠을까? 미리 연습을 하고 온 걸까? 비밀 강습이라도 받은 게 아닐까? 내가 간신히 할 줄 아는 자이브와 폭스트로트는 프리스타일에서조차 도움이 되지 않았습니다. 한번은 자신을 극복해보려는 시도를 한 적이 있습니다. 그것도 하필 내가 좋아하는 여학생 주최의 파티에서 말입니다. 나는 실내의 어두움을 이용하여 농구할 때도 활용하는 '별 스텝'을 밟아보았습니다. 별 스텝이란 발을 바닥에 고정시킨 채 다른 발로 그 주위를 별모양으로 도는 것이었습니다. 나는 이 끔찍한 안무를 곡이 절반도 채 지나지 않은 상태에서 접어야 했습니다. 완전히 절망에 빠져 나의 한심한 노력을 비웃어줄 판결

만을 기다렸습니다. 조롱의 휘슬을 불어 어서 빨리 그 자리에서 나를 퇴장시켜주기만 바랐습니다. 하지만 아무도 휘파람을 불지 않았고 어둑어둑한 실내는 빨갛게 달아오른 내 얼굴로 환해졌습니다.

　같은 해에 나는 다른 친구 두 명과 함께 자전거 여행을 했습니다. 둘 다 나보다 두 살 위이고 훨씬 쿨하고 인생경험도 많았습니다. 우리 셋은 뤼네베르크 근처의 디스코클럽에 갔습니다. 그때까지 나는 한 번도 디스코클럽에 가본 적이 없었습니다. 어차피 춤도 못 추니 갈 일이 없었죠. 우리는 바에 자리를 잡고 앉았고, 마침 내가 좋아하는 곡이 흘러나왔습니다. 나는 자연스레 몸을 흔들기 시작했습니다. 다른 사람 눈에 내가 어떻게 비쳐질지 따위는 생각지 않았습니다. 그곳에 나를 아는 사람은 아무도 없었고, 나 역시 누굴 사귀고 싶은 생각이 없었으니까요. 그야말로 아무런 의도 없이 음악에 맞추어 몸을 흔들었습니다. 그리고 아주 자연스럽게, 그때까지는 서로 느슨하게만 연결되어 있던 신체부위들을 재발견하기 시작했습니다. 손발과 팔다리, 내가 애써 떠받치지 않아도 떨어지지 않는 머리, 상체와 하체를 연결해주는 엉덩이. 와우! 정말 재미가 느껴졌습니다! 처음에는 눈을 감고 그러다가 나중에는 눈을 떴습니다. 처음에는 입을 다물고 그러다가 나중에는 헤벌리고 춤을 추었습니다. 두 시간 동안이나 쉬지 않고요. 친구들이 자리에서 일어나며 놀랍고 대단하다는 표정으로 나를 쳐다보았습니다. "세상에, 네가 그렇게 춤을 잘 추는지 몰랐어!" 나는 환하게 웃으며 대답했습니다. "나도 몰랐어!"

IF I CAN HAVE SEX AND DRUGS
I'LL DO FINE WITHOUT ROCK'N ROLL

섹스와 마약만 있다면 로큰롤 없이도 잘 해나갈 수 있어

위대한 철학적 전통은 모두 좋은 마약을 구하기 어려웠던 시절에 탄생
하였다.

인생은 탐색의 연속이다

세상에는 두 가지 비극만 존재한다.
하나는 원하는 바를 얻지 못하는 것이고 또 다른 하나는 얻는 것이다.
오스카 와일드(Oscar Wilde)

방송국에는 교양국과 예능국이 엄격하게 분리되어 있습니다. 하지만 우리의 뇌는 그렇게 하지 않습니다. 음악에서는 예술음악과 대중음악을 따로 구분합니다. 하지만 우리의 뇌는 그렇게 하지 않습니다. 마취제 사용규정에 따르면 합법적 마취제와 비합법적 마취제가 구별됩니다. 그렇다면 우리 뇌에서는 어떨까요? 전혀 상관하지 않습니다.

우리의 뇌는 TV를 보며 뭔가를 배우면 즐거워하고 재미를 느끼며 도파민을 분비합니다. 무언가가 기대 이상으로 좋을 때면 항상 도파민이 분비되듯이 말입니다.

음악에서 우리는 머릿속으로 어떤 멜로디를 계속 흥얼거리며 작곡가의 창의성에 감탄하게 될 때 희열을 느낍니다. 그러면 그 음악을 즐겨 듣고 기억하게 됩니다. 현대음악 작곡가들처럼 청중으로 하여금 무엇이 멜로디인지 알 수 없고 앞으로 어떻게 전개될지도 예측할 수 없는 음악만 만들어낸다면, 듣는 재미는 사라지고 맙니다. 이런 음악은 진짜 '심각한' 음악입니다.

마약도 정말 심각한 주제입니다. 행복은 지나가는 것이어야 합니다. 그래야 새로운 행복과 새로운 학습경험을 위한 자리가 생길 테니까요. 우리에게 보상을 담당하는 중추가 존재하는 이유도 여기에 있습니다. 하지만 우리 인간은 매우 영리해서 문화사에서 꾸준한 노력이 필요한 길을 최대한으로 줄이고, 곧바로 보상중추로 달려가 그곳을 유흥가로 전락시키는 여러 가지 방법들을 발견하였습니다. 마약은 전기 합선과 비슷합니다. 헤로인을 직접 혈액에 주사하는 행위는 드라이버로 전기플러그의 양극과 음극을 연결시키는 짓과도 같습니다. 순간적으로 많은 열과 빛이 발생하지만 곧 퓨즈가 나가버립니다.

헤로인을 처음 경험할 때의 느낌은 정말 굉장하다고 합니다. 영화 《트레인스포팅(Trainspotting)》에서 보면 한 마약중독자가 이런 말을 합니다. "네가 지금까지 경험했던 최고의 오르가슴을 떠올려 봐. 이건 그것보다 천 배는 더 좋아…!" 이런 내용을 공공연하게 말하거나 글로 쓰면 안 되겠지만 당신이 당장 헤로인을 구하러 밖으로 뛰쳐나가지 않고 마약이 우리 뇌에서 어떻게 작용하는지를 계속 읽어나가리라 믿으며 계속 이야기하겠습니다. '보상중추'가 우리로 하여금 호기심을 갖고 세상을 바라보도록 자극하는 학습체계라면 우리는 당연히 마약의 경험으로부터도 뭔가를 배우게 됩니다. 왜 굳이 힘들게 노력해야 하지? 도취의 느낌을 맛보기 위해 30km를 달릴 필요가 있을까? 돈으로 한 번에 똑같은 황홀경을 살 수 있는데? 이런 생각을 하게 되는 게 바로 마약의 학습효과입니다. 그래서 역 근처에는 운동화를 구걸하는 사람은 없고 돈을 구걸하는 사람들만 우글거립니다.

마약중독자들은 더 이상 호기심을 갖고 세상을 탐구하려 들지 않고 새로운 경험을 찾지도 않습니다. 이들은 최초의 경험을 계속 반복해서 느끼고 싶어 할 뿐입니다. 그 외의 다른 것에는 아무런 흥미도 느끼지 못합니다. 예전에 짜릿한 감정을 느끼게 해주던 것들에도 더 이상 관심이 없습니다. 마약중독자들은 음식이나 연애에 완전히 흥미를 잃고 오로지 곧 악몽으로 바뀔 약물만을 위해 자신의 몸과 마음을 갉아먹습니다.

주사를 맞는 것이 계속 재미를 준다면 그나마 다행이겠지만 그렇지도 않습니다. 우리의 행복체계는 헤로인 합선과 같은 과도한 경험을 맛본 다음에는 곧바로 이를 학습합니다. 그리고는 이런 자극에 너무 예민해지면 안 된다는 생각에서 자극받는 수위를 올려버립니다. 그렇기 때문에 모든 종류의 중독은 습관성이 되고 필요한 양도 점점 늘어나게 되는 겁니다. 항상 '더 많이' 원하게 됩니다!

그런데 아무리 '더 많이' 주어도 자극은 점점 줄어들기만 합니다. 악순환에 가속도가 붙고 이성과 통제력을 완전히 상실할 때까지 오로지 마약만 갈구합니다. 춤, 사랑에서도 우리는 자주 이런 '통제 불능'의 상태에 이릅니다.

중독이 되는 이유는 끊임없이 갈구하기 때문입니다. 도파민은 우리를 충동질하고 미치게 만듭니다. 그것은 우리에게 만족감과 행복을 약속하지만 절대로 온전히 가져다주지 않습니다! 진화의 설계에 따라, 우리는 행복을 갈구하지만 결코 지속적으로 그것을 느끼지는 못하도록 프로그래밍되어 있습니다. 미칠 노릇이지요! 미국의 헌법에도 '행복추구권'이 보장되어 있다고 나옵니다. 다시 말해서 행복을 탐색할 수는 있지만 그것을 찾아서 손에 넣는다는 보장은 없다는 겁니다. 탐색은 평생토록 계속됩니다. 그리고 어떤 지름길을 택할 때마다 목적지에서 점점 더 멀어집니다. 비극적이면서도 희극적이고, 비인간적이면서도 인간적이며, 우주 최대의 해학이자 심술이 아닐 수 없습니다.

코카인이든 옷이든, 헤로인이든 호머 심슨이든, 이 모두의 기본 메커니즘은 똑같습니다. 어떤 일에 흥미를 느끼고 강도를 높이다가 중독이 되고 그러다 언젠가는 다시 흥미를 잃어버립니다. 이것들은 얼핏 보면 당혹스러울 정도로 똑같지만 자세히 들여다보면 그렇지만도 않습니다. 초콜릿 푸딩, 유머, 사랑은 엑스터시, 알코올, 담배보다 훨씬 덜 파괴적인 흥분제입니다.

한편 중독이라는 저주가 없으면서도 큰 기쁨을 주는 것들도 있습니다. 친구, 음악, 책 등이 그렇습니다. 책벌레가 책을 읽으며 느끼는 자유는 중증 알코올중독자가 술을 마시며 느끼는 자유와는 차원이 다릅니다.

나는 지금 도덕적 설교를 하려는 것이 아니라, 금주를 위해 알코올중독 클리닉에 들어 와서 너무나 힘들게 고생하는 사람들을 본 경험에서 말하는 겁니다. 정치가들은 하나같이 애써 외면하려 들지만 통계가 말해주는 엄연한 사실이 한 가지 있습니다. 독

일에서 헤로인으로 인한 사망자 수는 점점 줄어드는 반면 술과
담배로 인한 사망자는 계속 증가하고 있다는 것입니다. 술과 담
배는 재발률이 헤로인보다 높습니다. 술과 담배가 나라의 든든
한 수입원이 되는 이유가 바로 여기에 있습니다. 하지만 이 '기
호품'에 대한 세금을 순식간에 크게 올리면 확실히 소비가 줄어
듭니다. 인간의 이성에서 그래도 여전히 제 기능을 하는 것이 바
로 '인색함'이니까요.

다시 뇌로 돌아가, 각종 호르몬들이 서로 무슨 이야기들을 나
누는지 한번 들어볼까요? 좋은 느낌은 도파민 혼자 만들어내는
것이 아닙니다. 도파민은 강한 자극을 주고 세상 밖으로 나가고
싶은 호기심이 생겨나게 합니다. 반면에 세로토닌은 차분한 파
트너입니다. 예를 들면 만족스럽게 식사를 하고 난 다음에 "더
좋은 세상을 만드는 일은 내일 해야지. 오늘 저녁은 지금 이대로
가 좋아!"라고 생각하게 만듭니다. 세로토닌은 집에 머무르게
합니다. 그래서 배부른 사람보다는 배고픈 사람이 많을 때 혁명
이 일어나는 겁니다. 그밖에도 전투와 도주, 스트레스와 '액션'
을 담당하는 호르몬은 따로 있습니다. 바로 아드레날린입니다.

담배도 도파민 분비를 촉진합니다. 그래서 담배는 쉽게 중독
됩니다. 담배가 떨어지면 곧바로 도파민이 이렇게 외치니까요.
"이봐, 뇌의 다른 영역들! 너희들이 지금 무슨 일을 하는지 별로
중요치 않으니 잠시 멈추고 내 말을 들어봐. 우린, 지금 담배가
필요해!" 그러면 세로토닌이 이렇게 말합니다. "도파민! 너무 그
렇게 큰소리로 떠들지 마. 여긴 너 혼자가 아니잖아. 행복으로

가는 길은 또 있어. 요가나 호흡, 명상 같은 긴장완화 훈련을 한 번 해 봐." 하지만 아드레날린이 벌써 담배자판기로 달려가서 큰 소리로 소란을 떨기 때문에 세로토닌의 작은 목소리는 이내 묻혀버리고 맙니다.

흡연자에게 왜 담배를 피우냐고 물으면 "맛있으니까!"라고 대답합니다. 이건 누구의 대답일까요? 바로 대뇌피질의 대답입니다. 대뇌피질은 뇌에서 유일하게 말을 할 수 있는 영역이기 때문입니다. 하지만 결정이 이루어지는 곳은 대뇌피질 한 단계 아래인 호르몬계입니다. 이성은 우리 몸을 다스리는 정부가 아닙니다. 차라리 정부의 대변인에 더 가깝지요. 정치에서와 마찬가지로 대변인은 결정된 사항을 제일 나중에 듣게 되지만 대외적으로 이를 설명하고 정당화시켜야 합니다. 우리 이성이 자리하고 있는 대뇌피질이 커다란 영역을 차지하고 있는 이유도 지극히 한심한 행동들에 대해서 매번 그럴 듯한 핑계를 만들어내야 하기 때문입니다. 이미 모든 게 결정되고 난 뒤에야 말이죠. 의회에서도 그렇듯이 진짜 결정은 다른 곳에서 이루어집니다. 가장 하부 영역에서 무슨 무슨 '~엽' 들이 열심히 로비활동을 벌인 결과입니다. 그렇다면 처음 피웠던 담배가 정말로 그렇게 맛있었을까요?

천만에요. 그렇지 않습니다. 담배를 한 번이라도 피워본 사람이라면 다 압니다. 기침이 나고 메스껍고 현기증이 납니다. 갑작스레 침입한 이 독극물에 대해 온 몸이 저항하기 때문입니다. 그러나 도파민 조절장치가 수위를 높이고 나면 흡연이 어느 정도

‘편안함’을 주는 것도 사실입니다. 하지만 그 이유는 단지 그것이 금단현상을 완화시키기 때문입니다. 흡연자들이 흡연을 좋아하는 이유는 담배 한 개비를 피우고 나면 잠시 동안은 예전에 담배를 피우지 않았을 때처럼 편안한 기분이 들기 때문입니다.

그리고 즐기기 위해 담배를 피운다는 사람들에게는 조금 심한 말을 해야겠습니다. 정말 맛 때문에 담배를 핀다면 담배에 불을 붙이지 말고 끓여서 드십시오! 그러면 비흡연자들을 위한 흡연규제법 때문에 흥분할 일도 없습니다. 간접흡연은 실제로 위험합니다. 반면에 간접음주는 그렇게 위험할 일이 거의 없죠!

담뱃갑에 적힌 경고문은 정말 금연 효과가 있을까요? 얼마 전에 가판대에서 한 흡연자가 담뱃갑의 경고문을 읽고 깜짝 놀라는 장면을 목격한 적이 있습니다. 자세히 보니까 "흡연은 성 불능을 유발합니다"라고 쓰여 있더군요. 그 남자는 잠깐 생각하더니 담배를 다시 판매원에게 돌려주며 이렇게 말했습니다. "이거 말고 암을 유발한다고 쓰여 있는 걸로 주세요."

오르가슴에서 가장 중요한 일은
너무 집착하지 말고 놓아주는 것이다.

행복은 절정과 함께 온다?

하느님: "이제 너희에게 나누어 줄 것이 두 가지만 남았다.
하나는 서서 오줌을 누는 능력이다."
아담: "서서 오줌 누는 건 제가 잘 할 수 있으니 저한테 주세요, 네?"
이브: "그럼 나머지 또 하나는 뭐죠?"
하느님: "멀티플 오르가슴이다."

당신이 성행위를 했던 장소 중 가장 특이한 곳이 어디였나요?
나는 제아무리 야성적인 판타지들을 다 동원해봐도 양전자방출
단층촬영장치(PET) 위에서 오르가슴을 느껴보고 싶다는 생각은
떠오르지 않더군요. 실제로 그게 가능하기는 한지 차치하고서
라도 말입니다. 이런 아이디어를 생각해낼 수 있는 사람은 아무
래도 과학자들밖에 없을 것 같습니다.

한 연구팀에서 PET 장비 안에서 파트너의 오르가슴을 유도할
커플들을 모집하였더니 실제로 22명이 자원했습니다. 그들은 학
문의 발전을 위해 그 어떤 극단적인 일도 마다하지 않을 결심으
로 PET를 통해서 실험팀이 자신의 가장 은밀한 부분을 들여다보
도록 허락한 것입니다. 은밀한 부분이란 물론 뇌를 말합니다.

정확한 영상을 얻기 위해 오르가슴 후보자들은 머리를 움직
이지 말고 고정시켜야 했습니다. 하지만 나머지 신체부위들은

최대한 감정에 충실하게 활용하여 쾌락의 최고봉에 도달하도록 노력해야 했습니다. 실험 결과 남성의 뇌에서는 무엇보다도 이미지처리 소프트웨어가 있는 곳이 활발한 움직임을 보였습니다. 눈을 감고 있었는데도 말입니다. 그들은 실험이 진행되는 동안 저 혼자 머릿속으로 선명한 그림들을 그려내고 있었습니다. 남성의 뇌에서는 예상했던 대로 보상중추인 복측피개영역(area tegmentalis ventralis)의 활동이 활발했습니다. 혹시 집에서 따라 해 보고 싶은 사람이 있을지 몰라 자세히 밝혀두는 것뿐입니다. 아무튼 욕구를 채운 남자들은 달콤한 잠에 빠지는 대신 이제 PET장비 안에서 여자들을 만족시켜야 했습니다.

하지만 여성의 오르가슴은 남성들처럼 그렇게 쉽게 얻어지지 않았습니다. 실험 기록을 보면 한 번에 성공한 피실험자가 단 한 사람도 없었습니다. 우습게도 실험팀은 여자들에게 특별히 양말을 신겨주어야 했습니다. 발이 차가운 상태에서 여자들은 통제력을 상실할 만큼 충분히 긴장이 풀리지 않았기 때문입니다. 이 실험을 통해 우리는 또 한 가지 중요한 사실을 알게 되었습니다. 오르가슴에 도달하려면 남자들은 '따끈한' 생각이 필요하고 여자들은 '따뜻한' 발이 필요하다는 것입니다.

그렇게 해서 몸이 따뜻해지니까 여자들이 흥분하기 시작했습니다. 서서히, 하지만 굉장했습니다. 여자들이 오르가슴에 이르자 뇌의 영상에도 아주 놀라운 변화가 일어났습니다. 그 영상은 마치 "보다시피 우린 아무것도 보지 못합니다!"라고 말하는 듯 했습니다. 뇌의 상당 부분에서 활동이 활발해지기보다 오히려 저하되었던 것입니다. 특히 충동의 통제와 자제력을 관할하는 좌측 안와전두피질의 활동이 본격적으로 둔화되었습니다. 여성들이 쾌감을 느끼려면 먼저 제동이 풀려야 했습니다. 즉 자신에 대한 통제를 놓아버리는 과정이 선행되어야 했죠. 그러고 나서 남성의 뇌를 다시 한 번 정확히 관찰하자 남자들의 경우에도 '의식 능력'을 지닌 뇌피질 영역의 활동이 줄어든다는 사실을 확인할 수 있었습니다.

그러므로 흔히들 오르가슴을 '작은 죽음'에 비유하는 것은 신경생리학적으로 일리가 있는 말입니다. 단연 최고의 감정으로 꼽히는 오르가슴을 느끼는 동안에 우리의 이성은 작동하지 않습니다. 뇌에는 '행복의 등불'이 켜지는 게 아니라 오히려 어둠이 내려 앉게 됩니다. 어둠 속에서는 사랑을 속삭이기가 더 좋으니까요! 끊임없이 투덜대는 '불평엽'도 마침내 시끄러운 입을 다뭅니다. PET 안에서의 오르가슴은 깨달음과는 정반대의 작용입니다. 무지몽매해질 위험이 있는 것은 아니고 다만 자아의 해소, 즉 몰아 상태가 발생합니다. 이런저런 잡념이 가득한 자아와 잠시 결별함으로써, 오히려 자기 자신에게 더 가까이 다가갑니다. 이렇게 말하니 다시 아주 영적(靈的)으로 들리는군요. 어쨌든 오르가슴은 이성이 아니라 감성인 것입니다!

하지만 다행스럽게도 우리의 이성은 이로 인해 크게 손상 받지 않습니다. 그렇지 않다면 다음날 다시 이성을 사용하여 새롭게 오르가슴의 기회를 모색하는 일도 더 이상 할 수 없을 테니까요.

아무튼 "머리 나쁜 놈이 밤일은 잘한다"라는 세간의 악의적인 속설은 실제로 아주 허튼소리만은 아니었습니다. 단 몇 초만이라도 자신의 영리한 이성을 포기하지 못한다면 최고의 감정을 놓치고 말 테니까요. 잠깐, 단 몇 초만이라고요? 우도 린덴베르크(Udo Lindenberg)는 최고의 행복을 "29.5초 동안의 오르가슴"으로 정의하기도 했습니다. 물론 뇌 활동에 대한 영상만으로는 체험의 질적 스펙트럼을 알 수 없습니다. 위의 아담과 이브 유머에서처럼 남자들은 여자들이 오르가슴에서 느끼는 절정감의 다양성을 부러워합니다. 우리는 상대의 느낌이 어떤지 절대로 알 수 없습니다. 오르가슴의 생리학은 서술이 가능하지만 체험 자체는 서술이 불가능합니다. 물론 연구자들에 의해 이에 가장 근접하는 방식의 실험이 이루어진 적은 있습니다. 실험에 참가한 남자들과 여자들에게 1천 개의 단어를 제시한 후에 자신의 느낌을 표현해주는 단어들을 고르도록 해보았습니다. 그랬더니 놀랍게도 남녀 간의 차이는 생각보다 적었습니다. 또 오르가슴의 체험을 자유롭게 글로 표현하도록 했을 때도 남자들이 쓴 글과 여자들이 쓴 글을 분명하게 구분하기가 어려웠습니다. 그렇다면 실제 느낌이 완전히 다르지 않을 수도 있습니다. 아니면 그것은 언어로 표현될 수 없는 차이이기 때문에 지식을 통해서는 파악하기가 힘든 것인지도 모르겠습니다.

또 성적 흥분이 높아질수록 소리를 낸다는 말도 설득력이 없습니다. 그렇다면 소리는 자신과 파트너를 더욱 흥분시키기 위한 수단에 불과한 걸까요? 내가 추측하기로 성행위의 교성은 소리가 미치는 범위 내에 있는 잠재적 경쟁자들을 쫓아내려는 목적인 것 같습니다. 일종의 '청각적 영역표시 행동'인 셈이죠. 남성들은 원래 영역표시를 좋아합니다. 하지만 집에 살게 되면서 더 이상 여기 저기 소변을 묻혀놓을 수가 없다 보니, 양말을 여기저기 벗어놓는 것이 영역표시의 유일한 방법이 되고야 말았습니다.

행복한 삶은, 최대한 많은 수의 절정을 맛보는 것 이상을 의미합니다. 그럼에도 불구하고 성적 쾌감이 존재의 기쁨과 심신의 건강에 결코 무시할 수 없는 기여를 합니다. 이 사실은 점점 더 많은 학문적 연구결과들을 통해서 증명되고 있습니다. 죄 지은 자는 잠들지 못한다고 하지만 어떤 죄에 빠진 사람은 점점 더 건강해집니다.

남녀가 하나가 되어 교감하면 파트너의 성호르몬이 자신의 체내에서도 높아집니다. 그리하여 성행위를 하면 여성의 혈액 안에 남성호르몬 테스토스테론의 수치가 높아지면서 여성은 더욱 적극적이고 능동적으로 행동하게 됩니다. 반면에 남성은 모든 면에서 긴장이 풀어지고 느슨해져서, 다 좋으니 싸움만은 피하자고 말하게 됩니다. "Make love, not war(전쟁이 아니라, 사랑을 하자)"는 단순히 히피들만의 구호가 아닙니다. 가장 격렬한 반항아들도 성행위를 하고 나면 만족감에 젖어들어 조용해집니다. 어리석게도 남자들 중에는 달리 얻을 길이 없는 사랑과 성행위를 획득하는 수단으로 폭력을 쓰는 사람들도 종종 보입니다.

성행위 후에 남성과 여성에게 모두 혈중 프로락틴 수치가 증가하는데, 이것은 원래 젖의 형성을 촉진시키는 유선자극 호르몬입니다. 프로락틴이 증가하면 여성과 남성 모두에게서 새끼를 돌보는 행동이 유발되어서, 남녀 모두가 서로 몸을 맞대고 기대어 의지하기를 좋아하게 됩니다. 또 이 호르몬은 흥분을 담당한 도파민의 작용을 억제합니다. 그래서 폭풍이 지난 다음에 고요가 찾아오게 되면 한동안 이 상태를 유지하게 되는 것입니다. 혼자서는 이런 만족감을 얻을 수 없습니다. 자위를 통해 얻는 오르가슴이 더 강렬할지는 몰라도 행복감을 주지는 못합니다. 파트너와의 절정감은 성적 '만족도'가 훨씬 더 높기 때문에 충분히 보상이 됩니다. 행복은 혼자 오는 법이 없으니까요.

성행위의 횟수가 너무 적다고 생각한다면 로버트 우드 존슨 병원의 한 연구에서 적으나마 위안을 얻기 바랍니다. 이곳에서는 2001년에 매우 특이한 성적 장애가 보고되었습니다. 끊임없이 성적 흥분을 느끼는 이른바 '지속성 성환기 증후군(Persistent Sexual Arousal Syndrom, PSAS)'을 앓는 여성들에 대한 것이었습니다. 이 여성들은 오르가슴을 못 느껴서가 아니라 너무 많이 느껴서 문제입니다. 이들은 성적인 맥락이 전혀 없는 불특정한 자극에 의해서도 끊임없이 흥분을 느낍니다. 하지만 하루에 백 번 이상 절정을 느낀다고 이 세상에서 제일 행복한 사람이 되는 것은 아닙니다. 이들은 다른 일을 제대로 할 수가 없기 때문에 오르가슴을 매우 불편하게 느낍니다. 뇌가 끊임없이 그 일에만 매달려 있으니 집중해서 다른 일을 하거나 안전하게 운전을 할 수조차 없습니다. 그래서 심각한 우울증을 앓고 자살마저 생각하는 사람도 있습니다.

성행위를 할 때 오르가슴을 느끼는 능력은 여성의 생활 만족도에도 상당한 영향을 줍니다. 규칙적으로 오르가슴을 맛보는 여성들의 정확히 2/3가 자신의 삶을 대단히 행복하다고 생각합니다.

여성 파트너가 성행위 중에 자주 오르가슴을 느끼는 커플은 가장 행복합니다. 반면에 남성의 오르가슴 여부는 여성의 성적 만족도에 별다른 영향을 미치지 않습니다. 남자들이 그토록 여자를 오르가슴에 이르게 하려고 애쓰는 것은 어쩌면 단순히 남자들 특유의 성적 판타지 때문이 아니라 여성을 위한 것인지도 모릅니다.

한편 기발한 성행위 테크닉, 고난도 체위, 해괴망측한 보조기구 따위가 성적 쾌감에 별다른 영향을 미치지 않는다는 사실은 내게서 큰 시름을 덜어 주었습니다. 이는 4개국에서 동시에 실시된 믿을만한 설문조사를 통해서 분명하게 증명되었습니다. 일단 매력이 사라지고 나면 온갖 수단을 다 동원해도 소용이 없다는 겁니다. 그러므로 성행위를 할 때는 여기저기서 보고 들은 것들을 따라하느라 고생할 필요가 없습니다. 성행위를 좋거나 나쁘게 느끼는 것은 정상체위니 여성상위니 하는 것들과 무관합니다(당신이 만약 지금 인터넷 검색을 한다면 내 말을 절대로 믿지 않을 테지만 말입니다).

최대의 성감대는 허벅지 사이가 아니라 귀 사이입니다. 이색적인 성행위와 평범한 성행위의 차이는 생각보다 훨씬 적습니다. 가장 최근에 한 성행위가 30분 이상 지속되었다고 답한 설문조사자들이 그보다 시간이 훨씬 짧았던 사람들보다 반드시 더 행복하지도 않았습니다. 중요한 건 짧은가 긴가 하는 게 아닙니다.

작은 미소 한 번이면 하루가 행복하다.

아주 커다란 의미의 작은 행복

중요한 것은 90분 동안 완전히 집중해서
다음 경기를 생각하는 일이다.
로타어 마테우스*(Lothar Matthäus)

코끼리는 거대한 동물입니다. 코끼리는 지구상에 살아있는
동물 중에서 가장 몸집이 큰 동물 중 하나입니다. 하지만 인간을
가장 많이 죽인 것은 모기입니다. 역사적으로 볼 때 모기가 옮기
는 질병으로 인해 전체 인류와 맞먹는 수십억 명의 사람들이 목
숨을 잃었습니다. 큰 것이 멋있다고요? 작은 고추가 매운 법입
니다. 코끼리들은 멸종위기에 처해있지만 모기는 그렇지 않습
니다. 혹시 내가 너무 침소봉대하여 모기를 코끼리로 만들고 있
는 건 아니겠죠?

"모기보다는 코끼리가 더 피하기 쉽다"는 아프리카 속담이 있
습니다. 이 속담이 우리와 무슨 상관이 있냐고요? 독일에서 가
장 위험한 동물이 뭐라고 생각하십니까? 사나운 로트와일러(주

로타어 마테우스 독일의 축구선수로 다섯 번의 월드컵에 출전했다.

로 경찰견으로 쓰이는 용맹한 개 – 옮긴이)? 아프리카 꿀벌(killer bee)?
아니면 겁쟁이 토끼? 정답은 노루입니다. 독일에서는 연간 30명
이상의 자동차 운전자가 노루를 피하려다 목숨을 잃습니다. 그
에 비해 모기는 자동차 앞 유리에 얼룩을 남겨서 우리의 시야를
조금 방해할 뿐입니다(물론 이렇게 되면 모기도 위험해집니다). 사람
들은 모기나 노루 같은 작은 것을 잘 보지 못할 뿐만 아니라 그
것들이 미치는 영향도 잘 생각하지 않습니다.

　우리는 지금 요구르트가 작은 스테이크 한 조각만큼이나 소
중한 시대를 살고 있습니다. 물론 네안데르탈인은 전혀 다르게
생각했겠지요. 인간이 매우 성공적으로 살아남았던 이유는 소
처럼 직접 풀을 뜯어먹지 않고 소로부터 먼저 요구르트를 만들
고 그 고기마저 먹었기 때문입니다. 고기는 풀보다 열량이 훨씬
높습니다. 코끼리와 소는 쉴 새 없이 풀을 뜯어야 하지만 우리는
한 번 식사를 하면 꽤 오랫동안 포만감을 느낍니다. 대신 소는
인간처럼 그렇게 많은 생각을 하지는 않습니다. 인간은 풀이 아
니라 멧돼지를 해치워야 하기 때문에 훨씬 더 지능이 높아야 합
니다. 만약 우리 선조들이 채식주의자였다면 오늘날의 채식주
의자는 없었을 것입니다.

　사실 인간의 진화는 위대한 성공의 역사입니다. 다만 한 가지
작은 문제가 있기는 합니다. 인간은 지나치게 남아도는 시간을
어떻게 사용해야 좋을지 잘 모릅니다. 그래서 우리는 중국에서
돼지고기와 밀을 사다가 다시 남미에다 파는, 이른바 세계경제
체제란 것을 개발하였습니다. 우리가 직접 씨를 뿌리고 수확하

거나 가축을 기를 필요 없이 순전히 가상의 공간에서 물건을 사고팝니다. 우리는 지금 그런 지경까지 와있습니다!

하지만 남아도는 시간에 곡식이 자라는 들판에 누워 인생의 크고 작은 일들에 대해서 생각할 수도 있습니다. 초원과 들판은 대지의 머리카락과도 같아서, 이들은 매일 조금씩 자라납니다. 우리의 머리카락도 마찬가지입니다. 머리카락이 자라는 양을 한 가닥씩 전부 더하면 하루에 30미터나 됩니다. 엄청난 성장속도지요. 하지만 무수히 많은 머리카락들 끝부분에 나뉘어서 자라기 때문에 우리는 이를 알아차리지 못합니다. 곡식들은 다 자란 뒤 모으면 얼마나 되는지 알 수 있습니다. 가을 들판에 둥글게 말린 짚더미가 보일 즈음에 말입니다. 옆으로 늘어서 있는 짚더미들을 수직으로 쌓는다고 상상해보면 상당히 큰 탑이 생겨날 겁니다. 지푸라기들을 엮어서 만든 거대한 나무기둥이 되겠지요. 내가 왜 이런 말을 하는지, 짐작하시겠습니까?

우리 인간은 지구에서 가장 큰 동물이 아닙니다. 다만 가장 영리하다고 생각되는 동물일 뿐입니다. 대왕고래는 사람보다 훨씬 더 큽니다. 큰 대왕고래가 작디작은 플랑크톤을 먹고 삽니다. 인간만 나타나지 않는다면 이들은 그런 식으로 아주 잘 살아갈 수 있습니다. 대왕고래는 큰 물고기를 잡을 수 있을지 고민하지 않는 것 같습니다. 플랑크톤은 충분히 있으니까요. 그냥 입만 벌리면 됩니다. 인간은 플랑크톤을 먹지 않을 겁니다. 그것들이 빠져나갈까봐 늘 이빨을 꽉 다물어야 할 테니까요.

행복도 이와 같습니다. 하루하루는 배부르고 행복해지기에 충분한 만큼의 플랑크톤들로 이루어져 있습니다. 우리는 작은 행복에 만족하다간 큰 행복을 놓치게 될까봐 수많은 작은 행복의 순간들을 그냥 흘려보냅니다. 그리고 큰 행복만 기다립니다. 우리의 기억은 이러한 자기기만에 동조합니다. 과거에 있었던 커다란 일들을 가장 즐겨 기억하고 미래도 이렇게 거창하게 그려냅니다. 이런 방식으로 행복에 다가가면 중대한 착각이 발생할 수밖에 없습니다. 행복연구로부터 얻은 몇 가지 미처 생각지 못했던 사실들을 간단히 소개하겠습니다.

1. 작은 순간들은 큰 순간들보다 훨씬 자주 찾아옵니다.
2. 이미 증명된 바와 같이 큰 것들이 우리 삶에 미치는 영향력은 작은 것들보다 훨씬 적습니다.
3. 큰 재앙보다는 하루하루의 작은 스트레스가 장기적으로 우리를 더 힘들게 한다는 것도 이미 증명되었습니다.
4. 크고 아름다운 순간들은 장기적으로 우리가 일상을 편안하게 느끼는 데 별다른 역할을 하지 못합니다.
5. 우리가 사소한 일들에 신경을 쓰는 때는 대개 화를 낼 때뿐입니다.

나는 예전에 흰 와이셔츠에 얼룩이 생겼던 때의 일을 잘 기억하고 있습니다. 와이셔츠의 99%는 깨끗했지만 우리는 이런 방식으로 계산하지 않습니다. 와이셔츠에 얼룩이 생기게 된 경위는 얼룩 자체보다 더 화가 납니다. 주스를 병째로 입에 대고 급히 마시다가 그랬습니다. 나는 수돗물을 틀어놓고 얼룩을 지우면서, 컵을 사용했더라면 얼마나 시간이 절약되었을지 생각했습니다. 다음날에도 노란 얼룩은 그대로였습니다. 나는 특수 얼룩제거제를 사서 와이셔츠 전체를 빨아 밤새 옷걸이에 걸어 두었습니다. 효과는 만점이었습니다. 다음날 와이셔츠는 완전히 엉망이 되어버렸으니까요. 뭐가 문제였을까요? 싸구려 옷걸이의 페인트가 방수가 되지 않는다는 사실을 나는 전혀 생각하지 못했습니다. 밤새 와이셔츠의 어깨 주위로 옷걸이의 파란 페인트가 물든 겁니다. 원래 얼룩이 있던 부분에만 변화가 없었습니다. 때로 큰 재앙은 사소한 일에서 시작됩니다.

혹시 백만 달러 로또에 당첨된 적이 있습니까? 없다고요? 하지만 공중전화에서 동전으로 전화를 걸던 시절은 기억나시겠지요? 어른이든, 아이든, 가난한 사람이든, 부자든 우리는 전화를 걸 때마다 어김없이 동전 반환구에 혹시 동전이 들어있나 들여다보았습니다. 그리고 동전이 있으면 정말 재수가 좋은 날이라고 생각하며 좋아했습니다. 커다란 행복의 순간이죠. 그 동전을 손에 쥐고는 좋다고 춤도 추었습니다. 마치 그 10센트짜리 동전 한 개로 온 세상을 다 살 수 있기라도 한 듯이 말입니다.

심리학자들은 다음과 같은 실험을 실시하였습니다. 공중전화에 동전을 숨겨두고 이를 발견한 사람이 그 행운을 통해 어떻게 변하는지를 관찰하는 것이었습니다. 변화를 측정하기 위해 미리 약속된 사람으로 하여금 공중전화 박스로 급히 뛰어 들어가다가 가방을 떨어뜨려 안의 내용물을 모두 바닥에 쏟도록 했습니다. 조금 전에 동전을 발견한 사람과 그렇지 않은 사람 중 누가 얼마나 잘 도와주었을까요? 도움을 주려는 의지를 나타내는 객관적 기준은 바닥에 떨어진 물건을 몇 개나 주워주는가 하는 것이었습니다. 과연 작은 동전 하나가 발견자의 행동에 큰 차이를 가져왔을까요? 예, 그렇습니다. 실제로 도움을 주려는 의지는 네 배로 증가하였습니다! 자신이 행복하다고 느낄 때 어려움에 빠진 사람을 돕고자하는 우리의 의지도 네 배나 높아지는 겁니다.

또 다른 실험에서는 자신의 삶에 기본적으로 얼마나 만족하는지를 물어보았습니다. 방금 동전을 주운 사람은 지금까지의 자기 삶에 대한 만족도가 다른 이들에 비해 월등히 높았습니다. 이것을 보고 나는 이런 생각이 들었습니다. 독일 사람들이 평소에 불평불만이 많은 건 바로 전화카드 때문이라는 겁니다! 이 둘의 연관성은 분명합니다. 동전에서 카드를 사용하는 공중전화로 바뀌면서 여간해서는 동전을 발견할 수 없게 되었으니까요. 그렇다면 이 문제를 해결하기 위해 우리가 개인적으로 할 수 있는 일은 무엇일까요? 가끔 주머니에서 동전이 짤랑거리면 그냥 길바닥에 버리는 겁니다. 물론 처음부터 자연스럽게 되지는 않습니다. 하지만 꺼리는 마음을 극복하고 나면 재미가 붙습니다. 동전 하나를 버렸다고 당신이 가난해지는 것도 아닌데, 그걸 주운 사람은 하루 종일 즐거워합니다. 게다가 직접 해보면 생각보다 그렇게 큰 자기희생이 필요한 일도 아닙니다!

우리는 누구나 한 번쯤 이런저런 이유로 땅에 넘어져서 다른

이의 도움이 필요한 경우를 맞이합니다. 그런데 그때 "10센트를 줄 테니 나 좀 도와주세요!"라고 말한다면 지나가는 사람들은 당연히 모두 이렇게 말할 겁니다. "그냥 그렇게 자빠져 있어. 이 구두쇠야!"라고 말이죠. 하지만 그 직전에 10센트짜리 동전을 발견한 사람이라면 기꺼이 다가와서 도와줄 겁니다. 그러니 미래를 위한 투자를 한다 치고 동전을 길바닥에 던져버리세요! 동전이 어디로 떨어질지 정확히 알 필요도 없습니다. 하지만 분명히 긍정적인 효력을 발휘할 겁니다. 누가 이 문제를 재무관리사에게 잘 설명해줄 수는 없을까요?

어떤 수학자에게 신이 나타났다. 신은 그에게 치즈빵과 영원한 행복 중 하나를 선택하라고 했다. 수학자는 곰곰 생각하더니 이렇게 대답했다. "치즈빵을 택하겠습니다." 깜짝 놀란 신이 그 이유를 묻자 수학자가 말했다. "영원한 행복보다 더 좋은 것은 아무 것도 없습니다. 그런데 '아무 것도 없음'보다는 치즈빵이 더 좋습니다."

행복의 일기장

혹시 오래 전에 당신이 쓴 일기장을 뒤적여본 적이 있습니까? 온통 안 좋은 이야기들뿐입니다. 그런 엄청난 일들을 겪고도 아직 살아있는 게 다행입니다! 완전히 비탄의 계곡에서 살아온 나날들입니다. "이게 나빴어. 저것도 나빴고. 뭐야, 그 멍청한 놈이 정말 그런 말을 했단 말이지? 완전히 잊고 있었는데, 적어놔서 정말 다행이야!"

사람들은 기분이 진짜 좋지 않을 때면 아주 시시콜콜한 것들까지 일기에 자세히 기록합니다. 하지만 기분이 좋을 때는 밤중에 일기 쓰는 것 말고 다른 일을 하겠죠. 만약 100년 쯤 지난 뒤에 외계인이나 인류학자가 당신의 일기장을 발견한다면 어떨지 한번 생각해보세요. 그가 당신의 삶에 대해 어떤 생각을 하게 될까요? 틀림없이 한쪽으로 치우치게 될 겁니다. 우리가 의도적으로나마 반대방향으로 가려고 노력하지 않는다면 자기 삶에 대한 자신의 생각도 그렇게 한쪽으로 치우치게 됩니다. 글을 쓰는 사람은 사라지지 않고 남습니다. 그가 쓴 글과 함께.

의외로 너무나 간단하게 행복해지는 방법이 있습니다. 바로 행복과 감사의 일기를 쓰는 것입니다. 매일 저녁, 또는 특정 요일을 정해놓고 다섯 가지 정도의 행복한 일들을 적어보는 겁니다. 오늘 좋았던 일, 예상보다 좋았던 일, 감사했던 일을 떠올리고 간단히 메모합니다. 이렇게 하면 장기적으로 우리의 기분에 변화가 찾아옵니다. 이것은 개구리가 되지 않기 위한 훈련과도 비슷합니다. 있지도 않은 것을 굳이 기다리면서 거창한 것만 중요하다고 하지 말고 잠깐만이라도 좋았던 작은 순간들에 집중해보세요. 그러면 좋은 기분으로 잠자리에 들 수 있으며, 다음날에는 그런 좋은 순간들이 더 많아질 겁니다. 실제로 좋은 순간이 더 많아져서가 아닙니다. 늘 주변에 있는 것들에 우리가 더 많이 주의를 기울이기 때문입니다.

일기의 내용은 각자 다를 수 있습니다.

어떤 이는 "파트너 곁에서 눈을 떴다"고 쓰고,

어떤 이는 "눈을 뜨니 파트너가 곁에 없었다"고 쓰고,

또 어떤 이는 "내 파트너는 눈을 뜨지 않았다"고 씁니다.

각자 자기만의 일기가 있으니까요.

글 쓰는 게 행복을 줄까요?

그렇지 않습니다. 하지만 다 쓰고 나면 행복해집니다.

너의 행복을 잡아라

남성을 위한 행복 일기장

사용법 – 내일 해야 할 일의 목록을 적기 전에
오늘 일어난 일들의 목록을 완성하세요.

일	월	년

오늘 내가 행복했던 순간들

1

2

3

4

5

분석   오늘은…….

해당란에 표시하시오. ☐ 성과 미달   ☐ 평균   ☐ 평균이상

PS. 이 리스트를 비서에게 넘기지 마세요.

복사해서 사용하세요!

너의 행복을 잡아라

여성을 위한
행복♥일기장

날짜

오늘 내가 행복했던 순간들 …

…

…

…

…

오늘 자신에게 충실했나요?

사진, 스케치, 기념물 따위를 첨부하는 곳

화를 낸다고 속이 다 풀리는 건 아니고,
깔깔거린다고 다 마녀는 아니다.

화풀이 하지 않기

진심으로 물어볼게,
그래서 뭘 어쩌겠다고?

　심리학의 가장 끈질긴 오류 중 하나는 부정적인 감정을 겉으로 드러내라는 것입니다. 대중심리학의 이런 주장은, 인간을 압력솥쯤으로 여겨서 적당히 증기를 빼주지 않으면 폭발한다고 믿는 데서 나옵니다. 하지만 늘 끓어오르는 감정을 드러내는 사람은 본인뿐 아니라 주변과의 관계도 망가뜨리고 맙니다.

　배우들은 "진정성을 인위적으로 만들어낼 수 있으면 진짜 배우가 된 거다"라는 말을 합니다. 그러나 꾸며낸 진정성은 진정한 행복을 주지 못합니다. 진정성이 있어야 한다고 생각해서 화날 일이 있을 때마다 주변에 이를 표출한다면 그런 행동은 그 누구에게도, 심지어 자기 자신에게도 도움이 되지 않습니다.

　달갑지 않게 들릴지도 모르지만 심리적 억압이 무조건 나쁜 것은 아닙니다. 이것은 자신이 변화시킬 수 없는 일들로 인해 골머리를 앓지 않기 위해 우리 정신의 면역체계가 보이는 매우 건강한 반응이기도 합니다. 마음을 억지로 참으면 병이 생긴다는 것은 전혀 증명된 사실이 아닙니다. 주변에서 자주 그런 말이 들린다고 해서 더 진실이 되는 것도 아니고요.

물론 자신의 근심걱정을 다른 사람들에게 이야기하면 도움이 됩니다. 말하는 과정을 통해서 많은 부분들이 명료하게 정리되기 때문입니다. 그러나 화를 '분출'하면 그 대가는 크고 작은 다른 문제들로 이어집니다. 화를 내지 않았더라면 생기지 않았을 문제들입니다. 예를 들어 상사가 실수한 직원에게 심하게 호통을 친다고 해서 그 직원이 나중에 또 다른 실수를 범하지 않게 막을 수는 없습니다. 다음번에 그 상사는 부하직원의 실수를 전보다 더 늦게 알게 될 뿐이죠. 부하직원은 열심히 일하는 대신 실수를 감추는 데 더 많은 에너지를 투자할 테니까요.

이는 사적인 영역에서도 마찬가지입니다. 화가 난다고 마음속의 말을 다 쏟아내고 나면 당장은 화가 풀릴지 모르나 그 후유증은 좀처럼 사라지지 않습니다. 파트너와의 관계나 자녀양육에서 두고두고 나타날 장기적인 후유증은 차치하고서라도 말입니다. 화는 남과 나눈다고 해서 결코 절반으로 줄어들지 않습니다. 오히려 반대로 두 배가 되거나 그 이상이 됩니다. 왜냐하면 화가 난 이야기는 대부분 한 사람과 나누는 데서 만족하지 못하고 할 수만 있다면 모든 사람에게 다 떠벌이고 싶은 게 인지상정이기 때문입니다. 우리는 만족스러울 때는 굳이 겉으로 드러내지 않기도 하지만 불만이 있을 때는 동네방네 떠들고 다녀야 직성이 풀립니다.

문득 얼마 전에 기차를 놓쳤던 일이 생각납니다. 충분한 예고
도 없이 열차운행시간이 바뀌어서 늘 타던 기차가 '너무 일찍'
출발해버린 겁니다. 나는 무거운 짐들과 함께 플랫폼에 멍하니
서 있을 수밖에 없었습니다. 그렇게 부지런히 서둘렀는데, 다른
때와 달리 정확히 시간에 맞추어 역에 도착했는데… 그만 … 이
제 그만해야겠습니다. 또다시 너무 화가 치밀어오를 것 같습니
다. 마음을 가라앉혀야겠습니다. 이럴 때 보면 독일어는 정말 멋
진 언어입니다. "화가 난다"고 말할 때 재귀대명사를 써서 "나는
나를 화나게 만든다(Ich ärgere mich)"라고 표현합니다. 즉 나를
화나게 하는 것은 나라는 겁니다. 그러니 나 말고 누가 화를 막
을 수 있겠습니까? 조상들의 정말 소중한 지혜가 아닐 수 없습
니다.

　우리가 자주 반복하는 일들은 우리의 뇌에 각인됩니다. 자주
생각하는 것도 마찬가지입니다. 우리의 신경가소성을 진지하게
고려한다면 우리는 자신의 부정적 감정들을 너무 진지하게 받아
들여서는 안 됩니다. 물론 부정적 감정들도 나름대로의 가치가
있습니다. 이런 감정들이 주는 메시지는 우리가 어리석은 일을
하지 않도록 경고하고 과부하를 예방해줍니다. 하지만 일단 메
시지를 이해하고 난 다음에는 더 이상 그런 감정 자체를 키울 필
요가 없습니다. 자주 화를 내면, 화가 사라지는 게 아니라 더 쉽
게 내부에서 끓어오르게 됩니다. 왜냐하면 반복적인 화풀이는
뇌 안에 '화가 다니는 길'을 매끈하게 잘 닦아놓는 역할도 하기
때문입니다. 언젠가는 그 '길'이 곧게 뻗은 8차선 고속도로가

되어 우리는 더욱 쉽게 그 위로 미끄러지면서 파괴적인 행동을 하게 됩니다. 화를 내면 잠시 동안은 정신적 정화를 느낄 수 있을 테지만 그로 인한 스트레스는 뼈와 피 속에, 아드레날린이나 코르티솔(cortisol) 따위의 각종 '알람 호르몬'들을 계속 작용하게 합니다. 현대의 스트레스 심리학을 한 마디로 요약하면 이렇습니다.

화를 내지 않으면 화는 아예 존재하지도 않는다!

끓어 넘치기 전에 불을 줄이거나 냄비를 불에서 내려놓아야 합니다. 그리고 '쿨'하게 가만히 기다리면 됩니다!

당신은 어쩌면 이렇게 생각할지도 모릅니다. "나는 절대로 먼저 화를 내지 않아. 다른 사람이 나를 화나게 할 뿐이지!" 하지만 누군가 다른 사람이 나를 화나게 만들도록 그냥 내버려둔다면 이것은 내 감정의 열쇠를 함부로 남의 손에 쥐어주는 꼴입니다. 이건 아주 신중해야 할 문제입니다. 그 열쇠로 또 어떤 문들이 열릴지 모르니까요! 화를 낼 거냐 말 거냐에 대한 결정권은 반드시 당신 자신이 갖고 있어야 합니다. '화'가 당신을 결정하도록 만들지 마세요. 가령 화가 날 때마다 시간을 정해놓으세요. "지금부터 3시 반까지는 제대로 화를 낼 테다. 하지만 그리고 나서는 좀 더 좋은 일을 하는 데 시간을 써야 해."

당신은 요리사가 되어야지 압력솥이 되어서는 안 됩니다. 요리사는 양념을 치고 맛을 내고 음식에 들어갈 재료를 결정합니다. 또 원하는 모든 재료를 시장에서 구할 수 없는 경우에는 있는 재료들을 이용하여 즉흥적으로 요리를 만들어내기도 합니

다. 그렇게 자주 하다 보면 나중에는 정말 멋진 요리를 완성시킬
수 있죠.

화를 내지 않으면 화는 아예 존재하지도 않는다!

이미 한 말이지만 여전히 유효합니다. 반복하면 각인도 됩니
다. 이제 반복도 했습니다. 효과가 있나요?

방금 제가 한 말, 그 말의 뻔뻔한 진부함과 심오한 진리에 화
가 난다면 이 책을 덮으세요! 아주 큰 소리가 나도록 책장을 거
칠게 덮어버리세요. 그러면 기분이 좋아질 것입니다!

물론 다 헛소리입니다. 어쩌면 당신은 지그문트 프로이트 시
대로부터 100년이나 지난 지금도 여전히 기쁨보다 분노가 훨씬
더 중요하다는 사실에 웃음을 터뜨릴지도 모릅니다. 그랬다면
정말 다행입니다. 이제 차분히 이야기를 계속할 수 있을 테니까
요. 증기를 뺄 필요 없이 신나게 말입니다.

나이가 들기 때문에 놀이를 멈추는 게 아니라
놀이를 멈추기 때문에 나이가 드는 것이다.

아무 때나 코 후비며 살기

네 속으로 들어갈 때 너무 깊이 들어가지 마라!

다시 아이가 되어봅시다. 현재의 순간에 행복을 느끼며, 다른 누군가가 되고 싶다는 생각을 버리고 그냥 구석에 웅크리고 앉아 조용히 코를 후비는 겁니다! 이런 게 바로 진정한 행복이 아닐까요? 작은 행복으로 가는 이 지름길을 여자는 곧잘 잊어버리기도 하지만 남자는 절대로 잊지 않습니다! 다만 문제는 코 후비는 남자를 여자들이 좋아하지 않는다는 사실입니다. 그럼에도 불구하고 남자들은 아무도 보지 않는다고 믿는 순간, 코를 후빕니다. 그 시간은 종종 길어지곤 합니다. 코를 후비는 동안 남자들은 자신의 코 후비는 행위를 전혀 의식하지 못하기 때문입니다.

남녀 간의 '성전(性戰)'에서 늘 벌어지는 이 문제를 완전히 해결하기 위해 나는 새로운 이론을 한 가지 제시하려 합니다. 국적을 막론하고 남자들이 코를 후빌 수밖에 없는 진짜 이유를 모든 나라의 여성들에게 말해주려는 겁니다. 코에 대한 남성의 탐구

욕은 심층심리학적으로 충분히 설명이 가능합니다. 프로이트가 이 주제에 대해서 한 번도 글을 쓴 적이 없다는 사실이 놀라울 따름입니다.

신생아는 완전히 무력한 상태로 세상에 태어납니다. 친밀함, 온기, 보호, 안전, 음식 등에 대한 모든 신생아들의 욕구는 어머니의 가슴을 통해서 충족됩니다. 아기들은 여기에 실존적으로 종속되어 있으며, 어머니의 가슴을 잃어버리는 것을 무엇보다 두려워합니다. 이런 기초 체험은 물론 여자아이나 사내아이나 똑같습니다. 여자아이들은 나중에 스스로 가슴을 갖게 되기 때문에 어린 시절의 정신적 외상에서 벗어날 수 있습니다. 하지만 남자들은 절대로 그러지 못합니다. 심지어 어떤 남자들은 "우리 엄마 가슴은 내 머리보다 이 만큼은 더 컸다"며 그 비율까지 정확히 기억합니다. 자기 머리가 얼마나 더 자랐는지는 미처 생각하지도 못하고 계속 그 비율을 고집하며 미련을 떱니다. 그 덕에 파멜라 앤더슨(Pamela Anderson) 같은 재능 없는 여배우들이 실리콘 1그램 당 5만 달러의 연소득을 올리고 있죠.

어머니의 가슴은 우리 남자들에게는 최초의 패배이자 최악의 패배입니다. 우리는 종속되고 싶지 않습니다. 우리가 원하는 것은 언제나 단 하나, 자유입니다. 막상 자유로워지면 어떻게 할지 아직 모르겠지만 상관없습니다! 여자들은 자신의 몸에서 생명을 탄생시키고 자신의 몸에서 나오는 젖으로 그 생명을 먹여 살릴 수 있습니다. 하지만 우리 남자들은 양육자 역할에서도 잉여적 존재라는 느낌을 받습니다. 바로 그런 이유로 남자들은 끊임없이 코를 후벼댑니다. 그럴 때마다 우리의 원시적 본능은 이렇게 말합니다. "네가 네 몸에서 나오는 것으로 누군가를 먹여 살릴 수 있다면, 비록 그 누군가가 너 자신이라 할지라도 너는 지금 성공하였다. 이제 네게 여자는 필요 없다!"라고 말입니다. 이 이론이 다소 당황스러울 수도 있다는 점은 나도 압니다. 하지만 장기적으로 여성들이 이해해 주리라 기대합니다. 코 후비기라고 다 똑같은 코 후비기가 아닙니다. 여자들은 남자들에게 코 후비기가 어떤 의미를 갖는지 절대로 이해하지 못합니다. 이것은 남자들에게 시시때때로 필요한 작은 성공체험이자 지극히 원초적인 남성의 본능입니다. "자, 느껴지는가? 여기에 너를 위한 도전이 있다. 쉽지는 않겠지만 넌 해낼 수 있다. 포기하지 말라. 절대로! 최후의 하나까지 모두 네 안에서 끌어내라!"

사랑하는 여성들이여, 다음에 당신의 남편이나 애인이 코 후비는 장면을 목격하거든 그를 위해서 아무 말도 하지 마시기 바랍니다. 그 자신도 분명히 그 행위를 의식하고 있지 못할 테니까요. 그는 자기 자신에 이르는 길고도 험한 길을 가고 있을 뿐입니다.

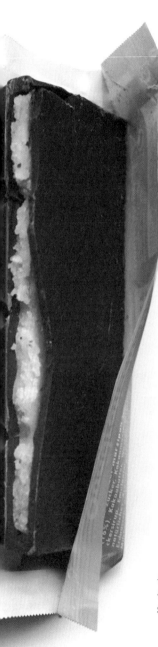

초콜릿송

얇은 옷 달랑 걸치고 내 앞에 누운 너.
너의 주름진 갈비뼈들이 보인다.
얇은 포장지를 찢어내는 순간
우리 사이에는 일이 벌어진다.
첫 번째 자극이 나를 엄습한다.
너의 하얀 속살이 보인다.
아니, 오늘은 달라.
무슨 일이 있어도 참아낼 거야.

그렇게 녹어버릴 듯 쳐다보지 마
그게 얼마나 참기 힘든지 알잖아.
체중계를 생각해.
아니, 네 탓이 아니야
오늘 내가 널 다 먹지 않는 것은
나중을 위해 나머지를 남겨두는 것은,
내 스스로 한 다짐을 지키려는 것일 뿐이야.

하지만 네게 자비심이란 없구나
사르르 네가 내 입에 녹아든다.
하나, 또 하나
점점 대담해진다.
벌써 다 먹었지만, 그럼 어때?
죄책감은 밀려들어도
분노는 없어.
다음 초콜릿이 있으니.

실용적이고 맛있는 사각초콜릿!

음악 - 안토니오 카를로스 조빔(Antonio Carlos Jobim)
〈SAMBA DE UMA NOTA SO〉(영어 제목은 〈One Note
Samba〉. 재즈 삼바곡 - 옮긴이)

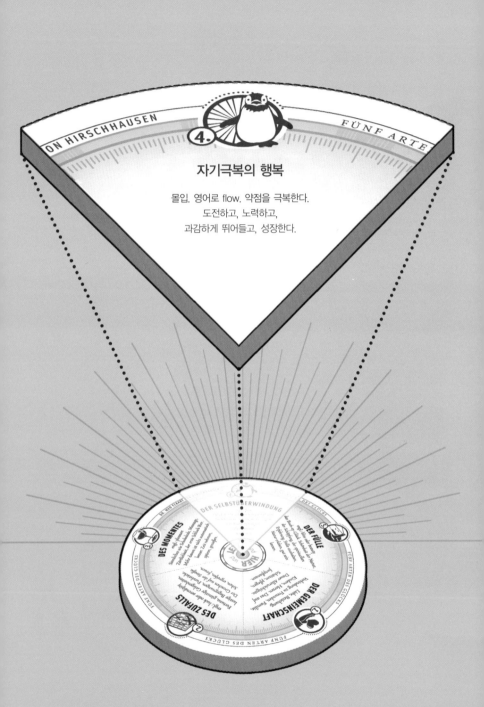

자기극복의 행복

몰입. 영어로 flow. 약점을 극복한다.
도전하고, 노력하고,
과감하게 뛰어들고, 성장한다.

4장

행복은 혼자 오지 않는다 -

행동과 함께 온다

몰입(flow) 체험은 모두 함께 할 때가 최고!

몰입(flow)에 관하여

행복의 시간은 시간을 의식하지 않는다.

혹시 '보어아웃(boreout)'을 경험한 적이 있나요? 아무 하는 일 없이 마냥 지루해하는 상태 말입니다. 완전히 진이 빠진 기분이지만 힘든 일을 해서가 아니라 오히려 자기 능력을 제대로 발휘하지 못해서 그렇게 됩니다. 능력보다 과중한 일이 사람을 허약하게 만들고, 마침내 스트레스와 우울증으로 이어질 수 있다는 것은 쉽게 이해할 수 있습니다. 하지만 할 일이 너무 없어도 탈이 나지 않을까요?

힘들게 노력하는 과정은 우리에게 즐거움을 줍니다. 우리는 누구나 자기 안에 내재된 능력을 기꺼이 내보이고 싶어 하니까요. 그렇지 않다면 일이 있는 사람보다 실업자가 더 행복해야 마땅할 겁니다. 우리는 근무 중에 언제 퇴근시간이 올까 자주 생각합니다. 퇴근한 다음에는 저녁을 먹으며 언제 휴가를 갈까 생각하고요. 많은 이들은 몇 주간의 휴가를 다녀온 뒤에 다시 출근해서는,

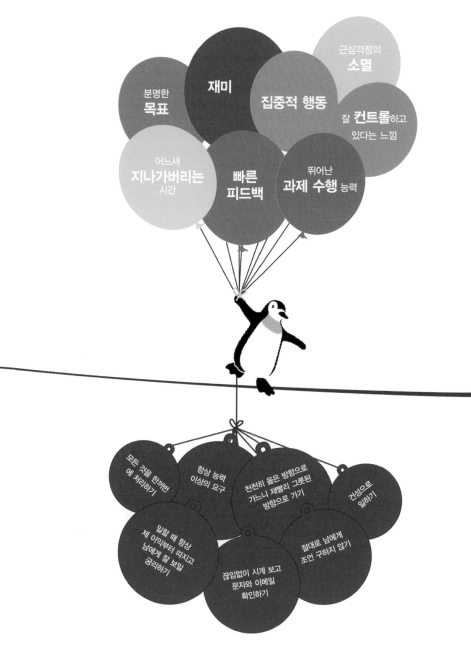

몰입 체험(위)과 몰입 브레이크(아래)

실업자들에게는 실업수당이 있으니 그들이 부럽다며 투덜댑니다. 그러나 이건 잘못된 생각입니다. 실업자들에게는 삶에 필요한 기본적 토대가 없습니다. 다시 말해서 그들은 '자신이 사회에 필요한 존재이며 뭔가 의미 있는 일에 매진하고 있다'는 느낌을 가질 수 없습니다. 실업자가 쉽게 우울증에 빠지고 정신질환에 걸리는 것은 자신의 능력을 더 이상 남들이나 자기 자신에게 보여줄 수 없기 때문입니다. 이것이 문제의 핵심입니다. 실업은 육체적 고통, 만성질병, 지속적 스트레스와 더불어 행복의 가장 큰 적이 됩니다. 실업이 주는 스트레스는 그 종류가 조금 다릅니다. 우리는 끊임없는 도전을 통해서 스트레스를 해소하고 행복감을 느낄 수 있는데 실업자에게는 아예 그런 기회도 주어지지 않습니다.

휴식은 당연히 좋은 것입니다. 주말에 받는 사우나와 마사지는 정말 최고죠. 하지만 3주 동안 매일 마사지를 받는다면 어떨까요? 이쯤 되면 아마 정신이 이상해지고 말 겁니다. 아무리 잘 버틴다 해도 닷새 후에는 마사지사에게 이렇게 소리칠 게 분명합니다. "제발 그 오일 좀 치워버려요. 꼴도 보기 싫으니!" 휴식이란, 힘든 일을 해치우고 맞이할 때만 좋은 법입니다.

일과 자신이 하나가 되면 행복해지고, 일에 짓눌려 버리면 불행해집니다. 미국의 심리학자 미하이 칙센트미하이(Mihaly Csikzentmihalyi)는 이런 종류의 행복을 '몰입(flow)'이라 부르고, 몰입 상태에 이르기 위한 기본 조건들을 제시하였습니다(왼쪽 그림을 참조). 그림에 보이는 모든 요소들이 동시에 충족될 필요는 없습니다. 몰입은 '재미'나 '스릴'과는 좀 다릅니다. 몰입은 인위적 자극을 통한 짧은 순간의 흥분된 감정이 아니라, 관심과 동기, 주변여건이 이상적으로 조화를 이룬 상태입니다. 일부에서는 '창조적 도취'나 '역할 욕구'라는 표현을 쓰기도 하지만 나는 '몰입'이라는 말을 고수하려고 합니다. 도취와 욕구는 정확히 들어맞는 말이 아니기 때문입니다. 도취는 소란스럽고 욕구는 탐욕스러운데, 몰입은 고요하고 집중된 상태로 계속 일의 흐름을 따라갑니다. 몰입을 방해하는 '브레이크'와 마주치기 전까지는 말입니다(앞의 그림을 참조하세요).

그렇다면 나는 어떤 때 몰입상태에 있는 걸까요? 그건 바로 몰입을 의식하지 않을 때입니다. 몰입상태에서 벗어나는 때는 언제일까요? 자신이 얼마나 오랫동안 몰입상태에 있었는지 알아보기 위해서, 또는 앞으로 얼마나 더 몰입상태에 있어야 하는지를 알기 위해서 시계를 들여다 볼 때가 바로 그렇습니다. 야심과 목표지향에는 중요한 차이가 하나 있습니다. 야심을 지닌 사람은 반드시 다른 사람을 이겨야 하지만, 목표를 추구하는 사람은 자기 내면의 약한 의지를 극복하고 최선을 다하는 것으로 충분합니다. 야심가는 항상 남보다 더 잘하려고 애쓰지만 목표지향적 인간은 항상 자신과 남을 위해 최선을 다합니다. 목표지향적 인간은 외부의 그 어떤 인정도 자기 내면의 100% 만족보다 더 큰 만족감을 주지 못한다는 사실을 잘 압니다. 그 밖에 다른 만족은 아예 필요치도 않습니다.

몰입은 "길이 곧 목표"란 의미가 아닙니다. 그것은 마치 당신에게 아무런 목표도 없는 것처럼 목표를 추구하라는 것입니다.

몰입은 선불교에서 말하는 '주의집중(mindfulness)' 과 스포츠에 서의 승부욕이 혼합된 개념입니다. 선불교에서는 "네가 가고자 하면 가라"고 말합니다. 몰입에서는 "네 한계까지 가라. 하지만 그 이상은 가지 마라"고 합니다. 나는 두 가지를 다 권하고 싶습 니다.

어른들은 자신이 어릴 때는 지루할 틈이 없었다는 말을 자주 합니다. 그런데 내 기억은 좀 다릅니다. 나는 어릴 때 어머니가 식기세척기를 정리하라고 시키시는 게 무척 싫었습니다. 그래서 이 일을 좀 더 재미있게 해보려고 식기세척기에서 꺼낸 수저를 왼손으로 공중에 던졌다가 오른손으로 받곤 했지요. 그러면 그릇 을 정리하는 데 시간이 오래 걸렸지만 대신 내가 느끼는 체감 시 간은 훨씬 빨리 지나갔습니다. 이렇게 해서 나는 물건을 가지고 재주 부리는 법을 배웠습니다. 처음에는 스푼을, 다음에는 나이 프를 던지며 놀았는데, 이것은 내가 온전히 몰입한 상태에서만 가능했습니다.

몰입을 위해서는, 무슨 일을 하느냐가 아니라 어떻게 하느냐 가 중요합니다. 이론적으로 우리는 어떤 직업을 가져도 행복할 수 있지만 실제로는 자신의 능력과 맞는 직업을 가질 때 더욱 쉽 게 행복을 얻을 수 있습니다.

제 아무리 창조적인 직업에도 단순히 반복되는 일은 있기 마 련입니다. 나는 연극배우처럼 완전히 똑같은 텍스트를 300번씩 반복해서 말할 수는 없습니다. 인내심이 부족하기 때문입니다. 사람은 다 제각각이니 다를 수밖에 없습니다. 한 우체국 직원에게 이렇게 물어 보았습니다. "매일 편지에 스탬프를 찍는 일이 지겹지 않으세요?" 그러자 그 직원이 대답했습니다. "아니오. 매일 날짜가 다른걸요." 정말 행복하도록 타고난 사람이고 사는 법을 제대로 터득한 사람이라고 말하지 않을 수 없습니다.

몰입의 순간을 위해서는 어느 정도 시간을 할애해야 합니다. 몰입은 벽난로의 불꽃과 같습니다. 볏짚을 태우는 불이 아니라 잘게 쪼개지 않은 통나무를 서서히 태우며 지속적으로 열기를 내뿜는 불입니다. 뻔질나게 일어나서 장작을 더 집어넣을 필요도 없습니다. 한 가지 생각에 침잠하여 그 생각이 자신을 어디로 데려가는지 가만히 지켜보면 됩니다.

많은 사람들이 벽난로보다는 TV 앞에 앉아있는 것을 더 좋아합니다. 하지만 나는 인공의 불빛보다는 진짜 불꽃의 반짝임이 더 편안합니다. 실제로 뇌 활동을 측정해보아도 TV를 장시간 보는 것은 휴식과 거리가 먼 행동입니다. 무의식적으로 우리의 뇌가 과도한 자극을 받기 때문입니다. TV를 보다가 곧바로 잠자리에 들거나 TV를 켜놓고 졸다가 잠들면, 숙면을 취하지 못하고 수면의 질도 저하된다는 것은 이미 증명된 사실입니다. 깨어있는 상태에서 TV 보기도 몰입과는 거리가 멉니다. 우리는 이 바보상자 안에서 벌어지는 행위에 대해 리모컨 조작을 빼곤 거의 아무런 영향도 미칠 수 없습니다. DVD라면 최소한 지루할 때 '빨리 감기'라도 할 수 있지만 말입니다. 게다가 TV에서는 영화가 막 재미있어지려고 하면 거의 100% 광고가 나옵니다.

현대적 통신수단의 문제는 사람들로 하여금 연속적인 시간을 누리지 못하게 방해한다는 것입니다. 현대적 통신수단은 끊임없이 우리를 순간으로부터 낚아챕니다. 이메일과 문자메시지는 마치 버릇없는 아이처럼 우리의 즉각적인 관심을 강요하기 때문에 시간은 연속성을 잃고 여러 조각으로 쪼개집니다. 우리는 몰입의 행복을 '긴급함'의 제단에 희생 제물로 바칠 수밖에 없습니다.

오토바이 운전자는 시속 200km로 달리는 중에 전화를 받지 않습니다. 빠른 속도로 활강하는 스키어, 댄스경연대회에 참가 중인 댄서, 달콤한 사랑을 나누는 연인도 마찬가지입니다. 신경외과 의사가 하는 일도 방해하지 않는 편이 좋겠지요. 오토바이 주행은 특히 몰입에 좋아 보입니다. 운전자에게 변화의 가능성이 많이 주어지니까요. 지루하면 아주 빨리 달릴 수 있고, 그러다 무서우면 천천히 달리면 됩니다. 또 운전자의 운전 능력에 대한 피드백도 아주 빠릅니다. 운전자의 능력이 많이 떨어져서 사고가 발생하면 신경외과 의사가 집중해야할 수술이 생깁니다. 그러면 이제 몰입은 의사의 차지가 됩니다.

바깥에서 보기에는 오토바이 운전자나 뒤에 앉은 사람이나 똑같은 체험을 할 것 같지만 실제로 이 둘의 머릿속에는 두 개의 전혀 다른 세상이 존재합니다. 앞사람은 상황을 통제하지만 뒷사람은 그렇지 않습니다. 앞사람은 눈앞에 펼쳐지는 것들을 보지만 뒷사람은 아무 것도 보지 못합니다. 앞사람은 몰입의 상태에 있지만 뒷사람은 두려움의 상태에 있습니다. 두 사람의 관점과 평가방식은 정확히 반대입니다. 한 사람은 날아갈듯 운전의 묘미를 만끽하지만 다른 사람은 부주의한 운전으로 사고가 날까봐 덜덜 떨고 있습니다.

컴퓨터게임은 게이머를 쉴 새 없이 몰입하게 만드는 중독성이 있습니다. 컴퓨터게임은 게이머에게 능력을 지속적으로 높이도록 요구하는데, 이 요구는 게이머가 흥미를 잃지 않을 정도의 수준에서 유지됩니다. 이를 위해 게임이 특별히 교묘하게 구성되어 있거나 비주얼이 아주 뛰어날 필요도 없습니다. 누구나 이런 경험이 있을 것입니다. 처음에는 '그냥 심심풀이로 테트리스 한 판만 해야지'라고 생각하며 시작하지만 잠시 후면 '이번 레벨만 끝내면 그만 둘 거야'로 바뀝니다.

몰입의 핵심은 집중입니다. 몰입은 일에 완전히 집중하여 무아지경에 이른 상태입니다. 즉 능동적 수동성입니다, 경작과 수확이 동시에 일어나는 것입니다. 상당히 역설적으로 들리지만 실제로는 그렇지 않습니다. 몰입은 섹스와 약간 비슷합니다. 느낌을 얻으려면 자신을 버리고 흐름 속에 몸을 내맡겨야 합니다. 켄 윌버(Ken Wilber)에 따르면 인간 발달의 최고 단계는 언제 어디서나 몰입이 가능한 상태라고 합니다.

지금 이 설명이 너무 이론적이고 딱딱하게 느껴진다면 좀 더 문학적으로 설명해놓은 〈펭귄 이야기〉를 읽으십시오. 몰입 상태는 단순히 흐름을 따라가는 것과는 다릅니다. 나는 무리에 휩쓸려 다니지 않습니다. 남들이 다 한다고 무턱대고 따라하지 않고 내가 가장 잘 할 수 있는 방식으로 행동합니다. 내 최고의 펭귄이 바로 나입니다. 그리고 번거롭게 책장을 뒤로 넘길 필요 없이 오른쪽 하단에 만들어 놓은 펭귄 만화 플립북(Flip book, 종이를 넘기

면 그림을 연달아 순간적으로 보여주어 움직임을 만들어내는 책—옮긴이)
을 넘기며 몰입 상태에 한번 빠져보세요. 하지만 딱 한 번만 넘겨
야 합니다!

그냥 새 직업을 구하라

즐거운 천직

뭔가를 하기에 당신이 너무 보잘 것 없게 느껴진다면
골방에서 모기와 함께 방문을 꼭 닫고 자보라.

인간은 누구나 자신의 행복을 만드는 대장장이입니다. 그런데 모든 대장장이가 행복한 것은 아닙니다.

법조인들 중에는 불행하게 사는 사람이 많습니다. 하지만 나는 아주 행복한 법조인들도 알고 있습니다. 내 친구 중에 플로리안이라는 사람이 있습니다. 그의 실제 이름은 베른하르트이지만 우리는 그냥 플로리안이라고 부릅니다. 내가 볼 때 그는 인생을 제대로 살 줄 아는 친구입니다. 어느 날 그는 변호사 사무실에서는 월요일부터 수요일까지만 일하고 나머지 시간에는 그림을 그리고 딸을 돌보고 친구들과 요리를 하기로 작정했습니다. 그러자 사무실에서는 난리가 났습니다. 사방에서 죄다 반대를 했죠. 말도 안 되는 일이라는 둥, 변호사는 항시 연락 가능한 상태여야 한다는 둥 말들이 많았습니다. 그러나 플로리안은 자기 생각을 끝내 관철시켰습니다. 결과가 어땠을까요? 나중에 그는 내게 이렇게 말했습니다. "사흘 동안 컨디션이 너무 좋아서 일주일 내내 밤늦게까지 사무실에 처박혀 있는 동료들보다 훨씬 많은 일을 해치우고 있어!"

요즘은 기업들 중에 무작정 사무실 책상을 지키고 있는 것이 능사가 아니라는 사실을 깨닫기 시작해서 근무 시간이 아니라 일의 성과에 따라 월급을 지불하는 회사가 많아지고 있습니다. 즉 몸뚱이가 자리에 앉아있는 대가가 아니라 정신이 일한 대가에 대해서 임금을 지불하는 겁니다. 많은 기업들이 몸으로 때우는 일이 아닌, 아무도 생각하지 못한 기발한 아이디어로 돈을 벌고 있습니다. 그런데 기발한 아이디어는 노고와 휴식이 적절히 어우러진 곳에서, 말하자면 회의실보다는 수영장에서 더 잘 떠오릅니다.

한 대형 호텔 체인의 인사책임자가 자신의 경험을 내게 말해 준 적이 있습니다. "여행가방 나르는 일을 하기 싫어 억지로 하던 사람은 평생 여행가방만 나르더군요. 그런데 이 일을 기꺼이 적극적으로 하는 사람은 금방 승진해서 다른 업무를 맡게 됩니다." 항상 자신이 좋아하는 일을 하지는 못하더라도 자신에 주어진 일을 좋아하고 더 잘하려고 노력할 수는 있습니다. 그런데 여기에는 큰 문제가 하나 있습니다. 계속 승진을 하다 보면 원래 목표하지도 않았던 곳에까지 다다르게 된다는 겁니다. 적극적으로 일하는 교사는 교장선생님이 되어 교직원 근무 계획을 짜게 되고, 열성적으로 일하는 의사는 과장이 되어 주로 프로젝트 연구비를 모으는 일을 하게 됩니다. 그러면 즐겁게 하던 일을 더 이상 하지 못하고 대신 다른 사람들을 감독하고 관리하고 통제하게 됩니다. 이러니 어쩔 수없이 마음속에 불만이 쌓이게 됩니다. 이 때문에 대부분의 성격 좋았던 사람들도 어느 단계 이상 올라가면 갑자기 괴물로 돌변하는 게 사실입니다. 안 그래요? 30대 중반이 넘어가도록 다른 사람에게 명령을 내리는 위치에 오르지 못한 사람은 자식들을 얻게 되고요…….

우리가 '성공'으로 정의하는 것은 우리의 나이와 상당 부분 관계가 있습니다. 때에 따라서는 적응과정이 필요하기도 합니다. 인생은 돌고 돕니다. 1살짜리 아기의 성공은 대소변을 가리는 것이고, 25세에는 성행위, 50세에는 돈이 성공이며, 75세에는 여전히 성행위를 하는 것이, 그리고 90세에는 다시 대소변을 가리는 것이 성공입니다.

늦어도 사춘기 때부터 청소년들은 끊임없이 "무엇이 되고 싶은지"를 말하도록 요구받습니다. 여기에 이미 좋은 대답이 있습니다. "나는 그냥 나예요!"라고 하면 됩니다. 어른들이 청소년을 보고 하나같이 나중에 뭐가 되고 싶으냐고 묻는 이유는 간단합니다. 어른들 자신이 그 대답을 절실히 찾고 있기 때문입니다.

방송국에서 일하는 사람들은 모두 국장님이나 본부장님 같아 보입니다. 하지만 심각한 얼굴로 일한다고 다 의미 있고 중요한 일은 아닙니다. 그런데도 많은 사람들은 마치 인생 전체가 형벌이라도 되는 듯한 얼굴로 다닙니다. 30대 중반의 체감연령이 65세입니다. 기업이 이들을 조기에 퇴직시키려는 것은 어쩌면 동정심의 발로인지도 모르겠습니다. 그런 사람들의 사무실 자리에는 아마도 이런 글이 붙어있을지도 모릅니다. "내 어릴 적 꿈이 무엇이었는지 기억나지 않지만 이 자리는 확실히 아니었다!"

자신의 취미를 직업으로 삼은 사람은 힘들게 일할 필요가 없습니다. 그래서 이렇게 권하고 싶습니다. 지금 당신이 하는 일이 당신의 천직인지 아닌지를 알고 싶으면 "나는 돈을 받지 않아도 이 일을 할 것인가?"라고 스스로에게 물어보십시오. 물론 연봉 협상을 하는 자리에서 상사에게 굳이 이렇게 말할 필요는 없겠지만 자기 자신을 위해서는 좋은 질문입니다. 내가 좋아서 하는 일이 무엇인가? 내 마음은 어디에 가 있는가? 나는 주어진 시간과 에너지로 진정 인생에서 무엇을 이루고 싶은가? 그런데 왜 나는 익숙한 궤도에서 한걸음도 벗어나지 않는가? 우리는 좀 더 무언가에 미칠 필요가 있습니다. 이른바 합리적인 사람들이 우리를 어디로 이끌어 왔는지 한번 돌아보세요!

천직 체크리스트

- 지금 돈을 받고 하는 일을 보수가 없어도 계속 하겠는가?
- 혹시 '먼저 일을 하고 나중에 즐기자'라고 생각하는가, 아니면 일을 하는 동안에도 즐거움을 느끼는가?
- 일에서 나의 주요 강점들이 발휘되는가?
- 내가 열심히 노력하는 걸 남들도 아는가?
- 내가 열심히 노력하는 걸 남들도 안다는 걸 내가 아는가?
- 일이 너무 힘들거나 너무 시시한가?
- 일을 통해 새로 배우는 것이 있는가?
- 처음부터 다시 시작할 수 있다면 이 일을 다시 하겠는가?
- 같이 있으면 기분 좋은 사람들과 함께 일하는가?
- 아침에 일어났을 때 휴식시간이나 퇴근시간 외에 다른 무언가 에 대한 즐거운 기대가 생기는가?
- 나보다 더 크고 나를 능가하고 나 없이도 계속 존속될 어떤 가 치에 내가 기여하는가?
- 일이 내게 의미가 있는가? 그리고 다른 사람들에게도?

* 주의사항 – 정답은 책 맨 뒷장에 있지 않습니다. 오직 당신 자신 안에만 있 습니다.

인생은 신나는 스파클러 폭죽과도 같다.
하지만 불꽃을 보며 신이 나고 안 나고는 각자의 몫이다.

소름 효과

음악에 대해 말을 하는 것은
건축에 맞추어 춤을 추는 것과 같다.
프랭크 자파(Frank Zappa)

"마지막으로 좋은 음악을 들은 것이 언제인가요?" 베를린의
한 라디오 방송이 이런 카피로 광고를 내보낸 적이 있었는데, 음
악이라는 상당히 수수께끼 같은 문제를 매우 적절히 표현했다고
생각됩니다. 우리의 진화 과정이 번식에 초점이 맞추어져 있다
면 어째서 우리는 번식과 상관없는 음악을 듣는 걸까요? 왜 사
람들은 세계 어디서나 노래하고 춤추고 북을 두드릴까요? '생존
경쟁'은 어떻게 된 건가요? 왜 음악은 우리를 행복하게도 만들
고 슬프게도 만들까요? 어째서 음악은 그 어떤 말로도 표현할
수 없는 감동을 우리에게 주는 걸까요?

청각은 우리가 이미 어머니의 뱃속에서부터 사용한 최초의
감각이며, 세상을 떠날 때도 가장 마지막까지 살아있는 감각입
니다. 우리가 처음 듣는 소리는 어머니의 심장박동 소리입니다.
어른이 되어서도 심장박동과 동일한 기본 비트의 음악을 들으면

안정감을 느낍니다. 우리가 분당 60~70박자의 아다지오 선율을 좋아하는 이유도 그 때문입니다.

음악은 어머니의 '피부를 파고들어' 우리에게 처음으로 전달되고, 어머니 뱃속을 나온 순간부터는 직접 우리의 피부를 파고들어 감동을 줍니다. 의학적으로 정확하게 말하자면 음악은 피부가 아니라 뇌피질을 파고듭니다. 뇌피질은 이성이라는 우회로를 거치지 않고 감정의 중추로 직접 이어집니다. 감정과 이성이 만나면 음악은 심지어 피부 표면에서도 작용합니다. 짜릿함이 느껴지다가 어느 순간 '소름'이 돋습니다. 당신은 언제를 끝으로 기분 좋은 소름을 경험했나요?

독일에서 음악치료를 전문으로 연구하는 몇 안 되는 의사 중한 사람인 에카르트 알텐뮐러(Eckart Aletnmüller) 교수는 여러 해 전부터 음악이 왜 우리의 마음을 뒤흔들고 심지어 머리카락까지 쭈뼛쭈뼛 서도록 만드는지를 연구하고 있습니다. 소름이 끼치는 순간은 곧 행복의 순간입니다. 인간의 80%는 이러한 강력한 감정을 직접 경험합니다. 음악인들 사이에서는 이런 소름효과가 더욱 빈번히 발생하는데 직접 연주할 때보다는 음악을 들을 때에 더 자주 일어난다고 합니다. 설문조사에 따르면 음악인의약 95%가 정기적으로 '오싹함'을 느끼며 감동의 눈물을 흘리거나 목이 메는 경험을 한다고 합니다.

소름은 추위를 느낄 때 자율신경계가 몸을 덥히려고 체모를 곤추세우면서 나타나는 반응입니다. 우리의 작은 모낭근은 우리가 다른 의미로 한기를 느낄 때, 즉 칠판에 분필 긁는 소리나

날카로운 비명소리를 들을 때, 공포영화를 볼 때도 똑같은 반응을 보입니다.

우리에게 마지막 남은 이 털가죽의 잔해들이 음악을 들을 때 곤두서는 이유는 무엇일까요? 어미 원숭이를 새끼로부터 떼어 놓으면, 어미는 독특한 외침을 통해 새끼의 피부에 소름이 돋게 하여 어미의 온기를 느끼게 합니다. 아마 인간도 이와 비슷했을 것으로 생각됩니다. 원시인들은 서로 멀리 떨어져 있을 때 독특한 멜로디로 - 이것이 나중에 노래와 음악으로 발전하였을 것입니다 - 동료들에게 소름을 돋게 하는, 즉 온기를 주는 친근함을 만들어 냈을 것으로 추측됩니다. 일종의 청각적 포옹인 셈이죠. 어쩌면 악기가 생겨난 이유도 이것 때문인지도 모릅니다. 따스함을 주는 편안한 감정을 악기를 이용하여 느끼고 싶었던 것입니다. 우리는 지금도 음악을 함께 연주하고 들으면서 고독, 슬픔, 고립감 따위의 감정을 떨쳐버리고 있으니까요.

뇌는 소름을 경험하는 동안에 감정, 동기부여, 자기보상을 담당하는 변연계 영역을 활성화시킵니다. 변연계는 우리가 성적 흥분상태에 빠지거나 코카인을 흡입할 때도 마찬가지로 활성화됩니다. 아울러서 나는 '불법으로 내려 받은 음악이 합법적인 음악보다 더 큰 자극을 주는가?'라는 주제도 아주 흥미로운 연구거리라는 생각이 듭니다.

음악은 자극과 흥분을 주기도 하지만 심신을 안정시키는 효과도 있습니다. 왜냐하면 음악은 뇌에서 공황상태를 일으키는 부위인 '편도'를 안정시키기 때문입니다. 아이들이 자장가를 불러주면 쉽게 잠드는 이유도 그 때문입니다.

구체적으로 어떤 음악이 소름을 유발하는지는 일정치 않지만 가령 새롭게 솔로나 합창의 성부가 시작될 때와 같이 특별한 순간에 소름이 많이 돋곤 합니다. 또 갑자기 소리가 커지는 것도 우리를 흥분하게 만듭니다. 기대 이상으로 좋은 느낌을 받은 순간에 도파민이 쉽게 분비되니까요.

역설적이지만 어떤 곡을 아주 잘 아는 것도 소름을 잘 돋게 합니다. 그래서 비단 청중만이 아니라 직접 노래를 부르는 성악가도 자주 소름효과를 체험하게 됩니다. 성악가들은 단순히 들어서 알고 있는 어떤 곡보다 본인이 직접 부른 적이 있는 모차르트의 레퀴엠을 들을 때 더 강한 소름을 경험한다고 합니다. 우리가 '뜻밖의 것'에 '두 배'로 큰 기쁨을 느끼는 것이 사실이지만, 기대의 즐거움이 소름효과를 없애지 않으며 오히려 더 강하게 만들기도 한다는 겁니다. 정말 기쁜 소식 아닙니까? 음악뿐만 아니라 소름도 배우고 익힐 수 있다니 말입니다.

좋은 음악은 아무리 들어도 질리지 않습니다. 음악은 인류에게 있어 커다란 행운이 아닐 수 없습니다. 음식 섭취와 성행위는 너무 지나치면 위와 무릎을 손상시킵니다. 하지만 많이 듣는다고 귀의 근육이 손상되는 일은 없습니다. 음악은 우리를 뚱뚱하게 만들거나 지치게 하지 않습니다. '쿨리지 효과(Coolidge Effect)' 때문에라도 성행위에 대한 흥미는 언젠가 없어지기 마련이고, 생크림 케이크도 세 조각 이상 먹으면 맛이 확 떨어집니다. 반면에 내가 제일 좋아하는 에롤 가너(Erroll Garner)나 프랑크 카스테니에르(Frank Chastenier)의 재즈피아노곡은 아무리 오래 들어도 전혀 지루함을 느낄 수 없습니다. 아니, 매번 들을 때마다 새로운 맛과 멋을 발견하게 되죠. 또 나는 다양한 연주가들이 연주한 골드베르크 변주곡을 섭렵하고 나서야, 비로소 기계적이라고 생각했던 바흐 음악의 참맛을 알게 되었습니다. 베를린필하모니홀에서 재즈바이올리니스트 스테판 그라펠리(Stéphane Grappelli)가 연주하는 바흐의 곡을 들었을 때, 나는 영원히 잊지 못할 소름을 경험했습니다. 그 당시 80세가 넘었던 이 뮤지션이 음악과 표정으로 전달하는 삶의 기쁨은 홀 전체를 전율에 빠뜨리기에 충분했습니다.

악기 연주를 배우는 것은 인생에서 가장 확실한 행복 레시피 중 하나입니다. 처음 악기를 소리 낼 때의 좌절감만 극복하고 나면, 늙어서까지 자신과 남들에게 기쁨을 선사할 수 있죠. 무엇보다도 악기를 평생 동안 연마하면, 좀 더 섬세하고 풍부하게 음을 표현해가는 맛을 얻을 수 있으니까요. 헬무트 슈미트(Helmut Schmidt, 독일의 정치가로 〈3대의 피아노를 위한 협주곡〉을 취입한 적 있다-옮긴이)와 블라디미르 호로비츠(Vladimir Horowitz)가 80세가 되어서야 가장 성공적인 녹음을 할 수 있었던 것도 다 그만한 이유가 있었던 겁니다.

100년 전만 해도 음악을 들으려면 직접 연주하는 수밖에 없었습니다. 아니면 술집이나 교회에 가서 바이올린이나 트럼펫 연주를 듣는 게 고작이었지요. 하지만 요즘에는 지하철만 타도 사람과 사람을 이어주는 음악의 위력을 절실히 느낄 수 있습니다.

많은 이들이 귀에 이어폰을 꽂고 음악을 즐기고 있지만 그 소리는 맞은편에 앉은 내 귀에도 거리낌 없이 들려오니까요.

청소년 시절에 보았던 영화 〈라붐〉의 한 장면은 아직도 내게 더없이 낭만적인 기억으로 남아 있습니다. 주인공 소피 마르소(Sophie Marceau)와 그녀의 남자친구(이름은 모르겠지만 어차피 별로 기억할 만한 인물도 아니었습니다)가 파티장에 있습니다. 둘은 주변의 다른 사람들처럼 몸을 흔들어댈 생각은 없고 서로 꼭 부둥켜안고 블루스를 추고 싶어 합니다. 둘은 헤드폰을 나누어 쓰고 둘의 귀에만 들리는 음악에 몸을 맡긴 채 둘 만의 세계 속으로 침잠합니다. 이 아름다운 장면에서 흘러나온 음악이 〈Dreams are my reality〉이었습니다.

음악은 우리의 넋을 앗아갈 수도 있지만 넋이 나간 사람을 다시 제자리로 돌려놓을 수도 있습니다. 음악은 치유효과가 있습니다. 이것은 작곡가에게도 마찬가지입니다. 바흐는 여러 차례에 걸친 운명의 시련, 가까운 이들의 죽음을 견뎌야 했는데 그는 이러한 고통을 – 후세의 입장에서는 다행스럽게도 – 훌륭한 음악으로 승화시켰습니다. 이를 통해 자기 자신도 치유할 수 있었습니다. 꿈 치료 분야에 새로운 이정표를 제시한 인물로 손꼽히는 루이제 레데만(Luise Redemann)은 고통 속에서 탄생한 음악이야말로 우리의 고통을 현저히 덜어줄 수 있는 음악이라고 말합니다. 우리에게 위안과 행복을 주는 작품을 쓴 작곡가의 다수는 극도로 불행한 삶을 살았습니다. 로베르트 슈만, 자코모 푸치니, 페테르 차이코프스키 등은 우울증환자였으며, 모차르트 역시 천재와 광기 사이를 오갔던 충동적인 인물로 보입니다. 모차르트와 차이코프스키가 만약 현대의 인지행동치료를 받을 수 있었다면, 우리는 이 세상에서 무엇을 놓치게 되었을까요? 이 생각을 하면 그저 아찔하지만 그래도 당사자들의 삶은 좀 편했을 겁니다. 어차피 그들의 작품은 그들이 살아있는 동안에는 별로 인정받지 못했으니까요. 그래도 그 시대에 인정받던 작곡가들은 이미 망각 속에 사라진지 오래라는 사실이 뒤늦게나마 바흐나 모차르트의 고통에 조금 위로가 될지 모르겠습니다. 음악은 고통 속에서 창조되어 열정을 일깨웁니다. 일례로 재즈를 좋아하는 사람은 그렇지 않은 사람보다 성행위를 30% 정도 더 즐긴다고 합니다. 미국 작가 노먼 메일러(Norman Mailer)는 재즈를 "오르가슴의 음악"이라고 했는데, 아주 딱 들어맞는 말이 아닐 수 없습니다. 재즈와 사랑의 유희에서는 모두 "I got rhythm"에서 "Why not take all of me!(내 전부를 가져요, 〈All of me〉에 나오는 가사 – 옮긴이)"까지 자유자재로 즉흥적인 변주가 가능합니다.

　음악은 소녀 팬들을 열광에 빠뜨립니다. 이 점을 잘 생각해보면, 진화의 관점에서는 무의미하고 비생산적이기 짝이 없는 음악이 이토록 보편적으로 발전할 수 있었던 수수께끼도 풀릴 것 같습니다. 짝을 부르는 새들의 지저귐에서부터 중세의 사랑노래와 로비 윌리엄스의 비명에 가까운 쇳소리에 이르기까지, 음악은 한결같이 번식에 기여해왔습니다. 다만 대부분의 사람들은 왕성한 번식기를 지나서야 진정한 '음악애호가'된다는 것이 안타까울 따름입니다. 모든 것을 다 진화로 설명하려들 필요는 없겠지요. 말을 주로 사용하는 이른바 언어예술가인 나로서는 의표를 찌르는 말 한 마디보다 커다란 드럼소리가 우리의 고막과 배와 허리를 훨씬 직접적으로 들뜨게 만든다는 사실이 부러울 따름입니다. 여자들이 유머 있는 남성을 좋아한다고요? 웃기지도 않는 소립니다. 여자들은 하나같이 팝스타나 기타리스트에 열광합니다. 믹 재거(Michael Jagger)가 유머로 그 많은 여성들을 유혹했을까요? 아닙니다. 바로 〈I can't get no satisfaction〉 때문입니다. 또 정확히는 모르지만 지미 헨드릭스(Johnny Hendrix)는 코미디언 로리오트(Loriot)보다 훨씬 더 거친 삶을 살았을 게 분명합니다.

함부르크 기차역에 클래식 음악이 흐르는 이유는 피곤한 여행객들을 편하게 해주려는 것이 아니라 펑크족과 마약중독자들을 쫓아내기 위해서입니다. 일종의 청각적 허수아비인 셈이죠. 인디언처럼 머리를 세우고 인습적인 삶을 거부한다고 시위하는 사람은 아이언 메이든의 음악을 들으면 마음이 편안해지지만 모차르트를 들으면 오히려 심기가 불편해집니다. 어떤 방향의 음악이 몸과 마음에 어떤 영향을 주는지는 개성이나 취향에 따라 다릅니다. 이것은 미국 의학자들의 최근 연구에서도 확인된 바 있습니다. 주관적으로 편안한 음악을 들을 때는 혈관이 확장되고 혈액의 흐름이 좋아지지만, 두려움을 주거나 신경을 거스르는 음악은 정반대의 작용을 합니다.

이제 좀 더 평화적인 결론을 내려야겠습니다. 음악을 통해 행복을 느끼고 건강해지기 위해서 반드시 모차르트를 좋아할 필요는 없습니다. 〈My heart will go on〉 같은 감상적인 노래도 우리의 혈관을 부드럽게 만들어줄 수 있습니다. 조금 귀가 간지러울 수도 있겠지만 말입니다. 〈Yesterday〉를 너무 자주 듣다가는 자칫 'Tomorrow'를 경험하게 될 가능성이 있으니 조심해야 합니다. 그리고 이건 과학적으로도 증명된 사실인데, 오페라 애호가들에게는 '플라시보'보다 플라시도 도밍고의 노래가 더 약발이 잘 듣는다고 합니다.

독일은 과연 맥주의 나라!

무소유는 어려워

피할 수 없는 것들과 친해지면 행복도 피할 수 없게 된다.

칼 야스퍼스(Karl Jaspers)

나는 날짜 지난 신문을 모읍니다. 물론 돈을 주고 살 때는 날짜 지난 신문이 아닙니다. 그런데 늘 내가 읽을 수 있는 것보다 많은 양의 신문을 사들이는데다가, 신문 읽을 시간이 부족하다는 사실을 잘 인정하지 않다 보니 우리 집 주방에는 신문이 늘 잔뜩 쌓이게 됩니다. '한 번만 더 보고 버려야지' 라는 생각 때문이죠. TV 뒤에도 신문이 수북이 쌓여 있습니다. 쌓여 있는 신문의 높이는 언젠가 볼 요량으로 TV 옆에 쌓아둔 DVD보다 더 높아질 때도 많습니다. 가끔씩 신문더미가 줄어드는 때는 높은 신문더미 위에 또 신문을 얹으려다가 그만 탑이 무너질 때입니다. 사실 무너진다는 표현은 적절치 않고 신문들이 바닥으로 주르륵 쏟아져 버린다고 해야 맞겠습니다. 소리없이 미끄러지듯 주저앉으니 말입니다. 곁에 쌓아둔 DVD도 덩달아 무너져 내릴 때가 있는데, 그때는 시끄러운 소리가 납니다.

신문더미는 내게 소중합니다. 가격만 해도 비싼 잡지들까지 다 합하면 수백 유로가 넘으니까요. 그래요, 나도 압니다. 이론적으로는 전부 온라인으로 볼 수 있다는 것을 말입니다. 그러나 온라인 독자는 현실을 무시하는 자들입니다. 이 사람들은 컴퓨터가 도입되면 곧 사무실에서 종이가 사라질 거라고 떠들어댔습니다. 하지만 실제로는 어떤가요? 역사상 인간이 지금처럼 많은 편지들을 주고받으면서 그것을 종이에 인쇄하여 서류철에 보관하고 또 폐기한 적이 있었던가요?

물론 나의 집을 방문하는 사람들은 하나같이 이놈의 종이들이 좀 없어지면 얼마나 좋을까 생각합니다. 하지만 나는 역사적 맥락에서 생각합니다. 아무도 플로피디스크의 사용이 가능한 기기를 보관해둘 생각을 하지 않은 탓에, 이제 플로피디스크에 남아있는 데이터들을 더 이상 읽을 수가 없습니다. 나는 독일의 모습을 조금 보관해 두려고 하는 겁니다. 혹시 압니까? 이중 몇몇이 언젠가 완전히 자취를 감추어서, 언젠가 국립도서관 사서가 내 집 대문 앞에서 울면서 자료를 보게 해달라고 애걸할지 말입니다. 아직까지 그런 일이 일어나지는 않았지만 신문도 와인처럼 보관 햇수가 늘어날수록 가치가 점점 더 상승할 수도 있지 않을까요?

사실 다 헛소리입니다. 내가 쌓아놓은 신문더미의 시장가격은 계속 떨어지리라는 걸 나도 잘 압니다. 누군가 내게 내 것과 똑같은 신문더미를 사라고 한다면 얼마를 줄까 생각해 본 적이 있습니다. 그러나 내게는 첫째로 폐지뭉치에 돈을 지불할 생각이 없고, 둘째로 우리 집에는 벽난로도 없으며, 셋째로 집에 이미 한 무더기의 신문이 있습니다. 사실 이런 게 나한테는 소중할지 몰라도 어디 살 사람을 구할 수 있겠어요? 인터넷 장터 같은 데서 그냥 와서 공짜로 가져가라고 해도 아무도 안 올 텐데요.

이따금 나는 신문더미가 혼자서 계속 자라는 게 아닌가 하는 느낌을 받습니다. 이게 임계점에 도달하고 나면 이제껏 모르던 새로운 프로세스가 생겨나서, 마치 '아메바' 보드게임처럼 계속해서 조그만 새 신문더미를 만들어내는지도 모릅니다. 신문은 유기물질인 섬유소로 만들어졌으니 설득력이 전혀 없는 것도 아니죠. 정말 그렇다면 오랫동안 집을 비우기라도 했을 때 집안 꼴이 어떻게 될지 생각하기도 싫습니다. 신문더미가 집안을 완전히 가득 채워서 현관문조차 열 수 없게 될 테니까요.

이 문제는 이미 오래전부터 내 행복을 방해하고 있습니다. 신문더미는 매일같이 내게 잘못 살아가고 있다는 생각을 강요합니다. 내가 관심이 있다고 믿는 것들이 머릿속에 담기지 못하고 거실바닥에서 나뒹굴고 있으니 그럴 만도 합니다. 소유는 우리를 소유할 수 있습니다. 특히 빈 공간이 전부 다른 무언가의 차지가 되어 더 이상 당신이 앉을 자리도 없으면 당신은 이미 소유당한 것입니다. 아무리 늦어도 이 시점에서는 소유를 놓아버려야 합니다. 그런데 이것이 생각보다 어렵습니다. 모두들 자기 소유물의 가치에 대해 근본적으로 잘못 생각하고 있기 때문입니다. 나만 그렇게 생각하는 게 아닙니다. 시카고대학의 경제학자 리처드 탈러(Richard Thaler)는 30년쯤 전에 이미 이런 비합리적 행동에 '보유효과(Endowment)'라는 이름을 붙인 적 있습니다. 그에 따르면, 사람은 자신이 소유한 물건을 자기 소유가 아닌 비슷한 물건보다 더 귀중하게 여긴다고 합니다. 잠재 고객의 관점에서 본 해당 물건의 가치보다, 소유한 물건이 갖는 가치가 최소 2배 이상 높게 평가된다는군요.

스탠포드대학의 심리학자 브라이언 넛슨(Brian Knutson)은 2008년에 이런 보유효과를 우리의 뇌 안에서 확인하는 데 성공하였습니다. 혹시 당신이 쌓아둔 전문잡지 더미들 가운데서 뒤져보고 싶다면 2008년에 나온 〈뉴런〉 58권, 814쪽에 관련 논문이 실려 있으니 찾아보세요. 넛슨은 피실험자들에게 각각 60달러의 돈을 주고 전자기기 두 개를 사도록 했습니다. 그러고 나서 새로 손에 넣은 소유물을 피실험자들끼리 서로 거래하도록 했습니다. MP3 플레이어를 산 피실험자는 자신이 지불했던 것보다 높은 액수인 70달러를 요구했습니다. 반면 MP3를 사려는 쪽은 35달러만 내겠다고 했습니다. 자기 소유물과의 결별을 유난히 힘들어 한 피실험자에게서는 '도피질(insular cortex)'에서 강력한 혈액순환이 일어나는 것을 관찰할 수 있었습니다. 도피질은 고통을 처리하고 이를 감정적으로 평가하는 뇌영역입니다. 아마도 자신의 물건을 남에게 파는 행위는 우리에게 심리적인 고통을 주는 모양입니다. 결별로 인한 손실감은 물건을 팔아 얻은 수익으로 인한 보상보다 더 큰 게 분명합니다.

보통 사람들은 얻은 것보다 잃은 것에 더 민감하게 반응합니다. 가격이 10% 인하되었을 때 느끼는 기쁨보다는 가격이 10%

인상되었을 때 느끼는 분노가 더 강력하죠. 10% 임금 인상의 기쁨은 곧 아무 것도 아닌 일이 되어버리지만, 10%의 임금 삭감은 퇴직할 때까지, 아니 그 이상까지 두고두고 우리를 분노하게 만듭니다.

프린스턴대학의 심리학자 대니얼 카너먼은 90년대 초에 우리가 손실을 피하기 위해 얼마나 비합리적으로 행동하는지 잘 보여주었습니다. 카너먼은 피실험자들에게 머그잔을 나누어주며 "이제 이 물건의 소유자는 당신들입니다!"라고 말하고는 방금 머그잔을 소유한 소유주들에게 희망 판매가를 적도록 했습니다. 그리고 그 가격을 구매자 집단의 희망 구매가격과 비교해보았습니다. 그랬더니 머그잔 소유자들은 평균 7.12 달러를 요구한 반면에 구매자들은 불과 2.87달러를 제시하는 데 그쳤습니다. 또 다른 실험에서는 피실험자들에게 사과와 오렌지를 나누어주고 서로 교환하도록 했습니다. 하지만 선뜻 교환하려는 사람은 거의 없었습니다! 다들 '내 사과가 당신의 오렌지보다는 더 값어치가 있다'고 생각한 거죠.

영리한 장사꾼은 먼저 물건부터 들이미는 방식으로 나중에 구매자가 자신의 요청을 거절하기 힘들게 만듭니다. 술집에서 장미나 껌 따위의 물건을 파는 장사꾼은 먼저 손님의 테이블에 물건을 놓아둔 다음 술집을 한 바퀴 돌고 나서 다시 거두어갑니다. 손님이 새 '소유물'에 익숙해질 시간을 주는 겁니다.

대형 유통체인들도 똑같은 효과를 자주 이용합니다. 가령 고객들에게 TV를 몇 주 동안 테스트해보라고 선뜻 내줍니다. TV를 받은 고객은 어느 순간부터 이 물건을 자기 소유물로 여기게 됩니다. 그러면 TV가 갖는 주관적 가치가 상승하면서 고객의 구매의지도 덩달아 올라갑니다.

재무장관들이 이러한 돈의 심리학을 좀 더 잘 이해한다면 납세가 많은 사람들을 쓸데없이 불행하게 만드는 일을 피할 수 있을지도 모릅니다. 보유효과에 따르면 세금을 나중에 추가로 더 내야 하는 경우 세금포탈의 유혹도 더 커집니다. 반대로 납세 의무가 있는 사람이 미리 세금을 내고 나중에 환급받을 것을 기대한다면, 세금포탈의 유혹은 그만큼 줄어듭니다. 이런 이유로 원천징수로 거둔 근로소득세가, 돈을 일단 손에 쥔 다음에 다시 세금으로 내야 하는 경우보다 덜 고통스럽습니다. 일요일마다 황금만능주의를 경고하는 교회들은, 신자들이 교회에서 설교하는 무욕의 가르침에 따라 헌금 내기를 기다리는 것보다 종교세를 미리 떼는 편이 훨씬 낫습니다.

그런데 이런 것이 행복과 무슨 관계가 있을까요? 보유효과의 강도는 기분 상태에 따라 달라집니다. 긍정적 성향의 사람들은 그렇지 않은 사람보다 소유에 대한 욕심이 약합니다. 텔아비브 대학의 심리학자 아예렛 피시바흐(Ayelet Fishbach)는 이런 사실을 실험을 통해서 증명했습니다. 소유의 상실을 겁내는 사람일수록 보상심리가 더 강해지기 마련입니다. 예로부터 많은 현자들이 소유에 집착하지 말 것을 거듭 당부해온 이유도 여기에 있죠. 물론 그 가르침이 지금까지는 별다른 성과를 거둔 것 같지는 않습니다만.

심지어 우리는 자기 소유라고 단지 상상만 한 물건에 대해서도 집착합니다. 피실험자들에게 두 개의 서로 다른 시나리오를 제시하였습니다. 시나리오 A는 이렇습니다. "당신의 집 앞에 있는 가로수 25그루를 모두 베어버린다고 상상해보라. 얼마를 지불하면 당신은 이 손실을 받아들이겠는가?" 시나리오 B에서는 "당신의 집 앞에 가로수 25그루를 심는다고 상상해보라. 당신은 그 대가로 얼마를 지불하겠는가?"라고 물어보았습니다. 그 결과 대다수의 피실험자들은 손실을 훨씬 더 크게 받아들이는 것으로 나타났습니다. 피실험자들은 나무를 베는 대가로 평균 199.8달러의 손해배상을 요구한 반면, 나무를 심어주는 대가로는 불과 9.6달러를 지불하겠다고 답하였습니다. 하지만 불행하게도 열대우림은 그 누구에게도 보상금을 지불하지 않은 채 마구 벌목되고 있습니다. 그에 비해 나무심기가 우리에게 갖는 가치는 맥주 한 박스가 고작이니 이 노릇을 어쩌면 좋습니까? 사랑의 문제도 이런 소유반응에서 자유롭지 못합니다. "그 남자는 내 거야. 목에 벌써 내 이름이 걸려 있잖아!" 그렇다면 난 이렇게 묻고 싶습니다. "당신은 그를 사랑하기 때문에 소유합니까, 아니면 그를 소유하기 때문에 사랑합니까?"

영장류 연구가인 사라 브로스넌(Sarah Brosnan)은 침팬지도 우리 인간만큼이나 물물교환을 꺼려한다는 사실을 똑똑히 관찰하였습니다. 한마디로 침팬지들은 공정한 물물교환에 대한 믿음이 아예 없습니다. 원숭이에게는 오렌지를 내어주면 사과를 제공하겠다는 계약서나 공정거래 관련법도 없이 오직 강자의 권리만 존재하기 때문입니다. 동물의 왕국에서 가장 성공적인 전략은 이것입니다. "목숨을 부지하고 싶다면, 네 손에 들어온 것을 절대로 내어주지 않는 것이 좋아!"

사실 나는 브로스넌의 글을 읽고 조금 슬펐습니다. 꽤나 지적인 취향이라고 자부하던 신문더미에 대한 내 애착이 이토록 원시적인 뿌리를 갖고 있는 줄은 몰랐기 때문입니다. 그래서 난 신문과 잡지의 대부분을 폐지수거함에 버리기로 결심했습니다. 폐지수거함 뚜껑을 여는 순간 나는 내 사고방식이 동물의 왕국뿐 아니라 컴퓨터 시대의 특징도 지니고 있다는 사실을 깨달을 수 있었습니다. 내 머릿속에 창이 하나 열린 것입니다. '이 모든 파일을 삭제하시겠습니까? 네 – 아니오 – 취소.'

하지만 난 흔들리지 않았습니다. 미소 지으며 한편으로는 눈물 흘리며 소중한 잡지들을 휴지통 속에 집어던졌습니다. 이웃집에서 버린 쓸데없는 잡지들 틈바구니 속으로 말이죠.

한 여행자가 어느 유명한 랍비의 집을 방문하고는 그의 방이 너무 단출한 데 놀라고 말았다.

"랍비시여, 가구들은 다 어디 있습니까?"

"그러는 당신의 것들은 다 어디 있소?"

"저야 이곳저곳을 여행하는 중에 잠시 들른 것뿐이니 가구가 필요할 리 없지요."

"저도 마찬가지올시다."

1988년 임신사실을 알았을 때 – 그 행복은 지금도 계속되는 중

크리스마스 때 남자친구가 내가 사고 싶었던 부츠를 선물해주었을 때 – 그가 부츠를 신은 나와 시내로 외출하려 하지 않아서 심하게 다투기도 했지만

오늘 아침에 28명의 환자들이 어제 배변 상태가 아주 좋았다고 말해주었을 때

독일의 최대 금융기관 코메르츠(Commerz)은행

자본주의도 이제 약발이 다 됐다.

시간은 돈이다?
하지만 돈은 시간이 아니다

자녀 일곱을 둔 남자와 돈 7백만 유로를 가진 남자의 차이는?
— 7백만 유로를 가진 남자는 더 많이 원한다.

혹시 이웃집의 벌이가 얼마나 되는지 아십니까? 우리는 이웃에 사는 사람의 종교나 질병, 심지어는 이상형에 대해 물어볼 수 있지만 돈에 대해서만큼은 물어볼 수 없습니다. 돈 문제는 우리에게 남아있는 최대의 금기사항입니다.

미사나 예배를 TV를 통해서 볼 수 있게 된지는 꽤 오래되었습니다. 소프트 포르노나 건강 상담 프로그램도 마찬가지고요. 하지만 사회사업가 츠베가트(Zwegat) 같은 이들이 진행하는 TV채무상담 프로그램이 사람들에게 큰 인기를 끌게 된 것은 아주 최근의 일입니다. 이것은 우리의 친한 관계가 어느 지점에서 그 한계를 드러내게 되는지 잘 보여줍니다. 예로부터 돈 얘기는 함부로 꺼내는 게 아니었습니다. 돈은 말의 대상이 아니라 소유의 대상입니다. 아니면 소유하지 못한 대상이거나. 이 경우라면 더욱 돈 얘기를 꺼내서는 안 되겠죠.

돈을 조금 소유하면 우리는 행복해집니다. 일단 기본생활이 보장되고 나면 돈이 무조건 많아진다고 삶의 만족도도 덩달아 커지지 않습니다. 문제는 우리가 이 사실을 잘 믿으려하지 않는 다는 겁니다. 돈이 우리를 고독하게 만든다는 사실은 이미 수많 은 실험을 통해서 증명되었는데 말입니다. 피실험자들은 무의식 적으로 돈을 떠올리기만 해도 자동적으로 남을 도우려는 의지가 감소하였고 여가시간이 생겨도 친구들과 함께 하지 않고 홀로 보냈습니다. 돈이 악취를 풍기지는 않지만, 돈을 바라는 사람에 게서는 악취가 풍기기 쉽습니다. 구성원들 간의 상호협조에 의 지하여 유지되는 수도원 같은 공동체는 전체적으로 높은 안정성 을 보입니다. 그 이유는 아마도 모든 구성원들이 금전적 보상을 포기한 채 봉사하는 마음으로 일하기 때문이 아닐까 싶습니다.

희한하게도 사람들은 물질적 부를 뒤쫓을 때보다 부를 손에 넣고 난 이후에 더 우울하게 살아갑니다. 물질적 부의 성취가 우 리를 행복하게 만드는 게 아니라, 지치게 만들기 때문입니다!

우리 모두가 은연중에 따르는 무언의 게임법칙은 이렇게 말 합니다. "어떤 대가를 치르더라도 돈을 벌어라. 가장 비싼 장난 감을 손에 쥐고 죽는 사람이 게임의 승자다!" 정말 희한하고 이 상하기 짝이 없는 게임이라고 생각하지 않으십니까?

사고(思考) 실험

다음 달부터 월급이 500유로로 인상된다고 상상해 보세요. 당신 은 지금보다 행복할까요? 당연합니다. 그 돈으로 더 많은 것을 할 수 있으니까요. 하지만 당신의 행복은 당신을 제외한 다른 직원에게는 모두 1000유로씩 월급을 올려준다는 소식을 듣는 순간, 끝장납니다. 당신은 분명히 예전보다 더 많은 돈을 받게 되는데도, 기분은 전보다 훨씬 나빠집니다. 절대수치가 아니라 비교를 통해서 자신을 정의하기 때문입니다. 아마 남들이 1000유로를 못 받게 하기 위해서 자신의 500유로를 기꺼이 포기할 사람도 적지 않을 겁니다!

우리는 즐겨 자신과 남을 비교하고, 나의 소유를 넘어서는 곳에까지 눈을 돌립니다. 그렇다고 아주 멀리 보지도 못합니다. 그저 우리보다 아주 조금 더 잘 사는 이웃을 발견할 때까지만 기웃거립니다. 그리고 그런 이웃을 발견한 순간 기분이 상합니다. 영국의 철학자 버트란트 러셀(Bertrand Russell)은 문제의 핵심을 이렇게 표현했습니다. "거지는 백만장자를 부러워하지 않는다. 자신보다 조금 돈이 많은 거지를 부러워할 뿐!" 바로 이런 시각이 우리를 가난하게 만듭니다.

돈이 아니라 행복이 우리의 기축통화이고 결정근거가 된다면 우리 삶은 어떤 모습이 될까요?

한번 생각해 보십시오. 5분의 시간을 드리겠습니다.

세상에서 가장 행복한 나라는 어디일까요? 기준을 어디에 두는가에 따라 남태평양의 바누아투가 될 수도 있겠고, 보건상태나 민주주의, 실업률 같은 진지한 문제를 기준으로 본다면 덴마크, 스위스, 오스트리아 같은 국가들이 될 수도 있습니다. 두 가지 조사기준에 따른 결과들의 한 가지 공통점은 독일이 상위권에 랭크되어 있지 않다는 사실입니다. 우리의 이웃국가들은 우리보다 좀 더 행복하다는 사실만 빼면 사실 우리와 별로 다른 점이 없는데 말입니다.

빈부격차가 큰 나라들을 여행하다보면 금방 분명해지는 게 있습니다. 이런 나라에서는 가난한 사람으로 살고 싶지 않다는 것입니다. 부자가 되고 싶지도 않습니다. 가난한 자들이 사는 지역과 부자들이 사는 지역, 슬럼과 고급 빌라, 허름한 판잣집과 경비가 삼엄한 호화저택 사이의 격차가 심할수록 양쪽 모두 삶의 질이 저하되니까요! 자식이 납치당하거나 신호를 기다리다가 자동차 안에서 살해당할까봐 끊임없이 걱정해야 하고, 강도가 너무 많아 호젓하게 해변을 거닐 수조차 없다면 제아무리 많은 돈을 가지고 있더라도 무슨 소용이 있겠습니까? 국가 내에서, 글로벌 차원에서 자원의 공정한 분배를 바라기 위해서 굳이 이웃사랑을 들먹일 필요조차 없습니다. 그냥 잠시 이성적으로 생각만 해봐도 금방 알 수 있는 문제니까요.

우리는 어떻게 하면 돈을 더 많이 벌고 더 절약할 수 있는가 하는 물음을 중요하게 여깁니다. 출세지향적인 사람이나 폭탄세일만 찾아다니는 사람은 항상 무언가 부족하다는 생각을 하며 쫓기듯 살아갑니다. "이게 없는데…" "저걸 가져야 하는데…" "이건 더 싸게 살 수도 있었는데…" 우리는 50유로 어치 기름을 넣을 때 5유로를 아끼려고 온 시내를 자동차로 헤매고 다닙니다. 그런데 막상 5만 유로짜리 자동차를 구입할 때 500유로를 절약할 수 있는 방법에는 별 관심을 보이지 않습니다. 500유로를 절약하기 위해 다른 영업사원을 찾아갈 생각은 하지 않으면서 값이 싼 주유소를 찾기 위해 시내를 100번도 넘게 왔다갔다 합니다. 은행 통장은 항상 절대수치로 계산하는데 우리의 머리는 도무지 그렇지가 않습니다.

나 역시 '놓칠 수 없는 기회'라는 광고에 넘어간 적이 있습니다. 애플에서 내게 50유로짜리 상품권을 '공짜로' 주겠다고 한 적이 있습니다. 나는 이 제안이 너무나 반갑고 좋아서 당장 아이팟을 주문했습니다. 필요한 물건이라는 생각도 들었습니다. 그런데 작은 글씨로 인쇄된 문구를 하나 놓쳤습니다. 그 상품권은 500유로 이상의 물건을 주문할 때만 유효하다는 것이었습니다. 다행히 내 주문 금액은 500유로가 넘었습니다. 그런데 물건을 받고 보니 상품권이 없었습니다. 주문 금액이 부가세를 포함해서 500유로가 넘었던 것입니다. 그래서 나는 씩씩거리며 휴대폰 보호대며 이어폰 따위의 자질구레한 물건들을 추가로 구매하여 부가세를 뺀 나머지 금액으로 500유로를 채워 결국에는 상품권을 받아냈습니다. 이 일로 내가 시간을 낭비하고 신경을 쓴 것을 생각하면 50유로는 사실 너무 적은 액수였습니다. 아이팟은 지금까지 포장조차 뜯지 않은 상태입니다. 상품권은 양쪽 모두에게 트로이의 목마였습니다. 애플로서도 고객 한 사람을 잃었으니 꽤 값비싼 선물이었던 셈입니다.

조사에 따르면 '유용한' 가전제품 세 개 중 하나는 전혀 사용되지 않는다고 합니다. 일단 사놓고 보는 거죠. 미국인을 대상으로 집, 자동차, TV, 수영장, 별장 등이 적힌 목록을 제시하고 자

신이 추구하는 라이프스타일에 걸맞다고 생각되는 소비재를 표
시하고 그 중 이미 소유하고 있는 것은 한 번 더 표시하게 하였
습니다. 그리고 16년 뒤에 동일한 설문조사를 한 번 더 실시하
였습니다. 그랬더니 같은 기간 동안 '실제 소유'가 1.6개에서
3.1개로 증가하였는데도 '원하는 목록'은 4.4개에서 5.6개로 늘
었습니다. 간단히 말해서 행복해지기 위해서는 여전히 2개 정도
의 물건이 부족했습니다!

　자신이 가진 것에 불만이 많으면 갖고 싶은 것에서도 불만이
많아집니다.

　마찬가지로 시간의 문제에서도 우리는 언제나 뒤쫓아 가기만
합니다. '먼저 이런저런 것을 빨리 처리하고 나면 시간이 생길
테고 그러면 행복해지겠지'라는 마음으로 서류를 작성하고, 회
의준비를 하고, 힘든 이혼과정을 참고 견뎌냅니다. 하지만 이런
일들이 다 끝나도 시간이든 돈이든 전보다 더 많아지지 않습니
다. 우리 머릿속에서 쉴 새 없이 일어나는 비용 대 효용 계산은
겉으로 드러나는 비용만 고려해서는 소용이 없습니다. 얼마 전
독일에서는 장거리 출퇴근자를 위한 세금공제 제도에 대해 논란
이 있었습니다. 하지만 여기서도 실제 사회적 비용은 거의 고려
되지 않더군요. 나는 살아가면서 많은 일들에 적응하게 되었지
만 장거리 출퇴근에는 좀처럼 적응하지 못하겠습니다. 이것은
과학적으로도 증명된 사실입니다. 여러 연구조사에 따르면 장
거리 출퇴근에 따른 피로는 시간이 지난다고 개선되는 게 아니
라고 합니다. 녹지가 좀 더 풍부한 환경에서 사는 대가가 매일 2

시간씩 지옥 같은 교통체증을 겪어야 하는 것이라면 이것은 너무 비쌉니다. 그보다는 도시를 벗어나 푸른 숲을 찾아가는 게 훨씬 더 빠르지만 요즘 누가 그런 여유를 낼 수 있겠습니까?

교통수단이 더 빨라졌다고 해서 우리의 이동시간이 줄어들지는 않았습니다. 탄자니아에서든 미국에서든 사람들은 A라는 장소에서 B라는 장소로 왕복 이동하는 데 매일 평균 70분을 소비합니다. 유일한 '진보'라면 같은 시간에 미국인은 자동차로 시속 60킬로미터로 이동하고, 탄자니아인들은 대부분 걸어서 이동한다는 점입니다. 또 세탁기의 등장으로 우리는 더 이상 강가로 나가 빨래판에 옷가지들을 문질러대는 수고를 하지 않게 되었습니다. 하지만 그 대신 필요 이상으로 자주 빨래를 합니다. 또 인터넷이 제아무리 빨라졌다고 해도 컴퓨터는 일을 더 빨리 끝내주지 못합니다. 우리는 '간단히' 사이트 몇 군데를 더 뒤적거리다가 많은 시간을 잃어버립니다. 다 인터넷이 너무 빨라진 탓이죠.

오늘날 도심에서 이동하는 속도는 자동차가 발명되기 이전인 100년 전과 별로 다르지 않습니다. 지금은 오히려 말이 좀 더 빠르게 이동할 겁니다. 하지만 우리는 이제 더 이상 말의 속도로는 만족하지 못합니다.

시간이 어디로 가는지도 모르는 마당에 돈이 어디로 가는지를 우리가 어떻게 알 수 있겠습니까? 경제학자 마티아스 빈스방거(Mathias Binswanger)는 《행복의 쳇바퀴》라는 제목이 붙은 큰 깨달음을 주는 책에서 이 쳇바퀴에 가속이 붙게 만드는 '과시적'소비에 대해 설명합니다. 나는 남의 눈에 확실히 띄는 사치품을 구매하며 사치품을 가지지 못한 자기 주변의 모든 사람들의 가치를 떨어뜨립니다. 그러면 그들은 다시 나를 누르기 위해 애를 쓰게 되죠.

지난 휴가 때 나는 발리섬 근처에 있는 '렘본간'이라는 작은 섬에서 스킨스쿠버를 즐겼습니다. 그곳에는 자동차가 없었습니다. 그래서 많이 걸어 다녀야 했습니다. 그러다가 하루 동안 작은 오토바이를 렌트했는데, 오토바이를 타고 길에 나서자 이미 나는 그 섬의 왕이나 다름없었습니다. 독일의 거리에서 그 정도 지위를 누리려면 적어도 '마이바흐(고급 세단 자동차 - 옮긴이)'정도는 있어야 합니다. 자동차가 과시적인 경쟁에 적합한 이유는 늘 주변에 주차되어 있어서 누구나 볼 수 있고 굳이 일일이 설명하지 않아도 모두 다 그 가격을 알기 때문입니다. 자동차 가격은 초등학생도 다 아니까요. 만약 자동차가 단순히 이동수단에 불과하다면 작고 가벼운 연료절약형이 대세일 것입니다. 그러나 사람들은 차고에 들어갈 수 없어서 길가에 둘 수밖에 없는 커다란 차를 선호합니다.

과시적 소비가 이루어지는 방식은 이렇습니다. 자기가 진정으로 좋아하지도 않는 사람들에게 으스대기 위해서, 정말로 필요하지도 않은 물건을, 실제로 갖고 있지도 않은 돈으로 구매하는 겁니다. 필요치 않은 물건은 한도 끝도 없이 많습니다! 이렇게 보면 집단지능이란 존재하지 않고 대신 '집단우매'만이 있는 것 같습니다.

얼마 전에 나는 투자상담사를 만났습니다. 공원의 벤치에서 노숙하는 분이었습니다. 그 분이 내게 확실한 투자처 하나를 귀띔해주었습니다. 바로 '빈병 반납'이었습니다. 엉뚱한 주식이나 부동산에 투자하지 말고 맥주박스에 투자하면, 그 즉시 4.5%의 순수익을 맛볼 수 있을 뿐만 아니라 빈병까지 환불받는 추가이득이 생기니 정말 환상적인 투자가 아니냐는 겁니다. 게다가 도둑맞을 염려도 없습니다. 50유로는 쉽게 슬쩍할 수 있지만 8천 개의 빈병을 들고 뛰는 도둑이 대체 있겠습니까?

경제학자들은 가격이 수요와 공급에 의해 결정된다고 말합니다. 그런데도 전문가들이 해주는 이른바 좋은 조언은 왜 값이 비싼 걸까요? 그런 조언들은 수요에 비해 항상 공급이 더 넘쳐나는데 말입니다. 지금 내가 말하는 '돈이 당신을 행복하게 만들 수 있는 세 가지 방법'에 대한 '좋은 조언'은 꼭 명심하기를 바랍니다.

1. 현재 살고 있는 곳에 계속 살고 그 대신 여행을 하세요.
2. 큰 물건 한두 개보다 소소한 물건 여러 개가 더 큰 기쁨을 줍니다.
3. 당신의 돈을 남을 위해서 쓰세요.

1. 현재 우리는 1950년대와 비교해 볼 때 세 배나 더 부자가 되었습니다. 그러나 행복은 세 배로 늘어나지 않았습니다. 최근에 나온 사회보고서에서도 독일은 유럽에서 가장 불만이 많은 나라 중 하나로 판명되었습니다.

부의 성장과 함께 주거면적도 늘어났습니다. 1950년대에는 대부분의 가정이 오늘날 학생 기숙사 크기 정도의 집에서도 쾌적하게 생활했지만 요즘 도시의 큰 집들은 종종 더 큰 고독감을 안겨 줍니다. 대다수의 사람들이 수입이 늘어나면 곧바로 하는 일이 무엇인지 아십니까? 더 좋은 곳으로 이사해서 자신이 부러워하는 사람들이 더 많은 곳에서 살아갑니다. 반면에 세계 최고의 부자인 워렌 버핏은 1958년에 구입한 집에서 지금도 살고 있습니다.

단순한 사람들은 이렇게 말합니다. "뭔가 손에 잡히는 것을 사라. 그래야 오래도록 소유할 수 있다"고 말입니다. 하지만 행복의 경제학자들은 "무형의 경험에 투자하라"고 말합니다. 내 눈 앞에 있는 자동차의 가치는 계속해서 떨어집니다. 이웃사람이 더 큰 자동차를 사거나, 차에 흠집이 나거나, 심지어는 재떨이만 꽉 차도 그렇게 됩니다. 그런데 세계여행은 시간이 지날수록 점점 더 아름다워집니다. 또 여행은 새로운 우정을 만들어주고 기존의 우정을 더욱 돈독하게 해줍니다. 제2차 세계대전 중에 전 재산을 잃어버린 내 할머니는 늘 이런 말씀을 하셨습니다. "모든 것이 사라졌을 때도 여전히 남아 있는 게 두 가지가 있다. 네 머릿속에 있는 것과 네 가슴에 담긴 사람이 그것이다." 이런 행복에 투자하는 것이야말로 가장 확실한 투자가 아닐까요?

2. 여행을 떠나지 못하는 사람들을 위하여 행복의 경제학은 말합니다. 수많은 작은 행복의 순간들이 하나의 큰 행복보다 더

낫다고요. 노벨평화상 수상자인 무하마드 유누스(Muhammad Yunus, 방글라데시의 은행가 – 옮긴이)가 소액무담보대출을 통해서 빈곤퇴치를 위해 노력했던 것처럼 우리는 행복을 위해 많고 작은 투자들을 행함으로써 훨씬 더 많은 것을 얻을 수 있습니다. 이런 양(量)의 경제학은 파트너 관계에서도 통합니다. 부적절한 순간의 백 송이 장미보다 결정적인 순간의 한 송이 장미가 훨씬 더 나은 투자입니다.

3. 돈은 남을 위해서 쓸 때 가장 지속적인 효과를 냅니다. 사람들은 직접 실천해보기 전에는 절대로 이 말을 믿지 않습니다. 하지만 내가 남을 위해 사는 커피 한 잔에서부터 기부금에 이르기까지 액수와 상관없이 남을 위해 돈을 쓰고 나면, 항상 자신이 더 부자가 된 느낌을 갖게 됩니다. 부자란 스스로 충분히 가졌다고 생각하는 사람입니다. 그리고 최상의 노후대책은 자녀입니다. 그러니 오늘 밤 별다른 계획이 없다면 아이를 만드세요. 당신을 위해서, 모든 이를 위해서 말입니다! 또 최고로 장기적인 수익을 내는 투자는 관계입니다. 정말 좋은 친구 한두 명은 그저 그런 사이의 친구를 두세 배쯤 가진 것보다 훨씬 더 소중합니다.

나보고 금년은 어떤 해가 될지 한번 예측해 보라고요? 올해는 우리가 3년 뒤에 되돌아보면서 썩 나쁘지 않은 해였다고 생각할 해입니다. 세상의 멸망을 예언하는 독일의 모든 비관론자들에게 말하겠습니다. 세상은 절대로 오늘 밤에 몰락하지 않습니다.

호주는 벌써 아침이니까요!

　스위스의 정신과의사 베르트랑 피카르(Bertrand Piccard)는 기구를 타고 세계 일주를 하는 동안에 중국 상공에서 동승한 기상전문가와 다투었던 이야기를 들려주었습니다. 무조건 더 빨리 이동하고 싶었던 피카르는 한 단계 더 높은 공기층으로 올라가서 더 빠른 바람을 타려고 했습니다. 하지만 결국 원래 코스를 택하고 말았습니다. 기상전문가가 이렇게 물었기 때문입니다. "올바른 방향으로 느리게 비행하시렵니까, 아니면 잘못된 방향으로 빠르게 가시렵니까?"

남자친구와 스페인의 어느 작은 마을에서, 음악도 없이 춤을 추면서 젖은 텐트가 마르기를 기다렸을 때

지붕에 올라가 빗물 홈통을 청소하다가 옆집 지붕에서 5센트 동전을 발견했을 때

주가가 기대치를 훌쩍 넘었을 때

너른 세상에 나온 TV.
더 이상 광채는 없고 소리만 요란하다.

빌과 보리스 그리고 동메달

신이 돈을 어떻게 생각하는지는
신이 그것을 허락한 사람들을 보면 알 수 있다.

　돈은 절대로 행복을 가져다주지 않습니다. 이 사실을 모르는 사람은 없습니다. 그렇지만 이 사실을 자신의 행동 기준으로 삼는 사람도 없습니다. 이 세상에서 최고로 행복한 사람은 빌 게이츠입니까? 아닙니다. 빌 게이츠는 더 이상 최고의 부자도 아닙니다. 〈포브스〉의 부자 리스트에서 빌 게이츠를 추월한 인물이 누구인지 아십니까? 아구나리드 엘름타리드(Agunarid Elmtaryd) 출신의 잉그바르 캄프라드(Ingvar Kamprad)입니다. 이 머리글자들을 따서 만든 IKEA(이케아)라는 가구 브랜드는 아마 다들 들어보셨을 겁니다.

　미국산 소프트웨어가 스웨덴산 촛대 나부랭이에 지다니, 얼마나 기막힌 일입니까! 어떻게 이런 일이 일어났을까요? 빌 게이츠가 저지른 최대의 전략적 실수는 협력 대신 독재를 택했다는 겁니다. 그는 자신이 개발한 소프트웨어의 조립설명서라고 할 수 있는 '소스코드'를 엄격히 비밀로 유지하여 세상에서 가장 똑똑한 해커들을 자극했습니다. 이런 방식은 장기적으로 잘될 리가 없습니다. 이케아는 정반대의 전략을 취했습니다. 물건을 사면 친절하게 조립설명서를 첨부해주었습니다. 이 방식 역시 장기적으로 성공하지 못했을 수도 있었습니다. 똑똑한 해커들은 설명서가 없이도 충분히 물건을 조립할 수 있다고 생각했으니까 말입니다. 그런데 그들은 조립이 잘 되지 않자 자신의 패배를 인정하지 않고 다음 날 똑같은 물건을 한 번 더 사는 것이었습니다. 표면상 협력의 제스처를 취함으로써 두 배의 매출을 올리는, 가히 천재적인 전략이 아닐 수 없습니다.

마이크로 소프트로서는 상당히 '하드(hard)'한 상황입니다. 패배를 했는데, 그것도 리눅스에 당한 것이 아니었으니까요. 마이크로 소프트를 때려눕힌 상대는 다름 아닌 육각렌치였습니다. '빌' 게이츠가 이케아의 조립가구 '빌리'에게 당한 것입니다! 가구는 다운로드나 인쇄가 불가능합니다. 구경제(Old Economy)와 신경제(New Economy)의 대결입니다. 어느 쪽이 더 현실적일까요? 비트와 바이트일까요? 아니면 책장 널판지일까요? 누가 새로운 소프트웨어 프로그램을 샀다고 말하면 사람들은 즉시 뭐라고 말하죠? "그거 나한테도 구워줄 수 있어?"라고 묻습니다. 하지만 원목 책장을 구워달라는 사람은 아무도 없습니다!

그래도 빌 게이츠는 여전히 상상을 초월할 만큼 부자입니다. 그가 가진 돈을 전부 매트리스 밑에 깔아두고 자다가 침대에서 떨어지면, 바닥에 떨어지기 전에 먼저 늙어서 죽을 겁니다. 게다가 돈에 붙는 이자까지 생각하면 빌 게이츠는 아예 지구 대기권을 벗어날 지도 모릅니다. 이 남자는 중력보다도 더 부자입니다. 하지만 다 소용없는 일입니다. 더 이상 최고의 부자는 아니기 때문입니다. 1등을 내주는 일은 1등에 한 번도 올라보지 못한 것보다 더 괴롭습니다. 물론 우리에게는 기쁜 소식이지만요. 어차피 전부 1등이 될 수는 없으니까요. 사실 우리는 그렇게 많은 걸 요구하지 않습니다.

그렇다면 2등과 3등은 어떨까요? 누가 더 행복할까요? 한 연구조사에서 시상대를 내려가는 수상자들의 얼굴표정을 찍은 후 관련 내용을 전혀 모르는 사람들에게 수상자들의 표정을 평가하도록 해보았습니다. 수상자들은 관중의 시선으로부터 자유로워졌다고 느끼는 순간, 그들의 진짜 표정을 드러냈습니다. 그렇다면 둘 중 마음의 승리자는 누구일까요? 그렇습니다. 동메달리스트입니다! 적어도 행복의 기술적 차원에서는 그렇습니다. 우리를 행복하거나 불행하게 만드는 것은 결과가 아닙니다. 중요한 것은 평가이며 특히 어떤 사람과 비교되느냐가 관건입니다. 은메달리스트는 자신을 누구와 비교할까요? 그는 위를 힐끔거리며 속상해합니다. '0.03초만 빨랐어도 금메달은 내 차지였을 텐데!' 은메달리스트는 정신적으로 궁핍한 상태에 이릅니다. 반면에 동메달리스트는 무척 기뻐합니다. '0.03초만 늦었더라면 아예 메달권에 진입하지도 못할 뻔 했어!' 동메달리스트는 행복합니다. 4위를 한 선수가 얼마나 속이 상할지 잘 아니까요.

그럼 금메달리스트에게 집중해봅시다. 그는 가장 행복해야 할 사람입니다. 실제로 시상대에 오르는 순간만큼은 그가 가장 행복합니다. 하지만 나중에는 힘들어집니다. 2008년 올림픽에서 금메달을 여덟 개나 목에 건 수영선수 마이클 펠프스(Michael Phelps)는 올림픽 역사상 가장 성공한 선수입니다. 그가 앞으로 이런 엄청난 성과를 또 다시 올리기는 어렵습니다. 이 금메달 8개의 행복은 미래의 비교기준으로 작용할 것이기 때문입니다. 그 이후로 그가 거두는 모든 성공은 올림픽 8관왕의 그늘에 가려 빛을 발하지 못할 게 분명합니다. 심리학자 소냐 류보미르스키(Sonja Lyubomirsky)의 연구에 따르면 이런저런 좋고 나쁜 사건에 적응하는 우리의 능력은 너무나도 큰 행운 앞에서는 별로 힘을 쓰지 못한다고 합니다. 이런 비상한 '운명적 사건'은 우리의 판단기준을 파괴합니다. 친구들과의 식사, 흥미로운 사람과의 대화, 뜻밖의 선물 등 이제껏 쾌적한 기쁨을 주던 작은 일들은 금메달을 딴 이후에는 더 이상 전과 같은 긍정적인 감정들을 유발하지 못합니다. 류보미르스키는 우리를 지속적으로 행복하게 하는 것은 적당하게 좋은 일들이며, 평범치 않은 일들은 오히려 정신적 부담으로 작용한다는 결론을 내렸습니다.

나는 보리스 베커(Boris Becker, 독일의 테니스 선수 – 옮긴이)와 같은 해에 태어났습니다. 보리스 베커는 17세에 이미 전 세계 사람들이 지켜보는 가운데 윔블던 우승컵을 들어 올렸습니다. 같은 나이에 나는 철봉에서 체조를 하다 손가락을 삐끗하여 같은 반 친구들이 전부 보는 앞에서 바닥으로 떨어졌습니다. 나에 비해 보리스 베커는 남녀노소 할 것 없이 누구에게나 추앙받는 영웅이었습니다. 하지만 이제 나는 더 이상 그를 부러워하지 않습니다. 엄청난 일을 해낸 경험이 있는 사람은 그와 유사한 성과를 내기가 무척이나 힘듭니다. 모든 사람의 시선과 기대를 한 몸에 받을 때보다는, 신인으로서 기대 이상의 성과를 내는 편이 훨씬 수월합니다.

내가 청중에게 감동을 주기는커녕 귀를 막아야 할 수준으로 리코더를 연주하고 있을 초등학생 나이에 모차르트는 이미 세계적 수준의 음악을 작곡했습니다. 하지만 모차르트가 지금의 내 나이가 되었을 때는 이미 이 세상을 떠난 지 7년이나 지난 뒤였습니다.

세계화의 재앙은 비단 빌 게이츠의 성공에서 그치지 않습니다. 또한 우리가 스스로를 빌 게이츠와 비교한다는 사실 역시 세계화의 재앙이 아닐 수 없습니다. 예전에는 마구간에 좋은 말을 갖고 있거나 마을에서 얼굴이 제일 예쁘거나 동네에서 제일 부자면 감지덕지했습니다. 그런데 이제 우리는 글로벌 플레이어들과 우리 자신을 비교하며 끊임없이 패배감을 맛봅니다. 우리는 미하엘 슈마허(Michael Schumacher, 독일의 카레이서 – 옮긴이)보다 더 높은 마력을 원하고, 하이디 클룸(Heidi Klum, 독일의 슈퍼모델 – 옮긴이)보다 더 예쁘고 싶으며 빌 게이츠보다 더 부자가 되기를 바랍니다. 그러니 좌절할 수밖에요.

빌 게이츠는 이런 문제를 인식하고 전 세계인의 건강을 위해 자기 재산을 투자하고 있습니다. 그가 설립한 재단은 세계보건기구(WHO)보다 훨씬 많은 돈을 갖고 있습니다. 그의 동료 워렌

버핏도 말라리아와 에이즈 퇴치를 위해 엄청난 돈을 내놓았습니
다. 그런 탓에 빌 게이츠의 자녀들은 아버지 재산의 0.02%만으
로 만족해야 합니다. 가혹한 운명입니다. 1인당 1천만 달러(한화
120억 원 정도)밖에 되지 않으니까요.

　1인자가 되기 위해서는 너무 많은 에너지가 요구됩니다. 게다
가 1인자 자리를 지키는 것은 항상 위험합니다. 이것은 역사도
증명해줍니다. 역사상 미국의 부통령이 암살당한 경우는 단 한
번도 없었습니다. 혹시 다음에 승진할 기회가 있다면 이 사실을
꼭 기억하십시오.

돈을 행복하게 만들어 주세요!

이곳을 가위로 자르시오!

1 행복

돈을 행복하게 만들어 주세요!

행복은 접을 수 있습니다. 미니 설명서

① 지폐 가운데 세 줄의 접선을 이고 디언처럼 접으세요.

② 지폐의 가로방향 단면이 M자 모양이 되어야 합니다. 그렇게 되지 않으면 실수를 인정하고 지폐를 편 다음, 처음부터 다시 시작하세요.

③ 돈을 행복하게 만들어 주세요! 돈이 보이도록 지폐를 안으로 접습니다. 왼쪽이 한쪽 것처럼 보일 때까지 지폐를 당신의 몸 쪽으로 기울이세요. 그런 다음 서서히 반대쪽으로 젖히세요.

새로운 시각은 새로운 행복을 가져다줍니다.

평생 열일곱이라면?

열일곱 살 때는 아직 꿈이 있다.
그때는 나무들이 모두 사랑의 하늘을 향해 자란다.
페기 마치(Peggy March)

옛날에 인간의 수명은 고작 34살이었습니다. 그때는 열일곱 살이면 사춘기와 중년의 위기를 동시에 맞아야 했죠. 지금 우리는 77세까지 삽니다. 학생증과 경로우대증 사이의 틈은 지루할 정도로 멀리 벌어졌습니다. 이제는 할인 받기가 미안할 지경이죠. 괴테의 시대만 해도 사람들 수명은 오늘날의 절반에 지나지 않는데 말입니다. 그런데도 그때 사람들이 우리보다 시간이 더 많았던 것 같은 생각이 듭니다.

평생 열일곱이라면 어떨까요? 이거야말로 진정한 행복이 아닐까 자문해봅니다. 그때가 인생에서 가장 행복한 시절이 아니겠습니까? 아무튼 나는 열일곱 살 때만 해도 시간이 많았습니다. 나는 고등학교를 졸업한 뒤, 작은 배낭 하나와 인터레일 패스를 손에 들고 세계를 정복하러 나섰습니다. 아마추어 마술사가 되어 온 유럽을 누비고 다녔습니다. 독일은 거리공연을 하기에 좋

오늘도 행복하고, 앞으로도 쭉 그러기를 바란다고?
아직 어려서 뭘 모르는군!

은 나라가 아닙니다. 독일 사람들은 늘 어디론가 가려고만 할 뿐, 한 자리에 느긋하게 머물러 있기를 싫어하니까요. 제2차 세계대전이 끝난 뒤 도시계획 입안자들은 예전에 사람들이 여유롭게 거닐던 광장들을 모두 엉망으로 만들어버렸습니다. 저녁 8시 무렵의 이탈리아 광장은 독일의 번화가와는 완전히 딴판입니다. 베를린 중심가의 '기념교회' 앞에서는 지나다니는 자동차에 대고 소리를 질러야 하고, 프랑크푸르트 최대의 쇼핑몰 '차일'에서는 허공에 대고 팬터마임을 해야 합니다. 이탈리아 사람들은 저녁에 바깥바람을 쐬러 나왔다가 길거리에서 재미있어 보이는 독일 마술사라도 만나면 다들 걸음을 멈추고 구경합니다. 그리고는 마술사의 모자에 기꺼이 뭔가를 던져주죠. 이러한 이유로 나는 시에나, 페루자, 베로나를 좋아하게 되었습니다. 모자 안에 1000리라짜리 지폐가 가득할 때마다 나는 말할 수 없이 큰 부자가 된 느낌이었습니다. 이렇게 직접 번 돈으로 베로나의 원형경기장에서 열린 알 재로(Al Jarreau)의 공연 티켓을 사던 순간을 결코 잊을 수가 없습니다. 내가 번 지폐와 동전들을 매표소 앞에 수북이 쌓아놓고 나의 예술적 능력을 다른 사람의 것과 교환한다는 사실에 뿌듯함을 느꼈죠. 그날 나는 별이 반짝이는 밤하늘 아래에서 황홀한 음악과 함께 행복한 시간을 보냈습니다.

이제 나의 공연을 찾는 관객들의 수는 그때보다 훨씬 많아졌습니다. 하지만 그때만큼 행복하지는 않습… 아니, 말도 안 되는 헛소리입니다! 지금 나는, 우리 모두가 그러는 것처럼 과거를 왜곡하고 있습니다. "아, 옛날이여!"라고요? 천만에, 절대로 그렇지 않습니다.

당시에 내가 했던 공연 중에서 지금까지 남아있는 것이라곤 한 일본인이 개인적으로 찍은 비디오 영상밖에 없습니다. 하지만 나는 그 모든 것들을 다 기억 속에 담아두었습니다. 바로 이게 문제입니다! 그렇기 때문에 우리는 지난날의 행복에 대해 엄청난 착각을 저지르는 겁니다. 우리의 뇌가 정말로 과거를 있는 그대로 모두 정확하게 저장해 놓는다면 우리의 하드디스크는 순식간에 꽉 차버리고 말 겁니다.

간단한 실험을 한번 해보겠습니다. 아래 단어들을 단 한 번만 읽은 뒤에 그 다음으로 넘어가십시오. 설명은 나중에 드리겠습니다.

- 침대
- 휴식
- 깨어있는
- 졸린
- 꿈
- 깨어나다
- 깜빡 잠들다

- 침대시트
- 끄덕끄덕 졸다
- 잠
- 코를 골다
- 어두움
- 평화로움
- 하품하다

우리의 머리가 쓸데없는 데이터들 때문에 폭발하지 않도록 하기 위해, 기억력이 사용하는 속임수가 하나 있습니다. 우리는 어리석게도 번번이 이 수법에 걸려듭니다. 우리가 겪는 체험들은 짧은 요약의 형태로 뇌에 저장됩니다. 영화 전체가 다 저장되는 것이 아니라 결정적인 장면과 기본 정보만 담은 몇몇 스냅 쇼트와 스틸이미지만 저장되는 겁니다. 그런데 우리가 내면의 저장고에서 이 기억들을 불러낼 때는 단편적인 정보가 제시되는 게 아니라 한 편의 온전한 영화가 다시 상영됩니다. 우리 뇌는 어떻게 이런 일을 할까요? 우리의 뇌는 아주 영리한 방식으로 영화를 상영합니다. 뇌는 우리에게 스틸이미지들을 이리저리 흔들며 보여줘서 우리로 하여금 그것을 동영상으로 인식하게 만듭니다. 정확하지 않은 부분들에는 현재의 지식을 빌어 채워 넣습니다. 중간 중간 빠진 그림들을 우리의 상상력이 알아서 그려 넣는 셈이죠.

이런 속임수는 기억뿐만 아니라 사진을 볼 때에도 통합니다. 나는 오래된 가족앨범을 보면서 아주 신기한 경험을 한 적이 있습니다. 매일 똑같은 사진들을 보면서 똑같은 얘기를 들었더니, 어느 순간부터 그 이야기들이 생생하게 기억에 저장되어 마치 내가 직접 겪은 일처럼 느껴지는 겁니다. 아직 내가 태어나기도 전의 이야기들이니까 내가 그 상황을 직접 겪지 않은 것은 확실합니다. 그런데도 난 내가 직접 겪은 일이라고 맹세라도 할 수 있을 지경입니다!

상상의 그림과 실제 체험 사이를 더 이상 명확히 구별할 수 없게 만드는 이런 능력은 증인의 진술에 의지하여 판단을 내려야 하는 판사들을 자주 괴롭힙니다. 하지만 괴롭기는 우리도 마찬가지입니다. 우리의 체험은 장기기억장치에 저장되는 과정에서 부터 데이터가 압축됩니다. 그런 탓에 해당 체험과 관련된 대부분의 감정들이 삭제되죠. 우리는 이를 알아채지 못합니다. 우리가 그 장면을 상상 속에서 다시 재구성할 때 곧바로 감정들이 다시 채워지기 때문입니다. 결국 나는 열일곱 살 때 내가 어떤 감정을 느꼈는지 알지 못하면서 당시의 감정이 이러했을 것이라고 상상할 뿐입니다. 이런 방식으로 우리 자신을 상당히 자주 속이게 되는데, 이는 우리에게 유리할 때도 있지만 불리할 때도 있습니다. 스스로 충분히 오랫동안 캐묻기만 한다면 우리는 누구나 힘들었던 유년시절을 '기억해낼' 수 있습니다. 우리들 대부분은 어릴 적에 시장에서 잠시라도 부모를 잃어버렸던 경험이 있을 겁니다. 이 경험이 오늘날까지 우리에게 심리적 외상으로 남아 있는지는 당시에 느꼈던 감정에 달려있다기보다, 그 경험 이후 우리가 얼마나 빈번히 그때의 장면을 불러내고 여기에 부정적 의미를 부여했는지에 의해 결정됩니다.

특정한 사건이 벌어진 뒤에 내가 얻는 정보들은, 다음에 당시의 장면을 다시 들여다보고 저장할 때마다 우리의 기억을 바꾸어 놓습니다. 연인들에게 두 사람이 어떻게 사귀게 되었는지 한 번 물어보세요. 대부분의 경우 누가 무엇을 했고 무슨 말을 했는지, 특히 언제 누가 무슨 감정을 느꼈는지에 대해서 둘이 하는 말이 전혀 다를 겁니다. 하지만 두 사람의 말은 모두 맞습니다. 각자의 뇌 안에서는 말이죠.

당신은 절대로 당신의 뇌가 부리는 수작에 걸려들지 않는다고요? 그렇다면 '침대' '졸다' '수면' '휘발유' 중에서 좀 전에 읽은 단어 목록에 없는 단어는 무엇일까요? 그렇습니다. '휘발유'입니다. 정말 확실한가요? 어쩌면 당신이 헷갈렸을 수도 있습니다. '수면'이라는 단어도 목록에 분명히 있었나요? 있었다고요? 아니, 없었습니다. 못 믿겠다면 내기를 해도 좋습니다. 벌써 앞장을 들춰봤군요? 그렇습니다. 우리의 뇌는 앞의 목록을 수면과 관계있는 단어들로 요약해서 저장했습니다. 그리고 여기에 '수면'이라는 제목을 우리 스스로 붙여서 기억했기 때문에 우리는 쉽사리 이 단어도 목록에 있었다고 생각하게 됩니다. 우리의 뇌가 우리를 어떻게 속이는지 알게 되니, 이제 좀 흥미로워집니까?

그렇다면 과거의 행복감이 왜곡된다는 사실은 왜 그렇게 중요한 걸까요? 그것은 우리가 미래도 그와 똑같이 왜곡하고 있기 때문입니다. 과거에 무언가가 실제로 있었다는 우리의 믿음은 사실이 아닐 수 있습니다. 마찬가지로 미래에 어떤 일이 벌어질 거라는 예측도 우리가 단순히 자신의 바람을 미래에 투영하고 있는 게 아닌지 조심스럽게 살필 필요가 있습니다.

열일곱 살 시절 거리의 마술사 생활을 할 때, 나는 유럽 최대의 버라이어티쇼 공연장인 베를린 빈터가르텐의 무대에 설 수만 있다면 영원히 행복할 것 같았습니다. 그곳에서의 공연은 당시에 내가 생각할 수 있는 최고의 것이었으니까요. 그 뒤 스무 살 무렵에 〈타게스슈피겔〉이라는 신문에서 한 인터뷰를 읽고 분노했던 기억은 아직도 생생합니다. 인터뷰에서 빠른 변장술 연기로 유명한 아르뜨로 브라케티(Arturo Brachetti)가 자신이 계획했던 것들을 33살에 모두 이루고 난 뒤로는 삶이 재미없어졌다는 발언을 했기 때문입니다. 난 정말 화가 났습니다. 빈터가르텐의 무대에 서는 사람이라면 자신을 무척 행복한 사람이라고 여겨야 마땅한데 감히 그 따위 말을 하다니요. 나는 그가 거만하고 감사할 줄 모르는 편협한 인간이라고 생각했습니다!

그로부터 10년이 지난 뒤에 나는 믿을 수 없는 일을 겪었습니다. 내가 실제로 빈터가르텐 무대에 서게 된 것입니다. 그것도 공연 시즌 내내 말입니다. 드디어 해낸 것입니다! 의학공부를 하면서도 항상 내가 좋아하는 취미에 충실했고 끊임없이 전문성을 키우기 위해 노력한 결과였습니다. 그러나 첫 공연 후 몇 주가 지나자 나는 영원한 행복이 오지 않으리라는 사실을 깨달았습니다. 제기랄, 아르뜨로 브라게티의 말이 옳았습니다. 그는 나의 감정을 나 자신보다도 더 정확히 예언했습니다! 그는 이미 다 체험했기에 그런 말을 했던 것입니다.

나는 행복에 대한 두 가지 근본적인 실수를 범했습니다. 첫 번째 실수는 과거를 왜곡함으로써 미래를 왜곡하는 실수였고, 두 번째 실수는 내가 다른 사람들과는 전혀 다르게 반응하리라는 믿음이었습니다(다원적 무지에 대해서는 제5장의 〈자신을 질책하지 마라!〉를 참조하세요).

열일곱 살 때 나는 열여덟 살이 되면 전혀 다른 삶을 살게 되리라고 생각했습니다. 다섯 살 때 초등학교에 입학하면 내가 완전히 변할 거라고 믿었던 것과 똑같이 말입니다. 당신은 어땠습니까? 전혀 달랐나요?

20대 중반의 혈기에 가득 차서 여행을 다닐 때도 나는 내가 남들과는 전혀 다르다고 생각했습니다. 작은 펜션에서 300여 명의 배낭여행자들과 10개의 침대를 놓고서 야단법석을 떨면서도 말입니다. 알고 보니 그때 우리는 전부 똑같은 여행안내서를 들고 다녔더군요. 만약 당신이 다른 사람들과 똑같다면 당신은 – 대다수의 다른 사람들과 마찬가지로 – 당신이 다른 사람과 똑같다는 사실을 모릅니다. 전형적으로 평균적인 인간의 특징은 자신을 평균이라고 생각하지 않는다는 겁니다. 어떻게 우리가 진짜로 평범하지 않을 수 있겠습니까? 그런데도 이 사실을 받아들이는 사람은 극소수에 불과합니다.

빈터가르텐 사건 이후에 나는 자신의 '내면의 목소리'에만 의존해서는 안 된다는 사실을 깨닫게 되었습니다. 그보다는 외부로부터 얻는 정보들이 훨씬 더 믿을 만합니다. 좀 듣기 싫은 소리일지 모르겠지만 우리를 성공적인 삶으로 이끄는 이정표는 경험이 많은 사람들에게서 얻는 것이 좋습니다. 그런 의미에서 조상들은 우리에게 많은 유용한 가르침을 줍니다. 그들은 우리 앞의 길을 우리보다 앞서서 걸어간 사람들입니다. 우리는 그들이 직접 체득한 경험들을 활용할 필요가 있습니다.

우리가 아무리 부모처럼 살지 않겠다고 결심해도 부모는 우리의 삶을 우리보다 더 잘 알지도 모릅니다. 이것은 굉장한 장점입니다. 문자가 발명된 이래로 우리는 경험을 기록하고 전달하고 공유할 수 있었습니다. 오늘날에는 마우스 클릭 한 번으로 코

페르니쿠스보다 더 많은 사실을 알 수 있습니다. 하지만 그의 근본적이고 위대한 발견을 절대 잊어서는 안 됩니다. 우리는 결코 우주의 중심이 아닙니다. 만약 모든 것이 자신을 중심으로 돌아가고 있다고 생각한다면 그 생각을 바꿔야만 합니다.

버진 그룹(Virgin Group)의 억만장자이자 시대를 앞서가는 인물인 리처드 브랜슨(Richard Branson)은 아프리카 대륙의 갈등과 관련하여 수천 년간 이어져 내려오는 전통을 기억하라고 말했습니다. 그것은 다름 아니라 최고령자의 조언을 구하라는 겁니다. 넬슨 만델라가 대화에 초대하면 어떤 반군지도자 누구든 이를 쉽게 거절하지 않습니다. 경험은 귀중합니다. 헬무트 슈미트(Helmut Schmidt, 독일의 정치인으로 독일사회민주당 소속) 같은 정치가나 당신의 할머니가 트위터, 구글, 페기 마치 따위를 모른다고 그들의 지식을 얕잡아 본다면 이는 현명치 못한 짓입니다. 우리는 그들이 살아있는 한 그들에게 조언을 구해야 합니다!

열일곱 살 때는 아직 꿈이 있습니다. 그 꿈들 중에서 어떤 것을 실현시켜야 좋을지 알고 싶을 때는 70대의 노익장들을 찾아가십시오. 할머니와 할아버지도 좋고, 스승이나 멘토도 좋습니다. 그들의 얼굴 어디에 주름이 패어있는지 보세요. 이마에 주름이 잡혀있는지 아니면 눈가에 잡혀있는지, 다시 말해서 그것이 고민으로 인한 주름인지 아니면 많이 웃어서 생긴 주름인지 보세요. 나는 내가 가고 싶은 곳을 이미 가본 사람들과 자주 대화를 나눕니다. 그리고 그들에게 아쉬운 점이 무엇인지 물어봅니다. 이렇게 하면 우리는 스스로 오류를 범하지 않고서도 무언가를 배울 수 있습니다. 굳이 복잡한 기계를 이용하지 않아도 이런 식으로 '시간여행'을 할 수 있습니다. 미지의 미래로 향하는 시선은 부득이 하게 사팔뜨기가 되기 쉽습니다. 이럴 때 이미 많은 것을 지켜본 친절한 눈길은 우리의 힐끔거리는 시선을 곧게 잡아줄 수 있습니다. 그렇다고 70대 노인들의 말을 다 곧이곧대로 믿어서도 안 됩니다. 가령 열일곱 살 때가 가장 행복했다는 따위의 말들 말입니다.

Thermos 보온병

얼마나 많은 세월을 우리 함께 여행했던가
넌 얼마나 자주 네 안의 것을 내게 주었던가
내가 플랫폼에서 추위에 떨며 기차를 기다릴 때
넌 나를 따뜻하게 적셔주었지.

오늘의 이 박수소리는 너를 위한 것, 왕의 주전자여
너는 무대의 일부, 지친 자의 샘, 위로의 물방울
나의 보온자, 제일 중요한 팀의 일부.

우리 함께 얼마나 많은 일들을 겪었던가
아침마다 마지막 한 모금까지 얼마나 따뜻했던가
너의 내면은 서서히 열기를 잃어도
겉모습은 차디찬 강철의 우아함을 잃지 않네.

고귀한 금속 긁히고 흠집 나고 찌그러져도
너의 고통을 측정할 체온계는 없으니
가끔 속으로만 한숨을 내쉴 뿐
그 모든 세월을 묵묵히 견딘 고요한 위대함이여

그래, 처음에 내 곁에는 너 아닌 다른 것들도 있었지
사람들은 나를 보온병 전문가라고 불렀으니까
허나 까다로운 유리병은 금세 쪼개지고
너의 날렵한 몸매만 충실히 내 곁을 지켰지.

넌 나보다 오래 살아남을 거야
내가 먼저 차가워지면
난 너를 무덤까지 가져갈 거야
누군가 네게 폭력을 행사하여
너의 깊은 내면을 커피로 모독하는 일만은
막아야 하니까.

Wiederverkäufer erhalten entsprechenden Rabatt.
Für Oesterreich-Ungarn: Generalvertretung der Thermos-Gesellschaft, WIEN, I. Schlegelgasse 21.
Alleinverkauf für München und Süd-Bayern.
Rohland's Küchen- und Wirtschafts-Einrichtungsmagazin Eduard Enz. München. Kaufingerstrasse 9.

Thermos-Gesellschaft m. b. H. 보온병 주식회사

엉덩이를 든 채 오토바이를 몰며 전속력으로 산을 내려왔을 때

지난주에 어쩐 일로 한 번도 자전거와 부딪히지 않았을 때

섹스를 하다가 호텔 침대를 망가뜨렸는데 들키지 않았을 때

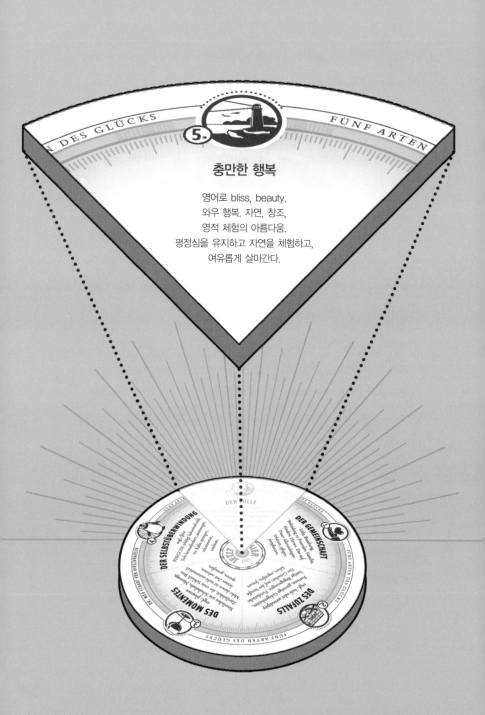

FÜNF ARTEN DES GLÜCKS

5.

충만한 행복

영어로 bliss, beauty.
와우 행복. 자연, 창조,
영적 체험의 아름다움.
평정심을 유지하고 자연을 체험하고,
여유롭게 살아간다.

DER FÜLLE

DER SELBSTÜBERWINDUNG

DER GEMEINSCHAFT

DES MOMENTES

DES ZUFALLS

FÜNF ARTEN DES GLÜCKS

5장

행복은 혼자 오지 않는다 –

여유와 함께 온다

양이 검은색인지 아닌지는 누구와 비교하느냐에 따라,
그리고 어떤 빛을 받느냐에 따라 달라진다.

자신을 질책하지 마라!

내가 항상 나의 생각에 동의하는 것은 아니다.
폴 발레리(Paul Valéry)

자동차 운전자의 80%는 자신이 평균 이상으로 운전을 잘 한다고 생각합니다. 하지만 이것은 통계학적으로 있을 수 없는 일입니다. 평균 이상인 사람이 50%를 넘을 수는 없으니까요. 하지만 누군가를 칭찬하고 싶다면 "운전을 잘 하시는군요"라고 말하세요. 그러면 상대방은 틀림없이 당신에게 호감을 가질 뿐만 아니라 아마 서로 마음도 통한다고까지 여길 겁니다. 점쟁이들이 즐겨 사용하는 방법이 바로 다수에 해당되면서 누구나 듣기 좋아하는 말을 해주는 것입니다. "보기보다 능력이 많은 사람"이라는 말을 듣는 게 싫은 사람은 별로 없습니다. 또 여자들은 누구나 "살이 좀 빠진 것 같다"는 말을 아무리 들어도 싫증내지 않습니다. 상대방을 칭찬해줄 적당한 말이 영 떠오르지 않으면 그냥 "당신은 입에 발린 칭찬 따위에 넘어갈 사람이 아닌 것 같다"고만 말해도 됩니다. 그러면 누구나 다 넘어갑니다.

우리처럼 개인주의 문화에서 살아가는 사람들은 실제로 그렇든 안 그렇든 간에 무조건 남들과 달라야 한다고 생각하고 여기에 큰 가치를 둡니다. 어리석게도 우리는 이런 자기 생각에 아주 쉽게 넘어가서, 정말로 자신의 사고방식이 다른 사람들과 다르다고 믿을 때가 많습니다. 하지만 이런 생각은 '노동자 연대'나 '사고 피해자들 모임' 따위에 전혀 유리하지 못하거니와 자의식에도 치명적 결과를 초래합니다.

이 문제는 대중잡지를 뒤적이거나 TV연속극을 볼 때부터 이미 시작됩니다. 우리는 시시한 TV연속극을 보거나 통속적인 대중잡지를 보면서도, 자신은 '일반 대중'과는 전혀 다른 동기에서 그런 것들을 본다고 속으로 되뇝니다. 가령 내가 오후에 오락 프로그램을 시청하는 이유는 국민들이 얼마나 바보가 되어 가는지를 알고자 하는 사회학적 관심 때문입니다. 발행부수가 수백만 부에 달하는 대중지들이 수두룩한데도 정작 자신이 이런 신문을 구독한다고 떳떳이 말하는 사람은 별로 없습니다.

직장에서도 마찬가지입니다. 가령 상사가 알아듣기 힘든 말들을 잔뜩 늘어놓은 다음에 "지금까지 들은 내용에 대해 무슨 질문이 있는가?" 하고 물으면 직원들 사이에는 침묵이 흐릅니다. 사실 누구나 질문이 있지만 다른 동료들을 힐끗거리며 아무도 손을 들지 않기 때문입니다. 그러면서 다들 속으로 이렇게 생각합니다. "아, 나만 빼고 다들 이해했나 보군! 그럼 가만히 있어야지, 혼자 바보가 되면 큰일이니까." 다들 이런 생각을 하니, 모른다는 말을 하는 사람이 나올 리가 없습니다. 이런 식으로 정

해진 결정이나 계획은 소수의 사람들이 의논하여 내린 결정보다
더 못할 때도 많습니다. 열 명이 세 명보다 어리석을 수도 있는
거죠. 그러니 다음 회의 때는 반드시 사람들의 생각을 일일이 확
인해보시기 바랍니다. 쉬운 일은 아니겠지만 말입니다.

이런 현상을 심리학에서는 '다원적 무지'라고 부릅니다. 뭐라
고요? 한 번도 들어본 적이 없는 말이라고요? 그렇다면 당신은
정말 특별한 사람이군요!

솔직히 말하면 나도 얼마 전까지 한 번도 들어본 적이 없던 말
입니다. TV에서 우연히 인명구조대 특집방송을 보고, 남들을
다르게 여기는 태도의 뼈아픈 문제점을 알게 되었습니다. 사고
현장에는 언제나 직접 팔을 걷고 나서는 사람보다 구경꾼의 수
가 많다고 합니다. 그리고 차를 세우고 나와서 쳐다보는 사람보
다 그냥 지나치는 사람이 더 많습니다. 그 이유는 이렇습니다.
"난 응급조치법을 배운 지가 너무 오래됐어. 나 말고 할 수 있는
사람이 분명히 있을 거야." 누구나 똑같이 이렇게 생각하다 보
니 긴급히 도움이 필요한데도 아무도 행동에 나서지 않는 최악
의 상황이 번번이 발생합니다.

이웃집에서 누군가 외치는 소리를 들었을 때도 비슷한 일이
벌어집니다. 이웃의 비명소리를 들은 사람들은 모두 상황에 개
입해야 할지 망설이면서 혹시 다른 누군가가 도와주는지 어쩌는
지 살펴봅니다. 모두가 상황을 살피며 무슨 일이 일어나주기를
기다리는 탓에 실제로 반응하는 사람은 아무도 없습니다. 그런
데 이렇게 아무도 행동에 나서지 않는 것은 오히려 상황이 위협

적이지 않다는 증거로 받아들여집니다. 그 결과, 사건은 사회적 다수에 의해 무시되고 맙니다. 자, 이제 다원적 무지가 무엇이고 어떤 결과를 초래하는지 아시겠지요? 그러니 우리가 결코 남들과 다르지 않다는 사실을 남들에게도 열심히 알리세요!

"인간은 단지 행복하기를 원하는 게 아니라, 남들보다 더 행복하기를 원한다. 그런데 우리는 무조건 남들이 자기보다 더 행복하다고 생각하기 때문에 남들보다 행복해지기 어려운 것이다." 세네카(Lucius Annaeus Seneca, 고대 로마 철학자·극작가)가 한 말입니다. 이것만 봐도 세네카가 얼마나 똑똑한 사람이었는지 잘 알 수 있습니다. 그런데 대체 왜 프로이트가 세네카보다 훨씬 유명한지 도무지 그 이유를 모르겠습니다. 프로이트 이후로 우리는 더 이상 아무도 신뢰하지 않게 되었습니다. 프로이트 덕분에 우리는 도처에 저급하고 무의식적인 동기들과 남근의 상징들 그리고 영혼의 나락이 도사리고 있음을 느끼며 살아가게 되었습니다. 소방관은 은밀한 방화범이고, 모든 걸 버리고 아프리카로 간 영화배우 칼 하인츠 뵘(Karl-Heinz Böhm)은 실은 완전히 이기적인 사람이 분명할 겁니다. 아놀드 슈워제네거는 틀림없이 성기가 작을 겁니다. 그렇지 않다면 굳이 나머지 신체부위들을 그렇게까지 심하게 키우지는 않았을 테니까요. 그런데도 그가 벌거벗은 신체의 시각적 비율을 계속해서 왜곡하고 있는 것은 아직도 자기 행위의 진정한 동기를 깨닫지 못했다는 증거죠.

대중화된 심리학이 가정과, 특히 부엌에까지 진입한 이후로 우리는 자신을 지켜보며 관찰하고 의심합니다. 심리분석가는 오직 자신만이 그렇게 할 자격이 있다고 강조하면서 내가 지닌 두려움을 합리적으로 설명하려고 애쓸 겁니다. 그에 따르면 두려움은 증명할 길 없는 무의식의 순환논리가 낳은 저주로서 우리의 잠자리까지 따라와 괴롭힙니다. 아니, 강박은 오히려 꿈속에서 본격적으로 시작됩니다.

정신의 건강상태가 염려될 때 우리는 "난 아직 정상인가?"하고 묻습니다. 이 물음에 대해서 이제 점점 더 많은 사람들이 "아니, 그렇지 않아. 하지만 아무도 눈치채지 못했을 거야"라고 대답하고 있습니다. 위의 예에서 상사가 질문 있냐고 물었을 때처럼 말입니다. 칼 크라우스(Karl Kraus)는 조금 과장해서 이렇게 말합니다. "정신분석은 병이다. 그런데 자신은 그 치료법인줄 안다."

실제로 정신건강에 대한 이론들은 치료가 필요한 이유들도 함께 제시합니다. 점점 더 많은 사람들이 자신의 정신상태를 비정상적으로 허약하게 여기고 심리치료를 받아야 한다고 느끼고 있습니다. 사람들 앞에서 우리는 기꺼이 뛰어난 운전자이고 멋진 연인이고 훌륭한 시민으로서 행동합니다. 하지만 영혼의 아주 깊은 곳에서는 놀랄 정도로 많은 사람들이 자기 자신을 확신할 수 없다고 확신하고 있습니다. 자신의 운전 실력도, 생활 능력도, 행복도 모두 말입니다. 이와 관련하여 사람들이 가장 많이 하는 생각은 이런 것들입니다.

1. 나는 부족하다.
2. 내가 진짜로 어떤 사람이고 어떤 생각을 하고 있는지 다른 사람들이 안다면 틀림없이 나를 싫어하게 될 것이다.
3. 오직 나만 정신적으로 불안정하고 다른 사람들은 나보다 훨씬 명료하고 행복하다.

우리가 이런 식으로 자기 저주를 하게 되는 원인으로 부모와 사회와 종교가 자주 거론됩니다. 나는 인도에서 두려움과 사랑에 대한, 약간은 밀교적 색채가 느껴지는 워크숍에 참석한 적이 있습니다. 행복에 대한 책 좀 쓰겠다고 나도 참 별짓을 다 하고 다니지 않습니까? 아무튼 그때까지 나는 누구보다도 독일인들과 기독교 세계관이 인류를 분열시킨다고 확신했습니다. 그런데 스스로에 대한 이런 의구심은 놀랍게도 굉장히 보편적으로 나타나고 있었습니다. 유태인, 기독교인, 이슬람인, 무신론자 모두 아주 비슷한 생각을 갖고 있더군요. 또 여자나 남자, 인도 사람이나 스위스사람도 다 똑같습니다. 다만 우리는 그런 내면의 문제에 대해서 평소에 남들과 대화를 나누지 않을 뿐입니다. 하지만 차라리 다행입니다. 왜냐하면 그런 생각들은 시간이 흐르면 저절로 바뀌니까요.

만약 다른 누군가가 우리에게 그랬다면 절대로 용서하지 않았을 혹독한 비난을, 우리는 자기 자신에게 퍼붓곤 합니다. 게다가 이 비난의 소리가 '내면에서' 나온다는 이유로 성급하게 그 소리를 실제보다 더 지혜로운 것으로 여깁니다. 사실은 여러 잡다한 목소리들 중 하나일 뿐인데 말이죠.

　주목하세요! 당신의 상처받은 자의식을 단 3초 내에 치유하고 강화시킬 수 있는, 너무나 간단하고 정신이 번쩍 들 정도로 평범한 설명이 여기에 있습니다.

　우리가 자신을 남들보다 못하다고 여기는 이유는 우리가 남들에 대해서보다 자기 자신에 대해 더 많이 알기 때문입니다!

　이 말은 당신의 기분과 행복능력을 장기적으로 변화시킬 수도 있습니다. 그러므로 다시 한 번 차근차근 설명하겠습니다.

　1. 우리가 자신에게 확신을 갖지 못하는 이유는 어떤 긍정적인 감정을 느끼거나 긍정적인 체험을 할 때마다 마음속에서 다른 목소리가 들려오기 때문입니다. 예를 들어 나는 무엇인가를 말하면서 동시에 이런 생각을 합니다. '그래 맞아, 하지만 말처럼 그렇게 쉽지는 않을 거야' '내가 지금 스스로 확신이 없다는 걸 상대가 알아채지 못해야 할 텐데' 심지어는 이런 생각도 합니다. '어제는 내 입으로 전혀 다른 말을 했잖아!'

　2. 우리는 하루 종일 우리 머릿속에 어떤 잡다한 생각들이 스쳐 가는지 100% 다 알고 있습니다. 우리는 자신의 갈팡질팡하는 모습, 선의의 거짓말, 금지된 것에 대한 욕망, 질투, 증오, 성적 갈망 따위에 대한 가장 확실한 증인입니다.

　3. 반면에 다른 사람들의 머릿속에 든 잡다한 생각들에 대해

서는 전부 알지 못합니다. 다행입니다! 그렇지 않아도 우리는 다른 사람들이 얼마나 바보같이 행동하고 말하는지 알고 있는데, 그것은 그들이 마음속으로 하는 바보 같은 생각들의 절반도 되지 않으니까요.

우리는 우리의 잡다한 생각을 전부 다 알지만, 다른 사람의 머릿속에 있는 잡동사니 같은 생각들을 절반도 모르기 때문에 자신이 남들보다 최소한 두 배는 더 잡동사니라고 생각합니다. 하지만 우리는 그렇지 않습니다! 이것은 단순히 계산착오입니다. 정신의 이중생활은 지극히 정상입니다! 그것은 이 세상 다른 어떤 사람의 뇌보다 자기 자신의 뇌와 밀접하게 연결되어 있다는 기초적인 사실에 기인합니다. 그러니 머릿속이 이따금씩 혼란스럽고 어지럽고 복잡해지는 것도 지극히 정상입니다. 그렇다고 이런 사실을 굳이 만나는 사람마다 붙잡고 억지로 설명할 필요는 없습니다! 다행히 다른 사람들도 우리에 대한 그들의 속마음을 다 털어놓지는 않으니까요. 그리고 무엇보다도 이런 이유로 자신을 질책해서는 안 됩니다. 우리는 누구나 다 똑같습니다!

생각을 들을 수 있다는 건 축복이 아니라 저주이며 과잉입니다. 이것은 몇 시간이고 지키고 앉아 사람들의 대화를 엿들으며 녹음하는 정보당국과 비슷합니다. 엄청난 용량의 하드디스크에 메가바이트 단위의 막대한 정보들이 쉴 새 없이 저장됩니다. 유용한 정보가 있는지 어떤지 확신하지도 못하면서 일단 엄청난 정보를 쌓아두는 거죠. 날씨, 이웃, 자녀, 음식, 축구 등등 - 누가 이런 하찮은 쓰레기 정보에 관심이 있단 말입니까? – 99%의 전혀 관계없는 정보들로부터 단 몇 가지의 중요하고 결정적일지도 모를 정보를 걸러내기 위해서 말입니다.

우리는 어쩔 수 없이 우리 자신을 감시하는 정보당국이 되어 우리 자신을 도청합니다. 우리는 머릿속에서 일어나는 생각의 흐름을 쉽게 끊을 수가 없습니다. 그렇게 하려면 약이나 알코올 같은 보조수단이 필요합니다. 이럴 때 좀 더 행복해지기 위해서 우리가 사용할 수 있는 건강한 방법도 있습니다. 매일 머릿속에서 들려오는 소리들을 너무 심각하게 대하지 않는 것입니다. 이것은 자기 자신을 대할 때도 마찬가집니다. 당신을 실제의 당신보다 더 못한 인간으로 만들지 마세요. 당신은 그렇게까지 해야 할 만큼 대단한 사람이 아니니까요.

나는 한동안 이런저런 자아경험 모임에 참가하고 다닌 적이 있습니다. 이런 모임에서 우리는 외부로부터의 피드백이 중요하다는 사실을 배우고, 스스로 의식하지 못하는 자신의 모습이 남들의 눈에 어떻게 비춰지는지 발견할 수 있습니다. 하지만 "네 머릿속에 떠오르는 생각을 전부 입 밖으로 꺼내어 말하라"는 것 말고는 아무런 체계적인 규칙이 마련되지 않은 경우에는 매우 파괴적인 모임으로 변모합니다. 이런 곳에서는 전혀 걸러내지 않고 함부로 내뱉는 자기비판을 "정직하며 진실한 태도이고 열린 공동체 생활을 위한 최상의 토대"로 여깁니다. 그들은 오랜 시간 원을 그리고 앉아 있지만 생각 역시 계속해서 같은 자리를 뱅글뱅글 돌 뿐입니다. 자기들끼리 아무리 그렇게 계속 돌아도 성과가 나오지 않으면 그때부터는 '인내'를 배우기 시작합니다.

자기 자신을 참아내는 것은 그 자체로 충분히 힘든 일입니다. 하지만 자기 자신을 잘 아는 사람은 다른 사람들에게 무엇을 기대할 수 있을지도 잘 알게 됩니다. 생각해보면 참 이상한 일입니다. 이제 우리에게 생존을 위협하는 문제는 별로 없습니다. 이렇게 좋은 시대에 살고 있는 우리가 이토록 자기 자신을 괴롭히는 걸 보고도, 왜 아무도 웃지 않는 걸까요?

신기하게도 위험이 닥친 시기에는 개인적인 위기를 겪는 사람들의 숫자가 줄어듭니다. 또 주변에서 많은 사람들이 죽음을 당하면 스스로 목숨을 끊는 사람이 줄어듭니다. 물리적 생존이 위협받고 있을 때는 아무도 자신이 남보다 잘났는지 따위를 자문하지 않습니다. 전쟁의 폐허 속에서 여성들이 원한 것은 버터지, 저지방 마가린이 아닙니다. 민주주의와 인권과 사법권이 어느 정도 제 구실을 하는 오늘날의 독일에서 우리가 이토록 자주 자기 자신을 심판대에 세울 필요는 없는데 말입니다.

우리는 누구나 어릴 적에 《벌거벗은 임금님》이라는 동화를 읽고, 웃은 기억이 있습니다. 그토록 뻔한 것을 보지 못하는 어른들의 어리석음을 이해할 수 없었기 때문입니다. 혹시 우리 자신도 이제 그런 어른이 된 건 아닐까요?

오픈카로 내가 가던 길을 막아선 포주 같이 생긴 남자가 일몰이 얼마나 아름다운지 보여주었을 때

무수히 많은 별들이 떠있는 외로운 밤하늘이 세상의 소소한 모든 걱정거리들보다 커보였을 때

상사의 바지가 철조망을 뛰어 넘다 찢어졌을 때

큰 사건은 미리부터 그늘을 드리운다. 심지어 해가 뜰 때도.

엄청난 행복의 순간

만약 행복이 거주하는 곳이 있다면
벌써 호텔들이 다투어 들어섰을 것이다.

　산은 우리를 기분 좋게 만들어줍니다. 언제나 그렇습니다. 심지어는 사춘기 때조차도 그렇습니다. 알다시피 사춘기는 부모들이 특히 힘들어지는 시기입니다. 어릴 적에 나는 등산하기를 싫어했습니다. "대체 왜 산에 올라가야 하는데요? 어차피 나중에 다시 내려올 건데." 나는 늘 이렇게 말하면서 기회만 있으면 도망쳤습니다. 부모님이 딱 한 번 나를 산 아래 있는 주차장에서 기다리게 한 이후로 나의 이런 고집은 싹 고쳐졌습니다. 힘들게 산에 오르는 고생을 하지 않고 주차장에서 마냥 기다리는 것은, 얼핏 보면 더 쉬워 보이지만 실제로는 죽도록 지루하고 재미없는 일이었습니다. 그보다는 차라리 땀 흘려 산에 오르는 성취감을 맛보는 것이 훨씬 더 나았습니다. 그 뒤로 나는 산이 행복을 준다는 걸 깨달았습니다. 게다가 뜨거운 팬케이크도 산꼭대기의 산장에서 먹어야 제 맛입니다!
　케이블카를 타고 정상으로 이동하는 사람과 직접 걸어서 정상에 오르는 사람의 차이가 뭘까요? 케이블카에서 내린 사람들 중에는 경치를 제대로 즐길 줄 아는 사람이 거의 없습니다. 그저 우편엽서와 감자튀김 한 봉지를 사고 케이블카를 타고 다시 내려갈 뿐입니다. 반면에 오랜 시간과 수고를 들여 정상에 오른 사람은 그곳에서 좀 더 많은 시간을 보내죠. 왜 그렇게 밋밋한 암벽이 멋있다고 난리인지 모르겠다는 사람들도 많더군요. 하지만 적어도 그곳에는 자동차나 노트북도 없고, 신용카드를 만들라고 떠들어대는 사람도 없습니다.

　이제 나는 부모님의 강요 없이도 기꺼이 산에 오릅니다. 지난 휴가 때는 처음으로 네팔에서 일주일이 넘게 트레킹을 했습니다. 4000미터 고지를 당당히 내 두 발로 오른 뒤에 바라본 8000미터급 봉우리들의 위용은 결코 잊을 수가 없습니다. 나는 당연히 그 산들을 사진에 담으려고 했습니다. 뷰파인더로 산봉우리들을 바라보며 이렇게 외쳤습니다. "너희들 사진에 다 안 잡히니 좀 더 밀착해볼래?" 하지만 산들은 눈 하나 꿈쩍하지 않았습니다. 그래서 난 산이 좋습니다. 좀 잘 보이겠다고 허영을 부리지 않거든요.

　삐죽삐죽한 산봉우리들은 그 아래로 펼쳐진 산자락들과 정말 잘 어울립니다. 그들은 내가 사진을 찍든 말든 개의치 않습니다. 카메라 앞에서 좀 더 예쁜 포즈를 취하기 위해 부산을 떨지 않죠. 그들은 자기 안에 고요히 침잠합니다. 그들은 단단한 토대에 뿌리를 두고 있기 때문에 의심하는 자들을 따라 부화뇌동하지 않습니다. 이따금씩 구름과 안개에 휩싸이지만 그 때문에 혼란스러워 하지도 않습니다. 산은 바람이 언제 불고 해가 언제 뜨는지 알고 있으니까요. 그때마다 세상은 다른 모습으로 바뀝니다. 초원의 푸른빛은 어느 순간 사라지기 마련이며, 아이들도 언젠가는 어른이 됩니다. 그러면 또다시 산행의 의미를 놓고 아이들과 논쟁을 벌이겠지요. 산은 그 모든 것들을 늘 같은 자리에서 지켜봅니다. 아무도 산을 어쩌지 못합니다. 산이 부르는 소리가 들릴 때 가만히 귀를 기울여보세요. 산은 "어서 와서 나를 정복하라"고 말하지 않습니다. 산은 나지막한 소리로 심오한 대지의 메시지를 전합니다. "네 자신을 너무 괴롭히지 마, 그건 아주 잘못하는 짓이야!"라고 말이죠.

산은 우리를 가볍게 해줍니다. 거대한 암벽 위로 발걸음을 한 발 내딛을 때마다 마음속을 짓누르던 돌이 하나씩 떨어져나가서, 마음의 무게가 줄어듭니다. 이제껏 쓸데없이 부여잡고 있던 것들이 모두 거추장스러운 짐으로 느껴집니다. 공기가 점점 희박해지고 한 모금의 물도 소중해집니다. 산 아래에서는 장편소설을 쓰지만 산 위에서는 촌철살인의 계시를 받습니다.

그리고 이따금씩 기이한 존재들도 만납니다. 예티(히말라야 산맥의 고지 눈 속에서 그 발자국이 발견된 수수께끼의 동물 - 옮긴이) 두 마리의 대화.

예티 둘이 눈길을 가다가 마주쳤습니다. 한 예티가 말합니다. "나 방금 라인홀트 메스너(Reinhold Messner, 최초로 히말라야 8천미터 14좌를 완등한 전설적인 산악인 - 옮긴이)를 봤어." 그러자 다른 예티가 말합니다. "뭐라고? 그 사람이 정말로 있었단 말이야?"

견인할 테면 견인해봐!

기계와 행복의 상관관계

불도저도 누가 모느냐에 따라 길이 안 생길 수도 있다.
토마스 브로이어(Thomas C. Breuer)

사람들은 자주 긍정심리학과 '긍정적 사고'를 혼동합니다. 식인종들도 온갖 것들을 한 냄비에 쏟아 넣고 범벅을 만들지는 않는데 말입니다. 긍정심리학은 많은 문제를 설명해주는 학문이지만 그것이 자기 삶에 어떤 의미가 있을지 아는 사람은 별로 없습니다. 반면에 긍정적 사고는 온갖 것을 다 설명해주는 최고의 학문이며 모르는 사람도 거의 없습니다.

내가 알기로 긍정심리학은 최근 15년 동안 일어난 가장 중요한 학문적 혁명에 속합니다. 긍정심리학은 공포와 우울증을 다루는 데서 그치지 않고 "인간을 건강하고 편안하고 기분 좋게 만드는 것은 무엇인가?" "무엇이 참되고 지속적인 행복을 가져오는가?"와 같은 물음에 답하기 위해서 노력합니다. 그에 비해 '긍정적 사고'는 지속적인 행복을 가져다주지는 못하며, 내 개인적 경험에 따르면 심지어 사람을 공격적으로 만들기도 합니다.

긍정심리학을 선도하는 학자로는 마르틴 셀리그먼(Martin Seligman), 에드 디너(Ed Diener), 대니얼 길버트(Daniel Gilbert) 등이 있습니다. 이들은 언제나 최대한 많은 사람들을 대상으로 자신들의 아이디어를 실험합니다. 이들은 사람들이 얼마나 쉽게 자기 생각에 함몰되는지 잘 알기 때문에 심지어 자신들에 대해서도 의심의 눈초리를 거두지 않습니다. 반면에 긍정적 사고를 옹호하는 베르벨 모르(Bärbel Mohr)나 그보다 앞서 활동한 노먼 빈센트 필(Norman Vincent Peale) 같은 사람들은 자신의 개인적인 경험을 근거로 주장을 펼치며, 자신의 생각을 객관적으로 검토하는 일에 별로 관심을 보이지 않습니다. 물론 그렇다고 그들의 생각이 꼭 틀린 것은 아니지만 틀리는 경우가 자주 있다는 게 문제죠. 긍정심리학자들은 사람들이 자기 자신을 과대평가하는 문제를 집중적으로 연구하지만 긍정적 사고의 옹호자들은 세상을 오로지 핑크빛 안경을 통해서만 보려고 합니다.

예를 하나 들어보겠습니다. 많은 사람들이 '나를 위한 주차공간이 나타나기를!' 이라고 우주에 주차공간을 하나 주문할 수 있다고 확신하며 배달도 가능하다고 여깁니다. 하지만 나는 이제 더 이상 그 문제에 대해서 왈가왈부하고 싶지 않습니다. 아무도 내 말에 귀를 기울이지 않으니까요. 하지만 당신은 그렇지 않다고요? 그렇다면 좋습니다!

어떤 일을 실제보다 더 단순화시켜서도 안 되지만 설명을 위해 필요치도 않은 것들을 끌어들여서도 안 됩니다. 나는 내 사고의 빈틈을 발견하기 위해 군이 우주적인 힘까지 동원할 생각은 없습니다. 긍정심리학은 운명에 대한 수동적인 믿음이 아니라 자기 자신의 역량을 강조합니다. 나도 우리가 자기 힘으로 시내로 다닌다면 지속적으로 더 큰 행복을 얻을 수 있다고 생각합니다. 다시 말해서 차를 세워두고 자전거를 타고 나가라는 겁니다. 자전거 세워둘 곳은 굳이 따로 주문하지 않아도 쉽게 찾을 수 있습니다. 게다가 운동은 그 자체로 우리에게 행복을 줍니다. 적어도 산소가 있는 땅이 이 우주에 한 조각이라도 나를 위해서 남아 있는 한, 우리는 그 행복을 누릴 수 있습니다. 달 뒤편에는 주차공간이 충분하겠지만 누가 늘 그곳까지 가서 주차를 하겠습니까?

물론 자동차가 꼭 필요할 때가 있습니다. 이럴 때 주차공간을 발견하는 순간은 분명히 우리를 행복하게 만들어줍니다. 혹시 우주에 주차공간을 주문해서 받은 기분 좋은 경험이 있다면 앞으로도 계속 그렇게 하면 됩니다. 하지만 당신이 어떤 이유로든 정신병원에 가게 되는 일이 생긴다면 부디 그곳에서는 당신의 확신을 떠벌리지 마시길 바랍니다. 우주가 내 머리와 직통으로 연결되어 있으며, 나를 위해 특별히 시내 한가운데 주차공간을 배달해주었다는 믿음은 강제입원을 요하는 정신병 판정을 받는 데 필요한 엄격한 기준을 단박에 충족시킬 테니까요. 여기서 더 꽉 막힌 사람은 누구일까요? 의사일까요, 아니면 밀교추종자일까요?

지금까지 과학이 조사한 모든 초자연적 현상들은 자연스러운 설명이 가능합니다. 주차공간을 찾을 때 찡그린 얼굴로 고개를 숙인 채 어차피 안 될 거라고 생각하기보다는 눈을 크게 뜨고 긍정적인 기대를 갖고 여기저기 돌아다녀야 잘 찾을 수 있을 테니까요. 이 방법이 성공하면 그것을 마음에 잘 새기고 남들에게도 이야기합니다. 반대로 성공하지 못하면 그 방법을 유보하고 남들에게도 입을 다뭅니다. 이런 것을 우리는 '선택적 지각'이라고 부릅니다. 이것은 우주의 유통망과 관계된 것이 아니라 우리의 기억력이 지닌 속성에 따른 현상입니다. 이쯤 되면 '주문자'들도 대부분 어렴풋이 깨달았을 것입니다. 그럼에도 불구하고 우주에 주문하는 방법이 정말로 통한다고 확신한다면, 아예 집 앞에 차고를 하나 배달해달라고 하세요!

좀 더 영적으로 말해볼까요? 모든 주문서에는 물건을 수령할 주소뿐만 아니라 계산서를 보낼 주소도 적어야 합니다. 모든 것에는 대가가 지불되어야 하니까요. 육체적 차원이든, 정신적 차원이든, 우주적 차원이든 간에 말입니다. 예를 들어 운전의 육체적 수지계산은 이렇습니다. 70kg의 인간을 움직이기 위해 700kg의 강철을 움직여야 하고, 그 인간의 폐와 장에서 생기는 양보다 수천 배나 많은 이산화탄소와 기타 배기가스가 만들어집니다. 게다가 여성들은 안전하다는 이유로 유난히 SUV 차량을 즐겨 탑니다. SUV는 여성 몸무게의 10배가 아니라 20배는 족히 나가며, 그만큼 더 많은 자원을 낭비합니다. 그런데 이런 '스포츠 유틸리티' 차량으로 만끽하는 최대의 거친 모험은 집 앞의 자갈길이 고작입니다. SUV는 아이들과 새로 산 비싼 옷이 여러 벌 담겨진 쇼핑백을 안전하게 이동시키기 위한 목적으로 즐겨 사용됨에도 불구하고 차체가 높은 까닭에 충돌사고가 발생하면 일반승용차보다 아이들에게 더 위험합니다. 승용차는 차체가 낮아 앞부분만 찌그러지고 말 것도 SUV는 쉽게 전복될 수가 있기 때문입니다. 스스로 더 안전하다고 착각하며 도로에서 군림하지만 자칫 아이들의 영혼을 우주로 다시 돌려보낼 수도 있으니, 이 얼마나 안타까운 일입니까?

우리가 선한 의지를 갖고 하는 일이 정반대의 결과로 이어지는 것은 과연 우주의 법칙일까요? 그래서 우리는 안전을 원하면서도 불안을 퍼뜨리는 걸까요? 우리가 사방으로 주차공간을 찾아 돌아다니는 것은 집이 행복하지 않기 때문인가요? 자신이 우주와 직접 연결되어 있다고 착각하기 때문에 오존층은 안중에도 없는 걸까요? 이웃보다 신과 더 가깝다고 느끼는 건가요? 물건의 포장에만 신경 쓰느라 포장재 쓰레기를 어떻게 처리해야 할지는 통 관심이 없는 건가요? 어쩌면 우주가 우리에게 이렇게 주문하게 될지도 모릅니다. "제발 나한테 주문 좀 그만하고 너희들 일이나 신경 써!" 그런데 왜 이런 이야기를 다룬 책은 여태 안 나오는 걸까요?

당신이 만약 이 책의 내용이 마음에 들지 않는다면 내가 아니라 노키아에 항의하시길 바랍니다. 원래 나는 지금 이 책에 쓴 것보다 훨씬 더 좋은 생각을 갖고 있었거든요. 구체적으로 말하면 나는 스마트폰의 데이터 저장을 깜빡했습니다. 일반 컴퓨터였다면 이런 일은 일어나지 않았을 겁니다. 그런데 재킷 주머니에 쏙 들어가는 이 작은 물건이 문제입니다. 나 같은 사람은 그때그때 머릿속에 떠오르는 재미있는 생각들로 먹고 삽니다. 이런 생각들은 재빨리 메모해 두지 않으면 떠오를 때처럼 빠르게 다시 사라져버

청신호 없음

Zeigt kein
Grün

리는 성질이 있습니다. 그렇게 모든 생각들이 다 사라지고 나면 내 머릿속에는 단 한 가지 생각만 남습니다. '우째 이런 일이?'

나는 전자스모그(electrosmog)는 안 믿어도 '전자 감정이입 (elctro-empathy)'은 믿습니다. 그래서 더 속상하고 화가 납니다! 나는 생활을 편리하게 해준다는 기기들에 지나치게 의존하려 들지 않았습니다. 그런데도 나의 가장 소중한 재화인 시간과 아이디어를 그런 기기들에 많이 빼앗깁니다. 내가 메모를 하는 이유는 기억하기 위해서가 아니라 잊기 위해서입니다. 메모를 하면 내가 무언가를 메모했다는 사실만 기억하면 됩니다. 예전에는 종이에다 메모를 했습니다. 이 방식의 단점은 단 하나입니다. 의사로서 내 글씨는 해독이 거의 불가능했습니다. 글씨가 의사의 비밀엄수 의무를 충실히 지켜주었던 셈이죠. 내 글씨는 무엇을 썼는지, 누구에 대한 내용인지 전혀 알려주지 않습니다. 아무도 읽어낼 수 없는 아이디어들이 커다란 이사용 박스로 하나는 됩니다. 천년 쯤 뒤에 고대문자 연구가들이 내 글들을 해독할 열쇠가 될 로제타석(고대 이집트 상형문자 해독에 결정적 기여를 한 비석—옮긴이)을 찾느라 헛되이 애를 쓰게 될지도 모를 일이죠.

최악의 경우는 캄캄한 한밤중에 불현듯 아이디어가 떠올라 아무 종이나 손에 잡히는 대로 그 위에 적는 바람에 이미 뭔가가 적혀 있는 종이에다 또 써버린 때입니다. 전자기기에 의한 발전이란 바로 이런 경우에 해당됩니다. 어두운 방에서도 환하게 모니터를 볼 수 있고, 기록한 포맷은 몇 해가 지난 뒤에도 읽기가 가능합니다. 물론 이론적으로 그렇다는 겁니다.

기술은 우리의 의식을 변화시킵니다. 나는 휴대폰이 울렸다고 생각했는데 실제로는 그렇지 않은 경우가 많습니다. 실제로는 존재하지도 않는 상처에서 통증을 느끼는 '환상통'이라는 것이 있듯이 휴대폰 세대에게는 '환상벨소리' 증상이 심각하다고 신경과 의사들은 말합니다. 환상벨소리 증상은 상상, 편집증, 이명 따위가 뒤섞여서 생겨납니다. 어느 시대나 그 시대 특유의 정신장애는 있기 마련입니다. 하지만 나는 분명히 들었단 말입니다! 오지도 않은 전화를 놓친 것보다 더 나쁜 경우는 전화를 걸어 놓고 벨을 한 번만 울리고 끊는 것입니다. 이것은 21세기형 벨 누르기 장난질입니다. 대문의 초인종을 누르고 도망가는 사람은 쫓아갈 수나 있지만 전화는 그럴 수도 없습니다. '모르는' 전화인데, 이 '모르는' 사람은 누구이며, 내 지인들 중 누가 '모르는' 사람에게 내 전화번호를 알려준 걸까요?

자연도 휴대폰 때문에 고통을 받습니다. 도심의 새들은 실제로 휴대폰 벨소리를 흉내 냅니다. 인터넷에서 새 울음소리를 벨소리로 다운받아서 새들에게 자연의 소리를 다시 가르쳐줘야 할 판입니다! 최근에는 죽을 때 휴대폰과 함께 묻히고 싶다는 사람이 점점 많아진다는 기사가 신문에 실리기도 했습니다. 그 기사를 읽고 처음 든 생각은 이것이었습니다. '그럼 충전기도 같이 묻어야 하나?' 내 생각에 하늘나라에도 똑같은 모델의 휴대폰을 가진 이가 거의 없을 테고, 어댑터는 그냥 보기에는 대충 맞을 것 같아도 끼워보면 정확히 맞지 않을 게 분명하니까요. 그러면 거기는 하늘나라가 아니라 지옥일까요?

사람이 죽은 뒤에도 손톱은 좀 더 자란다고 합니다. 하지만 전화는 당장에 불통이 될 겁니다. 그럼 그때는 음성사서함에 어떤 메시지를 녹음해 둘까요? "지금 거신 번호는 현재 연결이 되지 않습니다." 정도? "나중에 다시 걸어 주십시오."를 덧붙이면 좀 더 위안이 될까요?

Grablichte
im Mehrwegbecher
재활용 컵을 사용한 추모용 초

BEI STÖRUNG MOBIL 01705858087

Preis	1, 00
mit Zündholz	EURO

Geldeinwurf wahlweise, 0,20 - 0,50 - 1,00 EURO
Kerzenausgabe erfolgt automatisch!
bei Überschuss keine Rückgabe

MEHRWEGSYSTEM
Der Umwelt zuliebe

환경을 생각하는 재활용 시스템

사용한 초는 뚜껑을 닫아
이곳에 넣어주세요.

Leere
Ölberg-
Grablichter
mit Deckel
bitte
hier
einwerfen

Geld-
Rückgabe

초 나오는 곳

Entnahme

좋은 질문 -
죽음도 재활용할 수 있을까?

마지막 강의

우리는 먼지로부터 와서 먼지로 사라진다.
그렇기 때문에 대부분의 사람들은 그 사이에
먼지를 많이 일으켜야 한다고 생각한다.

죽음은 최대의 불행일까요? 그렇지 않습니다. 그렇다면 좋은 죽음이란 어떤 걸까요? 죽는다는 사실을 전혀 모른 채 맞는 죽음일까요? 오랫동안 사람들은 이런 죽음이야말로 특히 나쁘다고 생각했습니다. 생명을 앗아가는 데서 그치지 않고, 삶을 정리하고 이별을 고할 기회마저 주지 않기 때문입니다. 하지만 요즘에는 대부분 노화나 죽음에 대해서 알고 싶어 하지 않습니다. 자기 것이든 남의 것이든 말입니다.

내가 병원에서 일할 때의 일입니다. 불치병에 걸린 환자들은 친구나 가족이 찾아오는 것을 좋아해서 그들이 오기만을 학수고대합니다. 그러나 막상 방문객이 오면 환자는 기쁨을 겉으로 드러내기가 힘듭니다. 방문객들은 하나같이, 환자의 고통을 바라봐야 하는 그들의 고통에 환자도 참여하기 바라기 때문입니다. 가끔은 거꾸로 환자가 방문객을 불쌍히 여겨 오히려 위로하기도 합니다. 호스피스 병동에서는 자주 웃음소리가 들립니다. 죽음을 눈앞에 둔 환자일수록 버나드 쇼(Bernard Shaw)가 한 말을 잘 이해하게 되는 까닭입니다. "우리가 죽어야 한다고 삶이 우습지 않은 것은 아니며, 우리가 웃는다고 삶이 진지하지 않은 것도 아닙니다."

사람들은 대개 유년기와 청소년기에는 근심걱정 없이 행복하게 살고 노년기는 슬프고 우울할거라고 생각합니다. 경험적 행복연구에 따르면 현실은 오히려 정반대입니다. 50세 이후에 오히려 삶의 만족도가 크게 높아집니다. 그럼에도 불구하고 늙기를 바라는 사람은 없습니다. 화장품에는 '노화방지'라는 단어가 자주 보입니다. 늙는 것을 거스르겠다는 것이죠. 하지만 인생의 가을을 맞이하여 우리가 만족을 느끼며 사는지는, 피부노화보다 정신의 성숙도와 더 관계가 있습니다. 간단히 말해서 피부보다 뇌가 더 중요합니다. 노화방지에 좋다는 각종 화장품이나 호르몬, 비타민 따위가 지닌 가장 한심한 문제는 이들이 실제로 효과가 있다는 겁니다! 그런데 그 효과는 주로 신체에만 국한되고 뇌에는 작용하지 않습니다. 우리의 뇌는 혈뇌장벽(blood brain barrier, BBB)을 통해서 외부의 낯선 물질들로부터 특별히 잘 보호받고 있기 때문입니다. 한번 생각해보세요. 머리는 계속 늙어가는데 몸은 점점 젊어집니다. 어느 날 치매에 걸렸는데 몸은 다시 사춘기로 돌아갑니다! 갑자기 모든 걸 다 할 수 있게 되었는데, 정작 왜 하는지를 모르는 겁니다!

만약 죽음이 없다면 발명이라도 해야 합니다. 영원한 삶은 죽도록 지루할 테니까요! 끝이 없다면 시작도 중간도 있을 수 없습니다! 리듬도 없고 멜로디도 없고 종결부도 없습니다! 죽음이 없다면 저승사자도 이빨 빠진 호랑이에 불과할 겁니다. 하지만 우리에게는 우리를 갉아먹는 시간의 이빨이 필요합니다. 그래서 사랑스럽게 우리의 관절을 갉아먹고 귀도 갉아먹어야 합니다. 미국의 형편없는 영화들에는 주인공이 병원에서 청천벽력의 소식을 들을 때 항상 이런 진부한 표현이 등장합니다. "당신에게는 이제 살아갈 시간이 얼마 남지 않았습니다." 하지만 한번 솔직히 말해봅시다. 이것은 어차피 우리 모두에게 해당되는 말이 아닌가요?

우리가 불사의 존재가 되는 길은 아주 일찌감치 요절하는 것밖에 없습니다. 마릴린 먼로도 그랬지만 제임스 딘은 더 좋은 예입니다. 제임스 딘은 영원한 청년이자 반항아이며 영원한 아름다움을 지니고 있습니다. 얼굴에 주름이 잡히고 수영복 위로 뱃살이 늘어진 제임스 딘의 사진은 없습니다. 제임스 딘처럼 죽음의 공포에 떨지 말고 아예 일찌감치 세상과 하직하여 사람들의 기억 속에 오래오래 아름다운 모습으로 남아있는 게 차라리 나을까요? 아마도 본인이 제일 손해일 텐데요.

나는 사후의 삶을 믿습니다. 적어도 부분적으로는 그렇습니다. 죽음을 이기고 최고 여섯 명까지 행복하게 해줄 수 있는 가장 확실한 길이 바로 장기기증 서약입니다. 당신의 간이 제2의 삶을 살도록 해주세요! 심지어 각질도 기증이 가능합니다. 그렇다면 발뒤꿈치의 각질을 밀지 말고 모아 두어야 할까요? 아닙니다. 정확히 말하자면 눈의 각질, 즉 각막입니다. 각막을 기증하면 우리가 영원히 눈을 감은 뒤에, 그때까지 세상을 희뿌옇게만 보던 사람에게 아름답고 다채로운 세상을 선물할 수 있습니다. 그러니 계속 눈을 감고 외면하면 안 되겠지요?

우리는 평생 동안 참을성 없는 아이처럼 "도대체 언제쯤 좀 편안히 살 수 있을까?"하고 묻습니다. 유치원을 졸업하고 나면, 학교를 졸업하고 나면, 직업교육을 모두 마치면 마침내 편해질까요? 아니, 50세가 되어서도 우리는 여전히 은퇴하고 나면 편하게 삶을 즐길 수 있으리라 생각하며 삽니다. 그러다가 의사로부터 결정적인 진단을 받고 나면 그때서야 진정한 삶이 더 이상 미래에 시작되지 않을 것이며 나도 모르는 사이 이미 시작되었음을 깨닫게 됩니다.

2008년 48세의 나이에 췌장암으로 사망한 미국의 컴퓨터공학과 교수 랜디 포시(Randy Pausch)는 마지막 강의에서 아이들의 꿈이 가진 가치에 대해 이야기했습니다. 놀라울 정도로 감동적이고 슬픈 동시에 해학이 넘치고 위안을 주는 그의 《마지막 강의》는 저에게 깊은 인상을 줬던 책이었습니다. 여기에는 우리 모두를 위한 커다란 가르침이 담겨 있습니다. 그는 어린 시절의 꿈을 절대로 저버리지 말라고 권합니다. 포시는 죽음을 앞두고서 많은 이들에게 아주 중요한 사실을 일깨워주었습니다. 죽음의 순간에 우리를 후회하게 만드는 것은 우리가 잘못한 일이 아니라 우리가 하지 못한 일이란 것을 말입니다!

유감스럽게도 포시의 이 말 역시 이제는 '당신이 죽기 전에 꼭 해야 할 1000가지 일' 따위의 리스트에 포함되어 있는 짜증나는 의무사항이 되어버렸습니다. 하지만 삶은 스포츠로 말하자면 '프리스타일'입니다. 리허설도 없이 곧바로 공연에 들어가야 합니다! 게다가 라이브여서 편집 따위는 없습니다. 이런 공연을 우리는 매일, 매 순간 하고 있습니다. 삶은 그 어떤 3D 애니메이션보다도 더 많은 차원을 지니고 있습니다. 그러니 하루하루를 오늘이 마지막 날인 것처럼 살기 바랍니다. 언젠가는 당신 생각이 맞아 떨어지는 날이 올 겁니다!

한 가지 더 생각해보고 싶은 것이 있습니다. 후손들에게는 우리가 어떤 사람이었다고 말해주어야 할까요? 철학자들은 삶이 죽음을 준비하는 과정이라고 말합니다. 그런데 막상 죽음은 사람들이 대부분 미처 준비하지 못한 상태에서 찾아오는 것 같습니다. 하지만 위대한 사상가들에게서 우리는 자신의 죽음을 말이나 글로 준비할 필요가 있음을 배울 수 있습니다. 죽음만 챙기고 삶에 소홀히 하라는 것은 아닙니다. 생을 끝마치는 순간에 남기는 멋진 말은 마지막 인상을 좋게 만들어줄 게 분명합니다. 그때 괴테가 그랬던 것처럼 말을 더듬어서는 절대로 안 됩니다. 그때문에 2백 년이 지난 지금도 온 세상 사람들은 그가 마지막으로 도대체 무슨 말을 하려고 했는지 궁금해 합니다(괴테는 "빛을 더!"라는 유언을 남겼는데 그 의미는 정확히 밝혀지지 않았다 – 옮긴이).

미국의 시인 월트 휘트먼(Walt Whitman)은 시인으로서 자신의 삶을 압축적으로 표현하고 대미를 장식할 수 있는 멋진 마지막 말을 몇 해에 걸쳐 궁리했다고 합니다. 하지만 결정적인 순간 그의 입에서는 그만 "제기랄!"이란 말이 튀어나오고 말았답니다. 이건 실제로 전해지는 이야기입니다.

반면에 항간에 알려진 멋진 마지막 말들은 대개 추측에 불과하다고 합니다. 가령 이런 것들입니다. "그 자가 먼저 눈을 감지 않는다면 나도 그럴 생각이 없어." "걱정들 마, 이번에도 아닐 테니까!" 특히 "내가 먼저 갈게"는 고전 중에 고전입니다.

험프리 보가트(Humphrey Bogart)는 회한과 위엄 속에 숨을 거두며 이렇게 말했습니다. "스카치에서 마티니로 바꾸는 게 아니었어." 토크쇼의 아버지 조니 카슨(Johnny Carson)은 생전에 이미 자신의 묘비에 새길 글을 정해두었습니다. "I'll be right back(곧 돌아오겠습니다)!" 자신이 진행하던 프로그램의 중간광고가 나가기 직전 그가 늘 하던 말입니다. 정말 훈훈한 작별인사 아닙니까? 전형적인 미국식이기도 하고요. 그러나 독일인은 뒤에 남겨진 사람들에 대해서도 깐깐하기 짝이 없습니다. 가령 이런 묘비명이 그렇습니다. "늘 이렇다니까. 이제 드디어 시간이 좀 나니까 아무도 찾아오지 않는군!"

밤중에 국도를 달리는데 사슴 네 마리가 길가에 서있는 모습을 보았을 때

요가에서 물구나무를 서서 피가 거꾸로 돌게 했을 때

의사가 내 유방에서 더 이상 종양을 발견할 수 없다고 했을 때

희망은 자라나는 것이다.

현재가 곧 미래!

미래를 생각하니 우울해졌다. 그래서 난 생각을 집어치우고
오렌지 잼을 만들러 갔다. 오렌지를 자르고 방바닥을 박박 닦았더니
놀랍게도 기분이 금세 좋아졌다.
D. H. 로렌스(Lawrence)

미래의 장미 화원. 여기에 장미의 화원이 생겨납니다. 그것은
희망입니다. 보세요, 머지않아 꽃들이 만발할 겁니다. 이 사진은
내가 마데이라섬의 어느 정원에서 찍은 것인데, 그때 정말 유쾌
하게 웃었던 기억이 납니다. 의사나 치료사의 가장 중요한 임무
는 환자에게 "다시 좋아질 겁니다!"라고 말하는 것이 아닐까 생
각합니다. 놀랍게도 우리는 이 사진을 보면서 벌써 꽃봉오리가
피어오르는 상상을 하게 됩니다.

희망이 기만이 되지 않으려면 어느 정도 신빙성이 있어야 합
니다. 이미 그런 희망을 갖게 하고서 나중에 "난 장미 화원을 약
속한 적은 없어!"라고 딴소리를 해서는 안 됩니다. 꽃 대신 허풍
이 만발해서는 곤란합니다. 점쟁이들과 정치가들은 이와 아주
비슷한 메커니즘을 사용합니다. 확실하고 구체적인 말을 피하
면서도 무언가 바람직한 변화가 발생하면 그 공을 자신에게로

돌리죠. 막연하고 모호한 희망은 구체적이고 자세한 희망보다 실현시키기가 훨씬 쉽습니다.

그러므로 이른바 자기실현적 예언이란 것들은 속임수에 불과합니다. 우리는 예언이 실현되도록 스스로 실컷 도와주고도 그 사실을 잘 모릅니다. 기름이 부족할 거라는 걱정이 들면 우리는 당장 주유소로 갑니다. 그럼 어떻게 되던가요? 실제로 기름은 부족한 게 되고 우리는 우리 생각이 옳았다고 느끼며 만족스러워합니다.

심리학자 대니얼 길버트(Daniel Gilbert)는 인간이 미래를 생각하는 유일한 동물이라고 했습니다. 음식을 먹을 때 뚱뚱해질 것을 걱정하는 두더지는 없으며 눈가의 주름을 걱정하는 코끼리나 내년 식량을 걱정하는 판다(panda)도 없습니다. 오로지 우리 인간만이 미래의 그림을 그리며, 이 일에 하루 최소한 1시간 이상을 사용합니다. 이것은 아주 멋지고 신나는 일이 될 수 있지만 누구나 다 그런 것은 아닙니다. 현재 독일인 중에서 더 나은 미래를 믿는 사람은 절반도 채 되지 않습니다. 또 정치가 독일을 개혁시킬 수 있다고 믿는 사람은 3%도 안 됩니다. 3%도 안 된다는 게 도대체 무슨 뜻인지 알겠습니까? 그것은 정치가들도 이를 믿지 않는다는 뜻입니다! 미래를 비관하는 사람은 불필요하게도 현재까지 어렵게 만듭니다. 툭하면 100년, 200년 뒤를 걱정합니다. 실제로 그렇게 오래 사는 사람도 없는데 말입니다. 사람들은 더 이상 바꿀 수 없는 일이나 절대로 일어나지 않을 일을 고민하느라 얼마나 많은 시간을 허비하는지 모릅니다. 하지만 우리를 진짜 힘들게 하는 일들은 대부분 미처 예상하지 못했던 것들입니다.

길버트가 하버드대학에서 실시한 연구 결과에 따르면, 우리는 과거에 있었거나 미래에 일어날 거라고 믿는 일들을 의도적으로 왜곡한다고 합니다. 그런데 다행히도 대부분은 검은 안경보다는 장밋빛 안경을 쓰고 세상을 봅니다. 각종 통계에도 불구하고 많은 사람들은 심근경색, 교통사고, 잇몸출혈과 같이 빈번히 발생하는 일들이 자신에게는 일어나지 않을 것이라고 믿습니다. 무슨 까닭인지 사람들은 하나같이 이런 일들은 다른 사람에게나 일어날 것이며 우리 자신의 미래는 현재보다 반드시 더 나을 거라고 생각합니다. 정말 긍정적인 태도 아닙니까? 미래에 우리는 지금보다 더 많이 여행을 떠나고, 신문에 날 만한 훌륭한 일들을 행하며, 우리의 아이들은 다른 아이들보다 더 재능이 있을 거라고 생각합니다. 심지어 암환자들도 현실에 저항하며 건강한 사람보다 미래를 더 낙관합니다.

희망의 원칙은 항우울제와 같은 효능을 지니고서 우리가 적극적으로 살아가도록 도와줍니다. 우울증을 앓는 사람은 정신적으로 건강한 사람들보다 특정 분야의 현재와 미래가 변화될 가능성에 대해 훨씬 더 현실적으로 생각하고 평가합니다. 이렇게 볼 때 어느 정도의 자기과대평가는 건강한 정신의 일부라고 할 수 있습니다. 이런 자기과대평가 성향은 여성보다 남성에게서 더 빈번히 관찰됩니다. 가령 구인광고가 나면 남자들은 그것이 어떤 일인지도 잘 모르면서 자신이 가장 적합한 사람이라고 믿습니다.

이럴 때 남자들은 좀 더 확신을 가지고 면접에 임하기 때문에 실제로 일자리를 얻는 경우가 많으며 실패하더라도 좋은 교훈을 얻을 수 있습니다. 반면에 여자들은 면접에서 지나치게 말을 아끼는 경향이 있습니다. 스스로에 대한 평가가 남자들보다 현실적인 탓에 일자리를 얻는 데 자주 실패하는 거죠.

내가 주기적으로 한 번씩 걸려드는 행복의 덫 중 하나는 미래에는 지금보다 여유 시간이 더 많이 날 거라는 생각입니다. 친구들에게도 얼마나 자주 이런 식의 희망을 약속했는지 모릅니다. "하필 지금은 좀 바빠. 하지만 다음 주, 다음 달, 내년에는 나아질 거야. 그때는 일을 좀 줄일 테니 내가 늘 설교하던 말을 몸소 실천할 수 있을 거야." 이렇게 일을 줄이고 친구들과 좀 더 많은 시간을 보내자는 계획을 나는 벌써 20년 전부터 세워놓고 있습니다. 하지만 내년에는 정말 무슨 일이 있어도 실행에 꼭 옮길 겁니다.

고액 연봉을 받는 전문가나 경영인들은 물론이고 심지어는 미래학자들도 앞날을 예측할 때 이른바 주식의 귀재나 점쟁이들 뺨치게 헛소리를 많이 한다고 합니다. 소니(Sony)의 경영자는 개발팀에서 워크맨 제품에 대해 보고하자 "도대체 밖에 나돌아 다니면서 음악을 듣고 싶어 하는 사람이 어디 있다고 그래? 모두들 음악은 집에서 즐기고 싶어 하잖아!"라고 말했습니다. 또 SMS(문자 서비스)가 이동통신기의 부산물로 생겨났을 때 높은 지위에 있는 사람들은 하나같이 이렇게 말했습니다. "전화로 하면 간단한데 누가 문자를 쓰고 있겠어?" 또 독일에서 소비자들로부터 가장 신뢰받는 기관으로 꼽히는 "상품평가재단"은 1984년 이런 권고를 내놓았습니다. "퍼스널컴퓨터를 구매하기 전에 어떤 목적으로 쓸 것인지를 신중히 생각하십시오. 당신이 생각하는 용도라면 간단한 휴대용 계산기로도 충분할 수 있으니까요. 퍼스널컴퓨터의 활용방법은 극히 제한되어 있습니다." 그런데 지금은 어떤가요? 우리는 휴대폰 문자로 미디어사이트 주소를 주고받은 뒤 컴퓨터에서 음악을 내려 받아 휴대폰에 저장해놓고 들으면서 다닙니다. 실제로 벌어지기 전까지 아무도 이런 상황을 상상할 수 없었다는 사실이 믿기지 않을 뿐입니다.

글을 쓰고 있는 지금 나는 당신이 이 책을 언제 읽을지, 원유 가격이 얼마나 뛸지, 독일 1부리가 시즌 성적이 어떻게 마무리 될지 따위를 알 수 없습니다. 하지만 누구나 예측의 대가가 되려는 욕망이 있습니다. 게다가 순전히 통계학적으로만 보면 예언가들 중에 누군가는 올바른 예측을 내놓습니다. 다만 그 누군가가 매번 바뀔 뿐이고, 다음번에 누가 그 누군가가 될지 알 수 없다는 게 문제입니다. 만약에 주식시장에서 어떤 전문가가 정말로 자기 예측에 확신을 갖고 있다면 그 사람은 그것을 공개하지 않고 혼자만 활용할 것입니다. 그러므로 믿을 수 있는 예측은 오직 한 가지 '무슨 일이든 다수가 예측한 대로 이루어지는 경우는 거의 없다는 것' 뿐입니다.

이런 게 우리의 행복과 무슨 관계가 있을까요? 우리는 적극적으로 행동에 나선다면 자기 운명에 직접 영향을 끼칠 수 있다고 믿고 싶어 합니다. 주식 종목을 직접 고르는 개인투자자들은 펀드보다 자신이 더 많은 수익을 낼 거라고 확신하죠.

주사위를 던질 때도 잘 흔들면서 기를 불어넣으면, 그냥 아무 생각 없이 던질 때보다 더 나은 결과를 얻으리라고 생각하는 사람들이 적지 않습니다. 혹시 당신도 그런가요? 많은 사람들은 로또 공을 자신이 직접 꺼낼 수 있다면 당첨확률이 더 높아질 거라고 '직감적으로' 생각합니다. 실제로 자기 손에 어떤 운명이 들어오는지는 정말 큰 문제입니다. 그래서 사람들은 자주 이렇게 기도합니다.

"하느님, 제가 변화시킬 수 있는 일들을 할 수 있는 힘을 주시고, 제가 변화시킬 수 없는 일들을 받아들이는 여유를 주시며, 이 둘을 구별할 수 있는 지혜를 주옵소서!"

어른들은 어린아이들에게 물음을 던지고 어떻게 대답하는지 듣는 것을 재미있어 합니다. 가령 "커서 뭐가 되고 싶으니?"하고 물으면 네 살짜리 아이는 이렇게 대답합니다. "나무에 잘 올라가는 사람이오." 이 아이는 이제 막 나무에 오르는 재미를 발견했기 때문입니다. 아이들은 온전히 현재를 살아갑니다. 그들은 지금 노력해야 할 것과 나중에 해야 할 것을 구별하지 않습니다. 우리 어른들이 이런 모습을 보며 웃는 것은 아이가 자라면서 그것이 분명히 바뀔 거란 사실을 알기 때문입니다. 하지만 어른들이 그런 경험을 통해서 뭔가를 배운 것 같지는 않습니다. 여전히 현재의 시각에서 행복한 미래를 위해 준비할 것과, 미래의 시각에서 현재 우리가 해야 할 일을 잘 구별하지 못하니까요.

미래란 현재가 되기 전까지는 정말 알 수가 없습니다. 다만 다행스러운 것은 미래가 어느 순간 갑자기 현재가 되는 것이 아니라 하루하루 조금씩 찾아온다는 겁니다. 그래서 현재와의 차이도 우리가 감당할 수 있는 범위를 넘어서지 않습니다.

자신이 미래에 얼마나 행복할지 알 수 있는 가장 확실한 방법은 지금 이 순간에 얼마나 행복한지를 관찰하는 것입니다. 그래서 나는 내 미래를 위해 다음과 같은 일을 할 작정입니다. 좀 더 현재에 충실하고, 행복을 느끼고, 친구들을 만나고, 시간의 여유를 갖는 겁니다.

내일부터 당장!

인디언들이 부족의 주술사에게 다가올 겨울 날씨가 어떻겠냐고 물었다. 하지만 그 주술사는 날씨를 예측하는 조상들의 방법을 잘 알지 못했다. 그는 안전한 방식을 택해서 이렇게 말했다.

"힘든 겨울이 될 것이다."

크게 놀란 인디언들은 달려 나가 땔감을 잔뜩 구해왔다. 땔감을 집 근처에 모아놓은 후에 사람들이 다시 물었다.

"정말 힘든 겨울이 될까요?"

"그렇다니까."

주술사가 거듭 이렇게 말하자 사람들은 더 먼 곳까지 가서 마지막 남은 땔감들까지 모조리 긁어모았다.

아무래도 마음이 불안해진 주술사는 확실히 해두기 위해 기상청에 전화를 걸어 문의하였다.

기상예보관은 이렇게 대답했다.

"예. 힘든 겨울이 될 겁니다."

주술사가 다시 물었다.

"정말 확실합니까?"

기상예보관이 다시 답했다.

"그렇다니까요. 아주 확실한 징조가 있습니다."

"그게 뭡니까?"

"다른 사람들한테는 말하지 마세요. 지금 인디언들이 부지런히 땔감을 모으고 있거든요."

나의 발성치료사가 코르크를 입에 물고서 한 내 말을 알아들었을 때

종교필수과목 덕택에 속기과목에서 낙제를 받은 학기를 구제할 수 있었을 때 (지금은 모든 종교에서 탈퇴!)

인공 고관절을 삽입하고 눈 위에서 처음으로 다시 활강했을 때

평온 유지하기

만약 내게 아무 것도 하지 않을 수 있는 힘이 있다면
정말 아무 것도 하지 않을 테다.

　많은 사람들이 탄산가스가 들어있지 않은 생수를 사는 이유
는 무엇일까요? 그것은 병 상표에 '평온'이라고 적혀있기 때문
입니다(탄산수가 아닌 맹물이라는 의미의 독일어 'stilles Wasser'의 형용
사 'stille'는 고요와 평온을 뜻한다 - 옮긴이).

　탄산가스가 부글거리지 않는 고요한 물을 박스째로 사면서
이들이 속으로 갈망하는 것은 물이 아니라 마음의 평온입니다.
굳이 생수를 사지 않아도 평온을 얻을 방법을 안다면 그렇게 힘
들게 생수박스를 실어 나르지 않을 겁니다.

　여기에는 "네 갈증을 잠재우라"는 조용하면서도 분명한 요구
가 담겨 있습니다('stille'와 비슷한 철자의 동사 'stillen'은 욕구를 충족
시키다, 갈증을 가라앉히다, 아기에게 젖을 먹이다 등의 뜻으로 쓰인다 -
옮긴이). 갈증의 느낌은 심지어 남자들도 지각하고 말로 표현할
줄 아는 몇 안 되는 감정 중 하나입니다. 물론 말로 갈증을 잠재

우고 나면 더 힘들어질 때도 있습니다. 물을 마셔 갈증을 잠재우는 데는 굳이 말이 필요치 않습니다. 하지만 '평온'에 대한 갈증은 일단 지각하고 나면 좀처럼 잠재우기가 힘듭니다.

바다에 가보면 내가 얼마나 시끄러운 사람인지 확실히 느낄 수 있습니다. 바다의 고요함과 선명하게 대비가 되어서입니다. 나는 오랫동안 일부러 북해의 쥘트섬을 찾지 않았습니다. 그곳은 부자들과 아름다운 이들만을 위한 섬이라고 생각했기 때문입니다. 하지만 그곳을 다녀온 이후로 내 생각이 완전히 틀린 것은 아니지만 적어도 부자와 아름다운 사람이 같은 부류가 아니란 것은 확실히 알게 되었습니다.

처음 쥘트섬을 찾았을 때의 기억은 아직도 생생합니다. 베스터란트 기차역에 도착했을 때 나는 현지인으로 보이는 말쑥한 차림의 노인에게 이렇게 물었습니다. "혹시 이곳 분이시면 해변으로 가는 제일 빠른 길을 가르쳐주시겠습니까?" 노인은 한참동안 말없이 나를 쳐다보다가 이렇게 대답했습니다. "안녕하시오!" 그리고 다시 한참이 지난 후에 말했습니다. "이 보시게 젊은이, 왜 그렇게 서두르시나? 지금 자네가 내린 곳이 어딘지 알기나 하는가?" 나는 대답했습니다. "물론입니다. 쥘트섬이잖아요. 아름다운 섬이라고 들었습니다. 해수면 상승과 침식을 비롯한 몇 가지 문제도 있다고 알고 있습니다."

"그렇다면 자네 질문의 대답도 모두 알겠구먼!"

"무슨 말씀이신지요?"

"빨리 해변으로 나가고 싶다고 그랬지? 조금만 여유를 갖고 여기에 가만히 서있어 보게나. 그러면 해변이 자네에게 올 테니. 저 스스로 말일세!"

여유란 바로 이런 겁니다. 노인은 나를 천천히 바닷가로 데려가더니 이렇게 말했습니다.

"자네 같은 도시 사람들은 자연이 보내는 신호들을 전혀 이해하지 못하지. 자네가 이미 바다 속으로 들어왔는데도 몸이 젖지 않는다면 자연은 자네에게 무슨 말을 하고 있는 걸까?"

"글쎄요?"

"썰물이라고 말하는 걸세!"

노인은 조개를 주워 내게 건네며 말했습니다.

"이걸 귀에 대보게!"

그랬더니 신기하게도 바다의 파도소리가 들렸습니다. 그가 다시 말했습니다.

"이 보게, 한 가지가 더 있네. 그냥 바닷가에 서있으면 그런 조개가 없이도 파도소리를 들을 수 있단 말이지!"

정말 그랬습니다! 하지만 그 전까지 나는 귀 기울일 생각을 하지 못했었습니다. 영적 체험을 위해 반드시 인도의 아슈람이나 일본의 선불교 사찰을 찾을 필요는 없습니다. 조용히 귀를 기울이는 것만으로도, 아니면 지금 있는 곳에 가만히 앉아 있는 것만으로도 충분합니다. 그렇게 앉아서 생각을 합니다. 나는 지금 어디에 앉아있는 건가? 생각이 천천히 흘러가게 두면서, 그것이 들려주는 이런저런 소리들을 즐거운 마음으로 들어보세요. 우리 머릿속에서는 개구리들이 천방지축으로 날뛰면서 모든 생각들에 달라붙어 정신 사납게 개굴거립니다. 평온을 유지하는 연습은 이런 개구리들을 퇴치하는 훈련입니다.

머리 위에 개구리 한 마리를 얹은 한 남자가 의사를 찾아왔습니다. 의사가 물었습니다. "이 개구리는 대체 어디서 났습니까?" 그러자 개구리가 말했습니다. "내가 이 사람을 밟고 있는 건데요!"

난 당신이 지금 무슨 생각을 하는지 알 것 같습니다. '이거 벌써 말한 얘기잖아!' 라고 생각했겠죠. 하지만 생각이란 게 대부분 이미 다 아는 얘기들이 아닌가요?

평온은 우스갯소리와도 같습니다. 뭔가 멋진 것을 기대하게 만들지만 실제로는 어떻습니까? 아무 것도 아닙니다! 명상 훈련을 하는 사람들이 아주 심각한 표정을 짓는 것을 보면 너무 이상해서 웃음이 나올 지경입니다. 기독교인들도 마찬가지입니다. 구세주를 믿는 사람들이 좀 더 밝게 구원받은 얼굴로 다닌다면 더 많은 사람들이 예수의 메시지를 이해할 겁니다.

요즘도 교회는 쉽게 중세와 연결됩니다. 하지만 중세라고 말하면 대부분 십자군전쟁을 떠올리지, 신비주의자들을 생각하지는 않습니다. 당시의 신비주의자들은 이미 요즘 사람들이 열광하는 명상가들을 한참 앞섰던 인물들인데 말입니다. 예를 들어 중세의 대표적인 신비주의자 마이스터 에카르트는 이런 말을 했습니다. "마구간보다 교회에서 하나님을 더 잘 찾을 수 있다고 생각한다면 이는 하나님의 탓이 아니라 너희들의 탓이다." 기독교 신비주의자들은 요즘의 의사나 치료사들이 하는 것과 비슷한 방식으로 평온을 유지하며 고요 속으로 침잠하곤 했습니다. 사실 명상법은 종교와 무관하게 잘 작동합니다. 각종 명상법들은 지각과 사고, 행복한 마음을 변화시킵니다. 명상법을 이야기하는 이유도 여기에 있습니다. 깨달음은 우리가 어떤 방법을 통해서 거기에 이르든 아무 상관이 없으며 절대로 조바심을 내지 않습니다. 깊은 사랑과 행복 그리고 깨달음을 진정으로 체험한 사람은 어차피 그런 것에 대해 많은 말을 하려고 들지 않습니다.

그런데 X선 사진은 우리에게 깨달음을 조금 보여주기는 합니다. 전두엽에서 뭔가가 반짝하기 때문입니다. 굉음을 내며 작동하는 MRI 촬영대는 우리의 정신을 '절대적 공감'의 상태로 이끄는 아주 특이한 장소입니다. 물론 그러려면 여러 해에 걸친 훈련이 필요하지만 말입니다. 리처드 데이비슨(Richard Davidson)의 뇌연구소에서 달라이 라마의 지시로 그의 측근 승려 여덟 명을 대상으로 재미있는 실험이 실시되었습니다. 그 결과 명상과 정신훈련이 뇌에 근본적인 변화를 가져온다는, 2천5백 년 전부터 전해져온 불가의 주장이 사실로 입증되었습니다. 몇 년 전에는 인도의 한 승려가 1만 시간 이상의 명상체험으로 세상을 깜짝 놀라게 한 적도 있습니다. 그의 좌측 전두엽은 150명의 일반인 피실험자들의 같은 부위에 비해 훨씬 활발하게 활동했습니다. 낙관주의자들은 비관주의자들보다 좌측 전두엽의 활동이 활발합니다. 이 부위는 나쁜 감정을 억제하고 여러 수도승들에게서 관찰되는 것과 같은 평온함과 차분한 감정을 만들어주는 것으로 보입니다. 이를 토대로 데이비슨은 "행복은 스포츠 종목이나 악기처럼 학습되는 능력"이라고 결론지었습니다. 연습할

수록 확실히 점점 나아집니다. 일단 명상에 도움이 되는 스포츠인 양궁부터 시작하는 것도 좋은 방법입니다. 양궁은 엄청난 집중력을 요구하는데, 이게 절대로 만만한 일이 아니거든요.

내 경험을 한 가지 말해보겠습니다. 예전에 참선을 배워보려 했습니다. 그런데 농담하고 웃기기를 좋아하는 내 두뇌에게는 이것이 여간 버거운 일이 아니었습니다. 참선을 할 때는 잡념을 쫓기 위해 면벽수행을 합니다. 딱딱한 바닥에 앉은 채 아무 말도 해서는 안 됩니다. 그렇게 30분쯤 지나면 원을 그리며 걸으라고 합니다. 다리 저리는 것을 예방하고 잠도 쫓기 위해서입니다. 그리고는 다시 제자리에 앉습니다. 원을 그리며 걷는 것을 보행명상이라 하는데 이것은 일종의 평화적 예루살렘 순례라고 할 수 있습니다. 순례 중에 자리를 빼앗기는 일은 없으니까요. 모든 사람들이 고개를 숙인 채 원을 그리며 걷는 모습은 내게 교도소 수감자들을 연상시키더군요. 사실 우리는 누구나 '자신의 자아 안에 갇힌 수감자들'인 셈입니다. 참선은 인생의 학교에서 나머지공부를 하는 것과 다를 게 없습니다!

깨달음은 큰 실망을 안겨줍니다! 뭔가를 기다린다는 것은 그것이 아직 오지 않았음을 의미합니다. 앉아있는 것은 나름대로 의미가 있지만 보상은 없습니다. 나는 닷새 동안이나 그러고 앉아서 고통을 견뎠습니다. 갑자기 어느 순간 뭔가가 내 안에서 일어났습니다. 쉴 새 없이 떠들어대던 생각이 멈추면서 깊은 고요함이 나를 엄습했습니다. 온몸에 소름이 돋으면서 갑자기 기분이 너무 좋아졌습니다. 잠깐 동안 모든 것이 하나가 되는 느낌을 받았습니다. 숨을 한 번 들이쉬고 내쉬는 사이에 조용하면서도 거대한 행복의 순간을 맛보았습니다. 나머지 내용이 궁금하다면, 당신이 직접 체험해보시길 바랍니다.

명상을 배우든 낚시나 뜨개질을 배우든 중요한 것은 휴식을 연습하는 일입니다. 스위치를 끄고 익숙한 행동패턴을 중단하십시오. 몰아지경에 빠졌다가 신선한 상태로 다시 깨어나십시오. 많은 사람들이 포뮬러 원 경기에 열광합니다. 그것은 마치 최면에 걸린 것처럼 고통을 사라지게 만드는 힘이 있습니다. TV로 시청한다면 내 집에서 편히 볼 수 있으니 그야말로 완전히 고통에서 해방되는 거죠.

잠깐의 졸음이나 백일몽도 비슷한 효과를 내는 것 같습니다. 그러니 명상에서 말하는 '무(無)'를 너무 복잡하게 생각하지 마세요. 그냥 바닷가를 찾아가 파도소리에 귀 기울이거나 아니면 집에서 좋은 음악을 듣는 것도 좋습니다.

가수들은 입을 모아, 노래를 부를 때 가장 중요한 것은 쉼표라고 말합니다. 시간은 온갖 것들이 동시에 발생하는 것을 막아주는 천재적인 발명품입니다. 휴식은 우리를 구성하고 완성시켜줍니다. 여유를 가지면 가질수록 시간은 늘어납니다. 이 '무' 란 것은 놀라운 방식으로 우리를 먹여 살립니다. 배가 고픈 사람은 음식을 먹고 나면 배가 불러집니다. 하지만 갈증에는 이런 식의 반대말이 없습니다. 여기에는 다 이유가 있습니다. 그것도 아주 심오한 이유가! 극심한 갈증은 결코 완전히 채워지지 못하며 단지 매순간 달래고 잠재워야 할 뿐입니다. 이런 의미에서 1분간 침묵하겠습니다. 우리 자신을 잠재우기 위해서!

연습

명상하기 - 그냥 앉아서 아무런 생각도 하지 마세요. 이렇게 아무 것도 생각하지 않는 게 너무 추상적이어서 따라 하기가 힘들면 연구를 통해 효과가 검증된 구체적인 방법들도 있습니다.

'자애(Loving Kindness)' 명상은 사랑의 자비심을 훈련시켜 줍니다. 이 명상법의 기본 아이디어는 타인에 대한 동정심을 기르는 것입니다. 먼저 조용한 장소에 가서 휴대폰 전원을 끄고, 앉거나 눕습니다. 몸에 긴장을 풀고 당신이 몹시 사랑하는 누군가를 떠올리세요. 그 사람에 대한 감정이 가슴에서부터 온몸으로 퍼져나가게 하세요. 그 다음으로 각별히 호감이 가는 누군가를 다시 떠올리는데 이때 앞서의 감정을 그대로 유지하도록 노력하세요. 다시 말해서 앞의 훈련을 통해 한층 더 넓어진 감정을 둘째 사람에게 전달하려 애써보세요. 동정심을 따뜻하게 유지하면서 계속해서 다른 사람을 떠올리세요. 이런 식으로 사랑의 감정을 많은 사람들에게 베풀어보세요. 당신이 별로 좋아하지는 않지만 측은하게 여기는 사람에게도 사랑을 베푸세요. 이 말이 당신에게 별로 와 닿지 않는다면 직접 명상을 실행하면서 마음으로 느껴보세요.

사람들은 거미 만지는 걸 두려워합니다. 충분히 그럴 수 있습니다. 하지만 명상을 두려워하는 건 대체 무슨 이유죠? 명상은 우리에게 그렇게 낯선 것만은 아닙니다. 행동요법에서도 비슷한 방법을 사용합니다. 거미를 무서워하는 사람은 편안하게 긴장을 푼 상태의 감정을 자기 안에 불러일으키는 법을 익힌 다음, 그 편안한 감정을 두려움을 일으키는 상황에다 옮겨놓는 겁니다.

예수도 그와 비슷한 말을 했습니다.

"원수를 사랑하라, 그것이 그들의 평판을 손상시키리니." (뒤의 문장은 분명하게 전해지지 않았습니다.)

자기 혼자 앉아서 명상하는 것은 어찌 보면 '이기적' 인 행위 같기도 합니다. 하지만 실제로 명상은 남을 위하는 마음을 강화시켜줍니다. 사랑할 줄 알고 받을 줄 아는 사람에게 기쁨과 친구는 더 많아지고 심장마비가 일어날 확률은 줄어듭니다. 게다가 이 연습은 스승 없이도 매일 할 수 있습니다.

우상을 섬기지 마라.
(우상[Bildnis]은 그림을 뜻하는 독일어 'Bild'와 비슷한 단어이다 - 옮긴이)

그건 네 자신도 믿지 않잖아

> 예수께서 우리 죄를 대신하여 돌아가셨다면
> 우리는 그 분의 죽음을 헛되이 해서는 안 됩니다.

독일에서는 기독교 신자의 수가 점점 줄어들고 있습니다. 나로서는 그 결말을 우려하지 않을 수 없습니다. 기독교인으로 사는 것에는 여러 가지 장점들이 있기 때문입니다. 가령 무신론 국가에서 살아야한다면 일요일을 쉬지 않으니 대체 휴일이 얼마나 줄어들겠습니까? 아마 4월 1일이 고작일 테죠.

"대담하게 죄를 범하라(Peccate fortiter)." 이것은 마르틴 루터가 한 말입니다. 자의 반 타의 반으로 쫀쫀하게 사소한 잘못들을 저지르고 다니면 아무 것도 건질 게 없습니다. 금지된 죄를 범하는 기쁨도 없고, 무언가를 배우지도 못하고, 하다못해 남들에게 악행의 사례로 기억되지도 못합니다. 많은 종교들이 인간을 어리석게 만든다고 욕을 먹습니다. 생각과 말을 억압하고, 육체적 쾌락을 죄악시하고, 천국의 정의를 내세워 현세의 부당함을 고착시킨다고 말이죠. 그럴지도 모릅니다. 하지만 나는 훨씬 더 여유롭고 느긋한 시선으로 종교를 바라봅니다. 신앙의 테두리 안에서도 무척 유쾌한 현세(!)의 삶을 즐기는 아주 자유롭고 행복한 사람들을 많이 알고 있습니다. 그럼에도 불구하고 내가 지금 하려는 말이 어떤 분들에게는 불쾌할지도 모르겠습니다. 물론 다 읽을 필요는 없습니다.

외과의사와 신의 차이가 무엇인지 아십니까? 신은 자신을 외과의사라고 생각하지 않는다는 겁니다. 나는 외과의사가 나의 천직이라고 생각하지 않지만 그렇다고 가슴 벅찬 개종 체험을 실감나게 묘사할 문학적 재능을 타고나지도 못했습니다. 하지만 내가 미처 이해하지 못하는 더 높은 차원의 의미를 느끼기는 합니다. 어떤 커다란 존재가 있다는 느낌은 우리의 자아를 한결 가볍게 해줍니다. 하지만 존 레논(John Lennon, 비틀즈 멤버로 1980년 암살되었다–옮긴이)은 죽었고, 디터 볼렌(Dieter Bohlen, 20년 넘게 활동중인 그룹 모던토킹 백보컬 담당–옮긴이)은 살아있습니다. 정의로운 신이 정말로 존재하는 걸까요? 이 질문은 대체로 우리의 지식수준을 벗어납니다. '악인'들의 처벌을 영원히 기다리고만 있어야 하는 경우는 너무나 빈번합니다. 영원 속에 정말 어떤 처벌이 기다리고 있는지는 우리도 곧 때가 되면 알 수 있겠지만 한 가지만은 이 지상에서도 분명해 보입니다. 삶이 공평하지 못하다는 겁니다. 반면 이것은 기쁜 소식이기도 합니다. '정의로운 보상'이 없다면 우리는 스스로를 심판할 필요도 없습니다. 어차피 그것은 그다지 재미있는 일도 아니니까요. "그런 못된 짓이 얼마나 갈지 누가 알겠어?" 그건 정말 아무도 모릅니다. 우리는 평생 정의를 위해 싸울 수 있습니다. 그리고 생전에 그것을 경험하지 못하더라도 절망할 필요는 없습니다.

나는 지금 당신에게 무언가 특별한 것에 대한 믿음을 권하려는 게 절대 아닙니다. 하지만 그런 믿음이 기술적인 차원에서 행복에 도움이 되고 있음을 우리는 도처에서 발견할 수 있습니다. 종교적 신앙을 지닌 사람들은 대체로 삶에 더 만족하고, 더 오래 살고, 질병에도 더 잘 견딥니다. 신앙이 행복과 건강을 선사하는 이유는 정확히 무엇일까요? 특별한 장소, 공동체모임, 특별한 의식을 주말마다 정기적으로 방문하기 때문일까요? 우리는 토요일마다 정기적으로 축구경기를 할 수도 있습니다. 물론 둘에는 분명한 차이가 있습니다. 노래 말고도 분위기나 얼굴표정도 완전히 다릅니다. 하지만 경기장에 7만 명의 축구팬들이 들어차 있든 종교집회에 비슷한 수의 신도들이 운집해 있든 여기저기서 공격적인 태도들이 나타납니다. 한쪽은 심판 때문에, 또 다른 쪽은 "주님, 사랑은 풀밭과 물가 같아서……"의 참을 수 없는 노랫가락 때문에 그럽니다.

자신을 위해 바치는 기도의 힘을 아무리 굳게 믿더라도 남을 위해 바치는 기도도 효과가 있는지는 의문입니다. 심지어는 페널티킥을 찰 때도 기도를 올립니다. 골을 넣기 위해서라면 사람들은 제물이든 감독 교체든 뭐든지 기꺼이 믿고 싶어 합니다.

오스트리아의 빅토르 에밀 프랑클(Viktor Emil Frankl)은 정신적 외상과 믿음이 삶의 질에 미치는 영향을 처음으로 연구하기 시작한 심리학자 중 한 사람입니다. 유태인이었던 프랑클은

1942년 집단수용소에 수감되었지만 가까스로 살아남았습니다. 이때의 경험을 토대로 그는 '의미치료(Logotheraphy)'를 발전시켰습니다. 여기서는 삶과 고통에 담긴 '의미(logos)'가 중요하게 다뤄집니다. 인간은 아무리 처참한 환경에 처하더라도 상황에서 '의미'를 발견할 수 있으며, 이러한 의미부여를 통해서 허무와 절망의 나락에서 빠져나올 수 있다는 게 프랑클의 핵심적인 생각입니다. 가령 어떤 가치나 신념, 종교 따위가 자신을 넘어서 초월적으로 존재한다고 여겨서 기꺼이 고통을 감수하려는 사람은 그 어떤 압제자도 앗아갈 수 없는 내적인 자유를 얻게 됩니다. 이런 내적인 자유는 그가 육체적으로 제아무리 큰 고통을 겪더라도 영적인 생존을 가능케 해줍니다.

프랑클은 우울증을 앓는 사람들과도 많은 작업을 함께 하였습니다. 자살의 위험이 있는 환자들에게 그는 치료의 일환으로 이렇게 물었습니다. "지금까지 자살을 실행에 옮기지 않은 이유가 뭐죠?" 이 질문은 그들에게 큰 충격과 더불어 생산적인 시각 전환을 가져다주었습니다. 갑자기 환자들은 삶에 그들을 붙잡아두는 것들에 대해서 생각하기 시작했으니까요.

고통이 '객관적으로' 어떤 의미를 만들어내는지 우리는 객관적으로 알 수 없습니다. 다만 의미를 찾으려는 노력에 의미가 있는 것만은 분명해보입니다.

이야기가 너무 의미심장하게 흐르는 것 같으니 이쯤에서 위르겐 베커(Jürgen Becker)의 유머를 한 마디 소개하겠습니다. "여호와의 증인을 믿는 사람과 무신론자를 교배시키면 무슨 일이 일어나는지 아십니까? 누군가 그냥 지나가다가 당신 집의 초인종을 누르게 될 겁니다. 완전히 무의미하게 말이죠."

흔히 신의 은총이라고 말하는 것도 사실은 거저 얻어지는 것이 아닙니다. 신의 은총을 잃으면 그때까지 힘을 주던 생각들이 오히려 우리 자신에게 해가 될 테니까요. 그러면 자신의 병은 그 '책임'이 누구보다도 자기 자신에게 있으며, 스스로 지은 죄에 대한 '정당한 처벌'을 받은 것이 됩니다.

이런 식의 생각은 비교(秘敎) 집단에서도 쉽게 찾아볼 수 있습니다. 예를 들어 육체는 영혼에 의해 만들어지며 '모든' 물질적인 것은 우리가 전생에서 지은 업이라고 생각하는 사람들도 있습니다. 하지만 이런 생각은 우리를 몹시 우울하게 만들 위험이 있습니다. 과학은 반대로 육체가 정신을 낳는 것이며, 이 세상에는 수많은 우연들이 존재한다고 말합니다. 세포들은 끊임없이 분열 과정을 겪는데, 여기서 많은 오류들이 발생합니다. 나이가 들수록 이런 오류들은 점점 더 쌓여갈 것입니다. 그러다가 어느 순간 전혀 생명의 규칙을 따르지 않고 손실도 고려하지 않는 새로운 세포도 생겨납니다. 이런 세포를 우리는 암이라고 부르죠. 암은 삶과 죽음 사이에서 벌어지는 게임의 일부입니다.

중병에 걸린 사람은 그 배후에 작용하는 의미를 찾고 싶어 합니다. 단순히 '우연'이라는 설명으로는 위안을 얻을 수 없기 때문입니다. 그러던 어느 날 비교 집단 사람이 찾아와서 환자에게 이렇게 말합니다. "잘 생각해보세요. 혹시 이 병을 어떤 식으로든 스스로 원했던 건 아닌지, 무의식이나 업에 의해 그것에 끌렸던 게 아닌지 말입니다." 이런 일이 닥쳤을 때 과연 어떻게 대응해야 할까요? 한 가지 좋은 방법을 알려 드리겠습니다. 가만히 듣고 있다가 그 사람이 한참 말하고 있을 때 주먹으로 그의 얼굴을 세게 한 방 때리세요. 그리고 해맑은 얼굴로 그 사람을 계속 바라보면서 이렇게 말하세요. "방금 무슨 일이 벌어진 건지는 나도 잘 모르겠어요. 하지만 잘 생각해보세요. 혹시 어떤 식으로든 이걸 스스로 원했던 것은 아닌지."

병과 행복은 명상, 사랑, 종교 따위와 똑같습니다. 입으로 떠드는 것은 결코 몸소 겪은 경험을 대체할 수 없습니다. 여기에 행복으로 가는 열쇠가 있습니다. 여기에 문이 있습니다. 먼저 들어 가시지요……

제자들과 함께 길을 가던 예수는 저잣거리에서 사람들이 웬 여인에게 돌을 던지려고 하는 모습을 보았다. 예수가 소리쳤다.
"멈추어라! 이 불쌍한 여인이 무슨 짓을 하였느냐?"
사람들이 대답했다. "이 여자는 죄를 지었소!"
그러자 예수가 말했다.
"너희 중 죄 없는 사람이 먼저 돌을 던져라!"
모두 아무 말이 없었다. 무거운 침묵이 흐르는 가운데 뒤에서 죄 지은 여인에게로 돌이 하나 날아왔다. 예수는 뒤돌아보지도 않은 채로 소리쳤다.
"어머니, 그만 좀 하세요!"

바다

바다야, 멋지게도 생겼구나
바다야, 참 오랜만이다
철썩이며 잘도 나를 취하게 하는구나
바다야, 누구인지 말해보렴
영원히 철썩이는 힘을 네게 준 것이

바다야, 너 비록 시계는 없어도
달을 따라 정확히도 오가는구나
바다야, 너는 모르는 게 없으니
네 수평선을 보며 너와 나누는 대화는
참으로 유익하구나

이크, 네게선 짠맛이 나는구나
이 소리가 그냥 바람소리일 뿐일까?
스위스를 동경하는 소리가 아닐까?
그게 네가 생각하는 자유일까?

바다야, 용기 내어 함께 가자
네게 베를린을 보여줄 테니
그러면 너와 난 더 이상 홀로
세상과 집들 사이를 떠돌지 않아도 되리니

음악 – 샤를 트레네(Charles Trenet)(1945)

초음파사진의 증명 -
우리는 펭귄으로 태어나지 않았다,
다행스럽게도.

에필로그
펭귄 이야기

    이 이야기는 내게 정말로 일어났던 실화입니다. 여러 해 전에 나는 공연진행자로 크루즈여행에 동반한 적이 있습니다. 그때 다들 '좋은 기회'라고 말했습니다. 배를 타기 전까지는 나도 그렇게 생각했습니다. 배에 오르자 나는 유감스럽게도 탑승객들이 내가 생각했던 관객과는 사뭇 다르다는 걸 금방 알아차릴 수 있었습니다. 물론 그들도 틀림없이 유머감각이 있었습니다. 다만 2주 안에 내가 그것을 찾아낼 수 없었을 뿐이죠. 더 심한 문제는 뱃멀미 할 것을 예상해도 전혀 나아지지 않는다는 것이었습니다. 간단히 말해서 나는 크루즈선 안에서 이중으로 불행을 겪어야 했습니다.

    바다 위를 떠돈 지 사흘이 지난 뒤에 드디어 노르웨이의 땅을 밟을 수 있었습니다. 나는 동물원 구경을 갔습니다. 여전히 비틀거리는 발걸음으로. 그곳에서 바위 위에 있는 펭귄 한 마리를 보고는, 이렇게 밑도 끝도 없이 부정적으로 생각했습니다. "네 신세도 나보다 나을 게 하나도 없구나. 변함없는 그 연미복 차림하며, 허리는 대체 어디 간거야? 날개는 너무 작아서 아무짝에도 쓸모 없고, 게다가 그 다리는 또 뭐야? 조물주가 무릎 만드는 걸 깜빡 했나 보지?" 아무리 봐도 펭귄은 조물주의 실패작이 분명하다고 결론지었습니다.

이렇게 생각하며 계단을 내려가 유리를 통해 펭귄의 수족관을 구경하였습니다. 그때 '나의' 펭귄이 물속으로 뛰어들었습니다. 그 녀석은 바로 내 코앞으로 헤엄쳐 와서 나를 빤히 쳐다보았습니다. 순간 나는 그 녀석이 나를 측은해하고 있음을 알았습니다. 그 녀석은 지금 충만한 행복 상태에 젖어있었습니다. 아무 말 없이.

언젠가 잡지에서 읽은 적이 있는데 펭귄은 포르셰보다 열 배는 더 잘빠진 유선형의 몸매를 지니고 있답니다! 휘발유 1리터 분량의 에너지로 2500킬로미터 이상을 갈 수 있다더군요. 펭귄은 물속에서 헤엄치고 사냥하고 놀기에 더없이 좋은 신체조건을 가지고 태어났습니다. 이 녀석들은 인간이 이제까지 만들어낸 그 어떤 것보다 훨씬 뛰어난 걸작입니다. 그런데도 난 이런 녀석들을 실패작이라고 생각했던 겁니다.

펭귄은 내게 두 가지 사실을 떠올려 주었습니다. 첫째로 내가 단 한 가지 상황밖에 보지 못하고 얼마나 성급하게 판단을 내렸는가 하는 것이었습니다. 그러니 내 판단은 당연히 빗나가기 일쑤입니다. 둘째로 사람에게 제 능력을 제대로 발휘하고 두각을 나타내기 위한 주변여건이 얼마나 중요한가 하는 것입니다. 사람들은 자신이 잘할 수 없는 일과 두려움을 주는 일 모두 닥치는 대로 덤벼드는 경향이 있습니다. 물론 무슨 일이든 할 수는 있습니다. 하지만 그게 과연 의미가 있는지는 생각해볼 문제입니다. 우리는 누구나 강점과 약점이 있습니다. 많은 이들이 자신의 모자란 부분을 채우기 위해서 애씁니다. 자기 약점을 열심히 '개선'하면 중간 정도는 될 수 있을 겁니다. 반면에 자기 강점을 더 강화시키면 최고가 될 수도 있습니다. 당신이 '다른 사람들처럼 되고 싶다'는 생각을 자주 한다면 나는 이렇게 조언하고 싶습니다. "다른 사람들은 이 세상에 이미 차고 넘칩니다!" 환경에 억지로 자신을 맞추려 하기보다는 주변 상황을 바꾸는 것이 훨씬 나을 수 있습니다.

사람이 완전하고 철저하게 바뀌는 경우는 거의 없습니다. 펭귄으로 태어난 사람은 7년 동안 심리치료를 받고 열심히 자기경험을 쌓아도 이번 생에서는 기린이 될 수 없습니다. 자신의 강점을 찾기 위해 도움을 구하는 것은 약자의 표식이 아니라 현명함을 의미합니다. 좋은 치료사는 좋은 친구와 마찬가지로 "너는 왜 그렇게 긴 목을 갖고 싶은 건데?"라고 묻지 않습니다. 그 대신 이렇게 묻습니다. "네가 정말로 원하는 게 뭐지? 무엇이 널 기쁘게 하지? 언제 네 가슴이 뛰지? 남들이 네게 기쁨을 느끼는 때가 언제지? 그럴 때 너는 어떻게 행동하지? 네가 정말 좋아하고 몰입할 수 있는 일이 뭐지?"

당신이 펭귄이란 걸 알았다면 지금 당신이 있는 곳을 한번 둘러보세요. 당신이 이미 오랫동안 사막 한가운데 있었다면 몸이 잘 미끄러지지 않는 것이 당신의 탓만은 아닙니다. 지금 당신에게 필요한 것은 조금씩이라도 당신의 본성을 향해 나아가는 일입니다. 당신의 바다를 발견하세요. 차가운 물속으로 뛰어드세요! 마음껏 헤엄을 치세요! 그러면 자신의 본성 안에 머문다는 게 어떤 건지 알 수 있습니다.

당신의 본성을 발견할 수 있도록 행운을 빕니다!
나의 펭귄이 당신의 펭귄에게 인사를 전합니다.
당신의 본성 안에서 많은 시간을 보내시기 바랍니다!

나는 내 본성을 알게 되어 매우 고맙게 생각하고 있습니다. 라이브로 무대 위에서 진짜 관객들을 만날 때가 최고입니다. 물론 의사로 일할 때도 아주 기뻤습니다. 힘들게 공부하던 나날들을 나중에 병원에서 모두 보상받을 수 있었습니다. 나는 병원에서, 연구실에서, 요양원에서 맡은 일에 열심인 모든 사람들을 아주 존경합니다. 코미디언이 되었을 때 나는 무언가로부터 벗어나거나 떠난 것이 아니라, 다른 무언가를 향해 나아갔던 것이었습니다. 나의 행동반경을 바꾼 겁니다. 창의적이긴 한데 자제심이 부족하며 너무 서두르는 성격은 내 약점에 속합니다. 이런 성격은 특히 병원 업무에 잘 맞지 않습니다. 내 강점은 틀에 얽매이지 않고 새로운 아이디어를 잘 떠올리는 것입니다. 이것 역시 의사의 소임에 반드시 도움이 되는 것은 아닙니다. 지금 무대 위에서 나의 강점은 더욱 잘 발휘되고 약점은 별 힘을 쓰지 못합니다. 내가 이 책에서, 혹은 무대 위에서 말하는 이야기들을 나는 아마 병원에서 의사로서 치료를 할 때도 똑같이 말했을 겁니다. 환자를 한 사람씩 붙잡고서 말입니다. 이미 말했듯이 나는 성질이 급하고 참을성이 부족하기 때문에 지금처럼 여러 사람이 동시에 내 이야기를 들을 수 있게 된 것이 나로서는 대단히 고마운 일이 아닐 수 없습니다. 2000명의 관객이 모인 단 하룻밤의 공연으로 나는 병원에서 8년 동안 1대1 상담을 한 것과 똑같은 수의 사람들을 상대할 수 있었기 때문입니다. 이것이 사람들이 그토록 자주 던지는, 왜 의사로 남지 않고 코미디언이 되었냐는 물음에 대한 내 대답입니다. 나는 단지 다른 방식으로 의사 노릇을 하고 있는 겁니다.

추신〉

모든 시적인 이야기들이 다 그러하듯이 나의 이야기도 번식이나 먹고 싸는 문제는 다루지 않습니다. 펭귄들은 언제나 일부일처의 귀감이었으니까요. 하지만 솔직히 말해서 그것은 펭귄의 생김새 덕분입니다. 모두가 다 똑같이 생겼으니 한 파트너에게 성실히 머무르는 것이 별로 어려운 일도 아닙니다. 이런 파트너십은 또한 불필요한 에너지 소비도 막아줍니다. 펭귄은 성행위를 일 년에 단 한 번밖에 하지 않습니다. 그렇게 추운 곳에서 지내니 그럴 수밖에요! 추위 얘기가 나온 김에 한 마디만 더 하겠습니다. 펭귄은 똥을 바로 바닥에 싸지 않습니다. 왜 그런지 아세요? 학술지 〈Polar Biology〉에 따르면 그것은 펭귄의 강력한 직장압 덕택입니다. 최근 연구결과에 따르면 펭귄의 똥은 마치 팽팽한 타이어처럼 강한 압력으로 나오자마자 공중으로 튕겨져 나갑니다. 이때 펭귄은 뒷다리로 버티고서 일을 보는데 이 녀석의 똥은 마치 로켓처럼 발사되어 최고 40cm까지 날아갑니다. 그래서 펭귄은 둥지를 더럽히지 않고 따뜻한 둥지 안에서 일을 볼 수 있습니다. 창조(創造)는 그저 놀라울 따름입니다. 펭귄은 날 수가 없지만 자애로운 대자연은 펭귄의 배설물에 날 수 있는 특권을 부여해주었으니 말입니다!

꼭두각시 펭귄
아직 책을 읽지 못하는 이들을 위하여

 재미있는 꼭두각시 펭귄을 만들어 보세요.
필요한 재료는 클립 4개, 동전 4개, 끈 1개, 작은 구슬 1개, 접착제로 붙일 수
있는 마분지입니다.

꼭두각시 펭귄

아직 책을 읽지 못하는 이들을 위하여

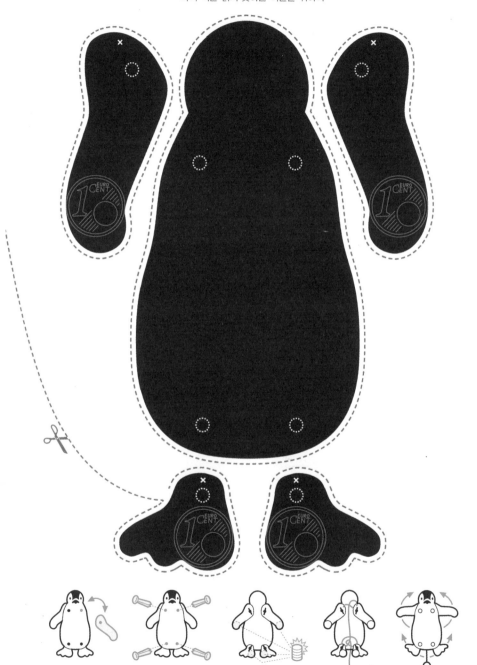

아내가 스키를 타다가 다쳤을 때 – 하지만 나는 무사하다.

크리스마스 트리에 아직 막대사탕이 하나 남아있는 것을 발견했을 때

남편은 일하러 가는데 나는 고양이와 계속 침대에서 뒹굴고 있을 때

행복에 대한 말 말 말
다른 사람들에게 전해주고 싶은 좋은 구절들

이 책을 전부 읽고 싶은 생각은 없지만 그럼에도 불구하고 대화에서 소외
되고 싶지 않은 이들을 위해 행복에 대한 좋은 구절들을 뽑아보았습니다.

"**불행은 찾아오기 마련!** 때에 따라
비둘기가 될 수도 있고 머리에 비둘기 똥이
묻은 동상이 될 수도 있는 게 인생."

"행복해지기는 간단하다.
다만 간단해지기가
어려울 뿐."

"하루를 미소와 함께 시
작하자. 그러면 넌 뭐든
지 잘 해낼 수 있어!"

,, 행복은
혼자 오지
않는다. "

"자신이 할 수 있는 일을 하라,
아니면 아무 일이나 되는대로
하게 될 테니."

"누군가 실패하려고 작정을 했는데 실제로 그렇게 되었다면 그는 실패한 것인가
성공한 것인가?"

"**필요할 때마다 항상 우리를 찾는 친구가 좋은 친구다.**"

"사람을 사귀고 싶으면 밖으로 나가라!(단, 우체부나 여호
와의 증인을 좋아하는 사람은 예외다)"

"낙관론자들은 아무리 어려운 문제도 항상 볼펜으로 푼다."

"고통은 선택의 여지가 있다는 뜻이다."

"난 미신을 믿지 않는다. **＊**
미신은 불행을 가져오니까."

"**누구나 자신의 행복을 만
드는 대장장이다.** 그런데
모든 대장장이가 행복한 것은
아니다."

"심장은 왼쪽에서 뛰지만 간은
오른쪽에서 붓는다."

"불평하는 사람은 절대 혼자가 아니다."

"화를 내지 않으면 화는 아예 존재하지도 않는다!"

"남들처럼 되고자 하는가?
남들은 이미 충분히 많다."

"당신은 늘 자신이 옳기를 바라는가,
아니면 행복하기를 바라는가?"

JETZT

놓치지 마세요

PROFITIEREN:

양말 2켤레 값에 3켤레를 드립니다

SOCKEN
3 FÜR 2
(VERLANGEN SIE IHREN GUTSCHEIN
DIREKT IM GESCHÄFT)
(쿠폰은 상점에서 직접 나누어드립니다)

주는 자는 받으리라. 언제나 준 것보다 더 많이 얻으리라.

에필로그

하루를 미소와 함께 시작하자

인간은 고슴도치와 같다.
너무 가까이 하면 가시에 찔리고, 너무 멀리 하면 추워진다.
아르투르 쇼펜하우어(Arthur Schopenhauer)

이제 무엇이 우리를 행복하게 하는지 아셨나요? 무언가 마음에 남는 게 있나요? 특히 마음에 드는 이야기나 비유 혹은 이미지 같은 것 말입니다. 돌이켜 생각해보면 나는 여러 사람들을 만나고, 개인적인 사연들을 듣고, 적당한 순간에 적절한 글들을 읽으면서 커다란 영감을 받고 변화를 체험했던 것 같습니다.

이 책은 결국 두꺼운 책이 되고 말았습니다. 나는 행복에 대한 최후의 책을 쓰고 싶었습니다. 행복에 대해서 더 이상 다른 무언가를 읽을 필요가 없는 그런 책 말입니다. 그런데 – 정말 뜻밖에도 – 나는 이 목적을 달성하는 데 실패했습니다. 왜냐하면 내 안에는 아직도 하고 싶은 얘기가 너무 많기 때문입니다. 지식의 섬이 클수록 무지의 바다와 맞닿은 해변의 길이도 그만큼 길어지기 마련입니다. 완벽에 이르려는 노력은 불행에 이르는 가장 확실한 길입니다. 그런데도 행복을 위한 완벽한 책이나 완벽한 방법이 있어야 할까요? 완벽한 인간이 없듯이 그 또한 있을 수 없습니다. 또 완벽한 저녁식사 따위도 없습니다. 정말 완벽하다면 죽도록 지루한 식사가 될 테니까요. '행복'이란 주제를 놓고 굳은 얼굴로 어금니를 깨문 사상가들은 많았지만 아무도 유쾌한 웃음과 함께 그것을 다루려 하지 않았다는 사실에서 위안을 찾으렵니다.

당신이 이 책을 왜 읽었는지, 여기서 무엇을 찾으려 했는지 나는 모릅니다. 다만 하나의 이야기, 단 한 문장이라도 당신에게 가치가 있기를 바랍니다. 그럼 나머지 글들은 뭐냐고요? 그것들은 선물입니다!

언어의 선물은 빈 찻잔을 채워주는 일입니다. 하지만 그러자면 나는 독자들이 무엇에 갈증을 느끼는지 구체적으로 알아야 합니다. 그렇기 때문에 이 책은 개인적인 만남이나 심리치료를 완전히 대신할 수 없습니다. 기대하지 못했을 때 받는 선물이나, 받고 나서야 자신이 그 선물을 원했다는 걸 알게 되는 선물이야말로 최고의 선물입니다. 이 점에서 내 할머니는 대단히 용의주도하신 분이셨습니다. 비가 내려서 밖에 나가 놀 수 없는 우울한 오후에 할머니는 늘 기발한 선물로 우리 손자들을 즐겁게 해주셨습니다. 또 우리와 내기를 할 때마다 할머니는 항상 '한 가지 기쁨'을 조건으로 내걸었습니다. 내기에 진 사람이 상대에게 한 가지 기쁨을 마련해주는 겁니다. 이것은 결코 쉬운 일이 아니었지만 다행히도 내기가 되풀이 될수록 점점 더 쉬워졌습니다. 덧붙여 말하자면 선물을 현금으로 주는 것은 상상력의 빈곤에 지나지 않습니다. 액수가 적을 경우엔 더욱 그렇습니다.

"살아가는 나날들의 80%가 평범한 일상이란 사실을 받아들이고 난 뒤부터 너무나 사는 게 행복합니다." 나는 빌헬름 슈미트(Wilhelm Schmid)의 이 말을 결코 잊지 못합니다. 심지어는 에베레스트를 오르는 산악인들도 항상 최고로 고양된 감정을 느끼는 것은 아닙니다. 예전에 라인홀트 메스너와 인터뷰를 할 기회가 있었는데, 그때 나는 그에게 이렇게 물었습니다. "그 모든 고통과 여러 해에 걸친 준비과정을 뒤로 하고 마침내 정상에 올랐을 때 어떤 기분이 들던가요?" "곧바로 드는 생각은, 어떻게 여기서 다시 아래로 내려갈지 하는 겁니다."라고 그 사람은 대답하더군요. 내가 기대했던 것에 한참 못 미치는 실망스러운 대답이었죠. 멋진 '정상의 느낌'이나 한없는 행복감 같은 것을 기대했는데 말입니다. 그런데도 그는 그렇게 끊임없이 자신과 싸우며 산에 오른 겁니다. '정상의 느낌'이나 감정의 절정을 맛보기 위해서가 아니라 단지 '올라야 한다'는 의무감에서 말입니다.

자신과 싸워 이기는 길은 또 있습니다. 좀 더 부드럽고 여성스러운 길들 말입니다. 하지만 이 책에는 별로 그런 길들이 소개되지 않았습니다. 내가 남자이기 때문이기도 하고 이 정도만 해도 장님 코끼리 더듬는 소리로는 충분하기 때문이기도 합니다. 아무튼 그런 길들에 대한 자세한 이야기는 다른 사람의 손에 맡기기로 하겠습니다. 이 책에서 가장 중요한 것은 책에 쓰인 이야기들이 아니라, 당신이 행간에서 읽어내는 이야기이며 그 이야기를 찾아내어 다른 이들에게 전달하는 일입니다.

그 산악인과의 만남에서 나는 등산이 절대로 나의 일이 아니
란 사실을 확실히 깨달았습니다. 나를 추진하는 힘은 다른 데 있
습니다. 나는 무대 위에 있어야만 합니다. 그것이 나의 본성에
맞는 일입니다. 다른 사람들에게 웃음을 주고, 건강과 행복 따위
에 대해서 생각하게 만드는 것은 더없이 멋지고 아름다운 과제
입니다. 그렇게 할 능력과 여건이 주어진 데 대해서 진심으로 고
맙게 여기고 있습니다. 나는 우리 신체의 디자인 안에 이미 결함
이 있다는 걸 알고 난 뒤부터 행복이 무엇인지 깨닫게 되었습니
다. 우리의 도파민 분비체계는 결코 우리를 완전히 만족시키지
못합니다. 도파민은 만족을 얻기 위한 것이 아니라 일종의 탐색
기입니다. 우리에게 행복은 찾아야 할 대상이지 소유의 대상이
아닙니다. 이는 음식을 먹고 나면 다시 배가 고파지는 것과 같은
이치입니다. 우리의 욕구와 학습 체계는 아무리 풍족하게 취하
더라도 결코 만족을 모르도록 만들어졌습니다. 이웃집 잔디는
언제나 내 집 것보다 더 푸르게 보이기 마련이고, 심지어는 실제
보다도 더 푸르러 보입니다. 불행은 습관, 탐욕, 비교를 통해서
찾아옵니다. 동정심은 선물이지만 시기심은 자기 스스로 받는
벌입니다. 불합리하지만 어쩔 수 없습니다. 시기심은 빨리 떨쳐
버리지 않으면 그 사람을 통째로 집어삼켜 버립니다. 이웃집의
푸른 잔디를 보면 우리의 얼굴은 시기심으로 더욱 푸르러집니
다. 하지만 자신의 시기하는 마음을 깨닫고 나면 시선을 돌리기
도 한결 쉬워집니다. 자기 정원을 더 자주 들여다보게 되면, 자
기 정원의 잔디가 더 푸르게 바뀌는 건 시간문제입니다. 이런 식

으로 우리는 성장하고 꽃을 피우게 됩니다.

불교는 불확실성으로 가득 찬 세계에서 큰 가치를 지닙니다.
내려놓음은 깨달음을 줄 뿐만 아니라 주변세계의 부당한 모순들
로부터 우리를 지켜줍니다. 역사적으로 불교는 오늘날의 다이
어트, 자극의 홍수, 도쿄 호텔 따위가 아니라 예측할 수 없는 기
아, 홍수, 전염병이 직접적인 삶의 위협으로 작용하던 시대에 생
겨났습니다.

오늘날처럼 사람들이 어디서 거주하고, 누구와 결혼하고, 무
엇을 먹고, 여가시간에 무엇을 할 것인지 직접 결정해나갈 수 있
었던 적은 지금껏 한 번도 없었습니다. 우리가 예전보다 더 오래
더 안전하게 살아가고 있는 건 분명하지만, 현대의 행복을 찾는
사람들에게는 그들에게 맞는 목표와 길이 있습니다. 그들이 찾
는 행복은 안과 밖에 모두 있습니다. 그것은 자신뿐만 아니라 남
들과 더불어 찾아야합니다.

우리는 자기 자신을 간지를 수 없습니다. 다른 사람이 필요합
니다. 연애를 할 때처럼 말입니다. 언제나 혼자뿐이라면 뜻밖에
놀랄 일도 없습니다. 이것은 좋을 수도 있지만 항상 자신이 예상
한 일들만이 벌어진다면 삶은 죽도록 지루한 것이 될 겁니다. 도
파민이 주는 쾌락만이 중요한 게 아닙니다. 우리는 더 깊은 욕구
를 분출합니다. 친밀성, 신뢰, 결속감을 전해주는 호르몬인 옥시
토신을 통해서 말입니다. 부비부비 파티는 흔히 위장된 성행위
라고들 말하지만 실제로 그것이 모방하는 것은 성행위가 끝난
뒤의 친근함입니다. 우리는 단지 흥분된 상태만을 원하는 게 아

닙니다. 우리는 한데 속하고 싶어 합니다. 우리는 남들이 전화를 걸어주고 자기 생각을 해주기를 바랍니다. 나는 공항이나 기차역에서 사람들이 만나고 헤어지는 감동적인 장면을 지켜보는 게 좋습니다. 공항에 나를 마중 나올 사람이 하나도 없다는 걸 알면서도 검색대를 지나서 밖으로 나올 때면, 죽 늘어선 팻말들 중에 혹시 내 이름이 없는지 살펴보게 됩니다. 그리고는 나의 시기심이 허락하는 한 서로 재회한 사람들을 위해 기뻐합니다.

행복은 가장 중요한 어떤 것이 아닙니다. 행복은 의미입니다. 혹시 그럴 여유와 마음이 있으면 지금까지 읽은 글에 나오는 모든 '행복'을 재미삼아 '의미'로 바꾸어보세요. 나는 자주 그런 짓을 하는데 그럴 때마다 '의미'가 행복에 대해서 만들어내는 새롭고 기발한 의미들에 번번이 놀라곤 합니다. 이 책의 제목부터 그렇습니다. '의미는 혼자 오지 않는다.'

행복은 네트워크를 통해서 확산됩니다. 행복한 사람들은 무리를 이루며 남들에게 영감을 줍니다. 행복은 직접적인 접촉을 통해서만이 아니라 친구의 친구를 통해서도 전염됩니다. 나쁜 행동들도 마찬가지입니다. 나쁜 짓을 저지른 사람을 직접 알거나 보지 않아도 그런 행동이 전염됩니다. 사회심리학자 짐바르도(Zimbardo)는 환경이 좋지 않은 주거지역의 깨진 창문들을 조사하는 실험을 통해서 일단 건물의 창문 하나가 깨지고 나면 빠르게 다음 창문들도 깨진다는 사실을 발견하였습니다. 하지만 사람들은 이 사실을 믿지 않았고 따라서 깨진 창문을 수리할 필요도 별로 느끼지 못했습니다. 그러자 짐바르도는 자신이 직접 깨진 창문을 고친 뒤 이런 사실을 증명해보였습니다. 정말로 그 건물의 창문들은 다른 건물들에 비해 더 오래도록 깨지는 일이 없었습니다. 깨끗이 수리된 창문에는 한군데 구멍이 뚫린 창문보다 훨씬 더 높은 심리적 억제가 마련됩니다. 이것은 칫솔질 효과와도 비슷합니다. 방금 이를 닦고 난 사람은 바로 단 것을 먹는 데 거부감을 갖습니다. 하지만 하루 종일 이만 닦고 있을 수도 없는 노릇입니다. 마찬가지로 우리는 하루 종일 웃고만 있을 수 없습니다.

내가 돌을 창문으로 던지든지, 내 신체나 감정의 쓰레기를 다른 사람 발치에 던지든지, 화난 표정을 남들의 얼굴에 던지든지 무슨 상관이냐고 말해서는 안 됩니다. 우리는 의식하지 못하는 가운데 늘 다른 이들과 공감하며 살아갑니다. 우리 뇌에는 이를 담당하는 거울뉴런이라는 신경세포가 있습니다. 이 신경세포들은 주변사람들의 감정을 감지하고 모방하고 반사하는 일을 합니다. 갓난아기는 남들이 보여주는 행동들을 대단히 빠른 속도로 배워나갑니다. 그래서 우리는 행복한 사람들로부터 행복을 가장 잘 배울 수 있습니다. 그런 사람들과 함께 시간을 보내면 금방 행복에 감염되고, 자신도 모르는 사이에 그들의 행복 비결을 전수받게 됩니다.

이 방법은 욕실 거울 앞에서 혼자 해보아도 잘 통합니다. 간단합니다. 아침에 거울에서 친절한 얼굴을 대할 때마다 당신도 같이 웃어주면 됩니다! 한번 해보세요. 매일 아침마다. 그래서 더 이상 기수가 등 위에서 조종하지 않아도 코끼리가 혼자서 할 수 있도록 습관을 들이세요. 거울에는 다음과 같은 작은 쪽지를 붙여 놓으세요. "하루를 미소와 함께 시작하자. 그러면 넌 뭐든지 잘 해낼 수 있어!" 우리가 어떤 행동을 자주 반복하느냐에 따라 우리의 모습이 결정됩니다.

우리는 반복된 훈련을 통해서 무엇이든 자기 것으로 만들 수 있습니다. 내가 어떤 모습을 보이고, 어떤 영향을 받아들이는지를 모두 학습할 수 있습니다. 좋은 감정들을 습관으로 만들 수 있습니다. 물론 최악의 감정들도 마찬가지입니다.

우리는 다른 사람들의 일이 잘 풀리지 않으면 고소해합니다. 하지만 우리에게 남의 고통을 보고 즐거워하는 감정이나 나보다 못난 사람이 많을 때 느끼는 만족감만 있는 것이 아닙니다. 그와 정반대의 고귀한 감정들도 있습니다. 남들과 더불어 기뻐하고, 아름다움을 드높이고 존경의 마음을 품는 훌륭한 감정들도 있습니다.

이런 고귀한 감정에는 다시 옥시토신이 중요한 역할을 합니다. 옥시토신은 아기에게 젖을 물릴 때, 부드럽게 서로 몸을 어루만질 때, 오르가슴을 느끼고 난 뒤의 행동에 영향을 미칩니다. 이럴 때 우리가 느끼는 행복감은 성행위를 하거나, 초콜릿을 먹거나, 로또에 당첨되었을 때와는 근본적으로 다릅니다.

요나탄 하이트(Jonathan Haiedt)는 심리학이 오랫동안 잊고 있던 이런 감정들을 특별한 방식으로 연구한 선구자 중 한 사람입니다. 채혈은 고통과 두려움이 동반되기 때문에 이를 통해서는 좋은 감정을 느낄 때 분비되는 호르몬을 측정하기가 어렵습니다. 그래서 하이트는 수유기의 어머니들에게 다양한 영화를 보도록 하고는 브래지어 안에 거즈를 대도록 하였습니다. 그런 다음 젖은 거즈에 분비된 모유를 측정하는 방식으로 간접적으로 옥시토신의 변화를 측정하였습니다. 젊은 엄마들의 경우 소방대원이 불길이 치솟는 집에서 아이를 구하는 장면을 볼 때, 눈에서 눈물만 흘리는 게 아니라 모유도 함께 분비하기 때문입니다. 고요하면서도 위대한 감정은 이렇게 해서 측정될 수 있었습니다.

이때 분비된 것은 도파민이었을까요, 아니면 옥시토신이었을까요? 불길 속 소방대원의 행동은 젊은 엄마를 흥분시킨 것이 아니라 감동시켰습니다. 위대한 행동, 섬세한 제스처, 감동적인 걸작에서 고귀한 감정을 받았습니다. 건설적인 감정을 느끼기 위해 직접 대성당을 건설할 필요는 없습니다. 그냥 돌을 던져 성당 유리창을 깨뜨리는 짓만 하지 않아도 위대한 문화유산을 보존하는 일에 기여한다는 건설적인 감정을 느끼기에 충분합니다. 세계 평화나 지구 살리기도 마찬가지입니다. 어쩐지 싱크대의 지저분한 그릇들이 그런 거창한 감정들과 무슨 관련이 있는 것 같지 않습니까?

사람들을 웃기는 일로 살아가는 사람이 무언가 심각한 이야기를 하려면 어떻게 해야 할까요? 당장 아이러니한 거리두기 방법을 떠올릴지도 모릅니다. 하지만 나는 그런 방법이 사람들이 흔히 생각하는 것처럼 그다지 '쿨'하게 여겨지지는 않습니다. 나는 그보다 '따뜻한' 방식이 좋습니다. '쿨'한 칵테일을 놓고 무게를 잡는 것보다는 맥주잔을 기울이며 화기애애하게 이야기하는 것이 더 좋습니다.

　그러므로 부디, 마티니는 흔들지 않고 저어서 마셔야 더 맛있다는 칵테일 행복론 따위에 당신의 몸과 마음이 흔들리는 일이 없기를 바랍니다!

　행복해지기는 간단하다.
　다만 간단해지기가 어려울 뿐.

해피엔딩이 제일 좋아.

행복은 혼자 오지 않는다

1판 1쇄 발행 2010년 8월 30일
1판 26쇄 발행 2022년 1월 17일

지은이 · 에카르트 폰 히르슈하우젠
옮긴이 · 박규호
펴낸이 · 주연선

(주)은행나무
04035 서울특별시 마포구 양화로11길 54
전화 · 02)3143-0651~3 ㅣ 팩스 · 02)3143-0654
신고번호 · 제 1997- 000168호(1997. 12. 12)
www.ehbook.co.kr
ehbook@ehbook.co.kr

ISBN 978-89-5660-359-9 03320